我的路

李羡林 著

国际文化出版公司
·北京·

自序 ——— **我的自述**①

我于1911年8月6日生于山东省清平县（现并入临清市）官庄。我们家大概也小康过。可是到了我出生的时候，祖父母双亡，家道中落，形同贫农。父亲亲兄弟三人，无怙无恃，孤苦伶仃，一个送了人，剩下的两个也是食不果腹，衣不蔽体，饿得到枣林里去拣落到地上的干枣来吃。

六岁以前，我有一个老师马景恭先生。他究竟教了我些什么，现在完全忘掉了，大概只不过几个字罢了。六岁离家，到济南去投奔叔父。他是在万般无奈的情况下逃到济南去谋生的，经过不知多少艰难险阻，终于立定了脚跟。从那时起，我才算开始上学。曾在私塾里念过一些时候，念的不外是《百家姓》、《千字文》、《三字经》、《四书》之类。以后接着上小学。转学的时候，因为认识一个"骡"字，老师垂青，从高小开始念起。

①本文节选自《牛棚杂忆》附文《自传》，写于1988年。

我在新育小学考过甲等第三名、乙等第一名，不是拔尖的学生，也不怎样努力念书。三年高小，平平常常。有一件事值得提出来谈一谈：我开始学英语。当时正规小学并没有英语课。我学英语是利用业余时间，上课是在晚上。学的时间不长，只不过学了一点语法、一些单词而已。我当时有一个怪问题："有"和"是"都没有"动"的意思，为什么叫"动词"呢？后来才逐渐了解到，这只不过是一个译名不妥的问题。

　　我万万没有想到，就由于这一点英语知识，我在报考中学时沾了半年光。我这个人颇有点自知之明，有人说，我自知过了头。不管怎样，我幼无大志，却是肯定无疑的。当时山东中学的"拿摩温"（number one）是山东省立第一中学。我这个癞蛤蟆不敢吃天鹅肉，我连去报名的勇气都没有，我只报了一个"破"正谊。可这个学校考试时居然考了英语。出的题目是汉译英："我新得了一本书，已经读了几页，可是有些字我不认得。"我翻出来了，只是为了不知道"已经"这个词儿的英文译法而苦恼了很长时间。结果我被录取，不是一年级，而是一年半级。

　　在正谊中学学习期间，我也并不努力，成绩徘徊在甲等后几名、乙等前几名之间，属于上中水平。我们的学校濒临大明湖，风景绝美。一下课，我就跑到校后湖畔去钓虾、钓蛤蟆，不知用功为何物。但是，叔父却对我期望极大，要求极严。他自己亲自给我讲课，编了一本《课侄选文》，大都是些理学的文章。他并没有受过什么系统教育，但是他绝顶聪明，完全靠自学，经史子集都读了不少，能诗，善书，还能刻图章。他没有男孩子，一切希望都寄托在我身上。他严而慈，对我影响极大。我今天勉强学得了一些东西，都出于他之赐，我永远不会忘掉。根据他的要求，我在正谊下课以后，参加了一个古文学习班，读了《左传》、《战国策》、《史记》等书，当然对老师另给报酬。晚上，又要到尚实英文学社去学英文，一直到十点才回家。这样的日子，大概过了八年。我当时并没有感觉到有什么负担；但也不了解其深远意义，依然顽皮如故，摸鱼钓虾而已。现在回想起来，我今天这一点不管多么单薄的基础不是那时打下的吗？

至于我们的正式课程，国文、英、数、理、生、地、史都有。国文念《古文观止》一类的书，要求背诵。英文念《泰西五十轶事》、《天方夜谭》、《莎氏乐府本事》、《纳氏文法》等等。写国文作文全用文言，英文也写作文。课外，除了上补习班外，我读了大量的旧小说，什么《三国》、《西游》、《封神演义》、《说唐》、《说岳》、《济公传》、《彭公案》、《三侠五义》等等无不阅读。《红楼梦》我最不喜欢。连《西厢记》、《金瓶梅》一类的书，我也阅读。这些书对我有什么影响，我说不出，反正我并没有想去当强盗或偷女人。

初中毕业以后，在正谊念了半年高中。1926年转入新成立的山东大学附设高中。山东大学的校长是前清状元、当时的教育厅长王寿彭。他提倡读经。在高中教读经的有两位老师，一位是前清翰林或者进士，一位绰号"大清国"，是一个顽固的遗老。两位老师的姓名我都忘记了，只记住了绰号。他们上课，都不带课本，教《书经》和《易经》，都背得滚瓜烂熟，连注疏都在内，据说还能倒背。教国文的老师是王崑玉先生，是一位桐城派的古文作家，有自己的文集。后来到山东大学去当讲师了。他对我的影响极大。记得第一篇作文题目是《读〈徐文长传〉书后》。完全出我意料，这篇作文受到他的高度赞扬，批语是"亦简劲，亦畅达"。我在吃惊之余，对古文产生了浓厚的兴趣，弄到了《韩昌黎集》、《柳宗元集》，以及欧阳修、三苏等的文集，想认真钻研一番。谈到英文，由于有尚实英文学社的底子，别的同学很难同我竞争。还有一件值得一提的事情是，我也学了德文。

由于上面提到的那些，我在第一学期考了一个甲等第一名，而且平均分数超过九十五分。因此受到了王状元的嘉奖。他亲笔写了一副对联和一个扇面奖给我。这当然更出我意料。我从此才有意识地努力学习。要追究动机，那并不堂皇。无非是想保持自己的面子，决不能从甲等第一名落到第二名，如此而已。反正我在高中学习三年中，六次考试，考了六个甲等第一名，成了"六连贯"，自己的虚荣心得到了充分的满足。

这是不是就改变了我那幼无大志的情况呢？也并没有。我照样是鼠目寸光，胸无大志，我根本没有发下宏愿，立下大志，终身从事科学研究，成为什么学者。我梦寐以求的只不过是毕业后考上大学，在当时谋生极为困难的条件下，抢到一只饭碗，无灾无难，平平庸庸地度过一生而已。

1929年，我转入新成立的山东省立济南高中，学习了一年，这在我一生中是一个重要的阶段。特别是国文方面，这里有几个全国闻名的作家：胡也频、董秋芳、夏莱蒂、董每戡等等。前两位是我的业师。胡先生不遗余力地宣传现代文艺，也就是普罗文学。我也迷离模糊，读了一些从日文译过来的马克思主义文艺理论。我曾写过一篇《现代文艺的使命》，大概是东抄西抄，勉强成篇。不意竟受到胡先生垂青，想在他筹办的杂志上发表。不幸他被国民党反动派通缉，仓促逃往上海，不久遇难。我的普罗文学梦也随之消逝。接他工作的是董秋芳（冬芬）先生。我此时改用白话写作文，大得董先生赞扬，认为我同王联榜是"全校之冠"。这当然给了我极大的鼓励。我之所以五十年来舞笔弄墨不辍，至今将近耄耋之年，仍然不能放下笔，全出于董老师之赐，我毕生难忘。

在这里，虽然已经没有经学课程，国文课本也以白话为主。我自己却没有放松对中国旧籍的钻研。我阅读的范围仍然很广，方面仍然很杂。陶渊明、杜甫、李白、王维、李义山、李后主、苏轼、陆游、姜白石等等诗人、词人的作品，我都读了不少。这对我以后的工作起了积极的影响。

1930年，我高中毕业，到北平来考大学。由于上面说过的一些原因，当年报考中学时那种自卑心理一扫而光，有点接近狂傲了。当时考一个名牌大学，十分困难，录取的百分比很低。为了得到更多的录取机会，我那八十多位同班毕业生，每人几乎都报七八个大学。我却只报了北大和清华。结果我两个大学都考上了。经过一番深思熟虑，我选了清华，因为，我想，清华出国机会多。选系时，我选了西洋系。这个系分三个专修方向（specialized）：英文、德文、法文。只要选某种语言一至四年，就算是专修某种语言。其实这只是一个形式，因为英文是从小学就学起的，而德文和法文则是从字母学起。教授中，外籍人士居多，不管是哪国人，上课都讲英语，连中国教授也多半讲英语。课程也以英国文学为主，课本都是英文的，有"欧洲文学史"、"欧洲古典文学"、"中世纪文学"、"文艺复兴文学"、"文艺批评"、"莎士比亚"、"英国浪漫诗人"、"近代长篇小说"、"文学概论"、"文艺心理学（美学）"、"西洋通史"、"大一国文"、"一二年级英语"等等。

我的专修方向是德文。四年之内，共有三个教授授课，两位德国人，一位中国人。尽管我对这些老师都怀念而且感激，但是，我仍然要说，他们授课相当马虎。四年之内，在课堂上，中国老师只说汉语，德国老师只说英语，从来不用德语讲课。结果是，学了四年德文，我们只能看书，而不能听和说。我的学士论文是 *The Early Poems of Hölderlin*，指导教授是 Ecke（艾克）。

在所有的课程中，我受益最大的不是正课，而是一门选修课：朱光潜先生的"文艺心理学"，和一门旁听课——陈寅恪先生的"佛经翻译文学"。这两门课对我以后的发展有深远影响，可以说是一直影响到现在。我搞一点比较文学和文艺理论，显然是受了朱先生的熏陶。而搞佛教史、佛教梵语和中亚古代语言，则同陈先生的影响是分不开的。

顺便说一句，我在大学，课余仍然继续写作散文，发表在当时颇有权威性的报刊上。我可万万没有想到，那样几篇散文竟给我带来了好处。1924年，清华毕业，找工作碰了钉子。母校山东济南高中的校长宋还吾先生邀我回母校任国文教员。我那几篇散文就把我制成了作家，而当时的逻辑是，只要是作家就能教国文。我可是在心里直打鼓：我怎么能教国文呢？但是，快到秋天了，饭碗还没有拿到手，我于是横下了一条心：你敢请我，我就敢去！我这个西洋文学系的毕业生一变而为国文教员。我就靠一部《辞源》和过去读的那一些旧书，堂而皇之当起国文教员来。我只有二十三岁，班上有不少学生比我年龄大三四岁，而且在家乡读过私塾。我实在是如履薄冰。

教了一年书，到了1935年，上天又赐给一个良机。清华大学与德国签订了交换研究生的协定。我报名应考，被录取。这一年的深秋，我到了德国哥廷根大学，开始了国外的学习生活。我选的主系是印度学，两个副系是英国语言学和斯拉夫语言学。我学习了梵文、巴利文、俄文、南斯拉夫文、阿拉伯文等等，还选了不少的课。教授是 Sieg、Waldschmidt、Braun 等等。

这时第二次世界大战正在剧烈进行。德国被封锁，什么东西也输入不进来，要吃没吃，要穿没穿。大概有四五年的时间，我忍受了空前的饥饿，终日饥肠辘辘，天上还有飞机轰炸。我怀念祖国和家庭。"烽火连八年，家书抵亿金。"实际上我一封家书都收不到。就在这样十分艰难困苦的条件下，我苦读不辍。1941年，通过论文答辩和口试，以全优成绩，获得哲学博士学位。我的博士论文是：《〈大事〉中伽陀部分限定动词的变格》。

在这一段异常困苦的期间，最使我感动的是德国老师的工作态度和对待中国学生的态度。我是一个素昧平生的异邦青年。他们不但没有丝毫歧视之意，而且爱护备至，循循善诱。Waldschmidt 教授被征从军。Sieg 教授以耄耋之年，毅然出来代课。其实我是唯一的博士生，他教的对象也几乎就是我一个人。他把他的看家本领都毫无保留地要传给我。他给我讲了《梨俱吠陀》、《波你尼语法》、Patanjali 的《大疏》、《十王子传》等。他还一定坚持要教我吐火罗文。他是这个语言的最高权威，是他把这本天书读通了的。我当时工作极多，又患神经衰弱，身心负担都很重。可是看到这位老人那样热心，我无论如何不能让老人伤心，便遵命学了起来。同学的还有比利时 W. Couvreur 博士，后来成了名教授。

谈到工作态度，我的德国老师都是楷模。他们的学风都是异常地认真、细致、谨严。他们写文章，都是再三斟酌，多方讨论，然后才发表。德国学者的"彻底性"（Gründlichkeit）是名震寰宇的。对此我有深切的感受。可惜后来由于环境关系，我没能完全做到。真有点愧对我的德国老师了。

从1937年起，我兼任哥廷根大学汉学系讲师。这个系设在一座大楼的二层上，几乎没有人到这座大楼来，因此非常清静。系的图书室规模相当大，在欧洲颇有一些名气。许多著名的汉学家到这里来看书，我就碰到不少，其中最著名的有英国的 Arthur Waley 等。我在这里也读了不少的中国书，特别是笔记小说以及佛教大藏经。扩大了我在这方面的知识面。

我在哥廷根待了整整十个年头。1945年秋冬之交，我离开这里到瑞士去，住了将近半年。1946年春末，取道法国、越南、香港，夏天回到了别离将近十一年的祖国。

我的留学生活，也可以说是我的整个学生生活就这样结束了。这一年我三十五岁。

1946年秋天，我到北京大学来任教授，兼东方语言文学系主任。是我的老师陈寅恪先生把我介绍给胡适、傅斯年、汤用彤三位先生的。按当时北大的规定：在国外获得博士学位回国的，只能任副教授。对我当然也要照此办理。也许是我那几篇在哥廷根科学院院刊上发表的论文起了作用。我到校后没有多久，汤先生就通知我，我已定为教授。从那时到现在时光已经过去了四十二年，我一直没有离开过北大。期间我担任系主任三十来年，担任副校长五年。1956年，我当选中国科学院学部委员。"十年浩劫"中靠边站，挨批斗，符合当时的"潮流"。现在年近耄耋，仍然搞教学、科研工作，从事社会活动，看来离八宝山还有一段距离。以上这一切都是平平常常的经历，没有什么英雄业绩，我就不再啰嗦了。

1988年10月26日

目录

第四章　梦萦未名湖

第五章　我的这些年

小学和中学,九岁(一般人是六岁)到十九岁,已是人生的初级阶段。还没有入世,对世情的冷暖没有什么了解。这些大孩子大都富于幻想,好像他们眼前的路上长的全是玫瑰花,色彩鲜艳,芬芳扑鼻,一点荆棘都没有。我也基本上属于这个范畴。

开始认字

不记得是从什么时候起我开始学着认字，大概也总在四岁到六岁之间。我的老师是马景恭先生。现在我无论如何也记不起有什么类似私塾之类的场所，也记不起有什么《百家姓》、《千字文》之类的书籍。我那一个家徒四壁的家就没有一本书，连带字的什么纸条子也没有见过。反正我总是认了几个字，否则哪里来的老师呢？马景恭先生的存在是不能怀疑的。

虽然没有私塾，但是小伙伴是有的。我记得最清楚的有两个：一个叫杨狗，我前几年回家，才知道他的大名，他现在还活着，一字不识；另一个叫哑巴小（意思是哑巴的儿子），我到现在也没有弄清楚他姓甚名谁。我们三个天天在一起玩，洑水，打枣，捉知了，摸虾，不见不散，一天也不间断。后来听说哑巴小当了山大王，练就了一身蹿房越脊的惊人本领，能用手指抓住大庙的椽子，浑身悬空，围绕大殿走一周。有一次被捉住，是十冬腊月，赤身露体，浇上凉水，被捆起来，倒挂一夜，仍然能活着。据说他从来不到官庄来作案，"兔子不吃窝边草"，这是绿林英雄的义气。后来终于被捉杀掉。我每次想到这样一个光着屁股游玩的小伙伴竟成为这样一个"英雄"，就颇有骄傲之意。

进入一师附小

我于1917年到济南投靠叔父那一年，念了几个月的私塾，地点在曹家巷。

第二年，我就上了一师附小，地点在南城门内升官街西头。所谓"升官街"，与升官发财毫无关系。"官"是"棺"的同音字，这一条街上棺材铺林立，大家忌讳这个"棺"字，所以改谓升官街，礼也。

附小好像是没有校长，由一师校长兼任。当时的一师校长是王士栋，字祝晨，绰号"王大牛"。他是山东教育界的著名人物。民国一创建，他就是活跃的积极分子，担任过教育界的什么高官，同鞠思敏先生等同为山东教育界的元老，在学界享有盛誉。当时，一师和一中并称，都是山东省立重要的学校，因此，一师校长也是一个重要的职位。在一个七八岁的小学生眼中，校长宛如在九天之上，可望而不可即。可是命运真正会捉弄人，十六年以后的1934年，我在清华大学毕业后到山东省立济南高中来教书，王祝晨老师也在这里教历史，我们成了平起平坐的同事。在王老师方面，在一师附小时，他根本不会知道我这样一个小学生。他对此事，决不会有什么感触。而在我呢，情况却迥然不同，一方面我对他执弟子礼甚恭，一方面又是同事，心里直乐。

我大概在一师附小只待了一年多，不到两年，因为在我的记忆中换过一次教室，足见我在那里升过一次级。至于教学的情况，老师的情况，则一概记不起来了。唯一的残留在记忆中的一件小事，就是认识了一个"盔"字，也并不是在国文课堂上，而是在手工课堂上。老师教我们用纸折叠东西，其中有一个头盔，知道我们不会写这个字，所以用粉笔写在黑板上。这事情发生在一间大而长的教室中，室中光线不好，有点暗淡，学生人数不少，教员写完了这个字以后，回头看学生，戴着近视眼镜的脸上，有一丝笑容。

我在记忆里深挖，再深挖，实在挖不出多少东西来。学校的整个建筑，一团模糊。教室的情况，如云似雾。教师的名字，一个也记不住。学习的情况，如海上三山，糊里糊涂。总之是一点儿具体的影像也没有。我只记得，李长之是我的同班。因为他后来成了名人，所以才记得清楚。当时对他的印象也是模糊不清的。最奇怪的是，我记得一个叫卞蕴珩的同学。他大概是长得非常漂亮，行动也极潇洒。对于一个七八岁的孩子来说，男女外表的美丑，他们是不关心的。可不知为什么，我竟记住了卞蕴珩，只是这个名字我就觉得美妙无比。此人后来再没有见过。对我来说，他成为一条神龙。

转入新育小学

然而，世事多变，风云突起，为了一件没有法子说是大是小的、说起来简直是滑稽的事儿，我离开了一师附小，转了学。原来，当时已是"五四"运动风起云涌的时候，而一师校长王祝晨是新派人物，立即起来响应，改文言为白话。忘记了是哪个书局出版的国文教科书中选了一篇名传世界的童话"阿拉伯的骆驼"，内容讲的是：在沙漠大风暴中，主人躲进自己搭起来的帐篷，而把骆驼留在帐外。骆驼忍受不住风沙之苦，哀告主人说："只让我把头放在帐篷里行不行？"主人答应了。过了一会儿，骆驼又哀告说："让我把前身放进去行不行？"主人又答应了。又过了一会儿，骆驼又哀告说："让我全身都进去行不行？"主人答应后，自己却被骆驼挤出了帐篷。童话的意义是非常清楚的。但是天有不测风云，这篇课文竟让叔父看到了。他大为惊诧，高声说："骆驼怎么能说话呢？荒唐！荒唐！转学！转学！"

于是我立即转了学。从此一师附小只留在我的记忆中了。

我从一师附小转学出来，转到了新育小学，时间是在1920年，我九岁。我同一位长我两岁的亲戚同来报名。面试时我认识了一个"骡"字，定在高小一班。我的亲戚不认识，便定在初小三班，少我一年。一字之差，我争取了一年。

新育小学的教员和职员

按照班级的数目，全校教员应该不少于十几个的，但是，我能记住的只有几个。

我们的班主任是李老师。我从来就不关心他叫什么名字。小学生对老师的名字是不会认真去记的。他大概有四十多岁，在一个九岁孩子的眼中就算是一个老人了。他人非常诚恳忠厚，朴实无华，从来没有训斥过学生，说话总是和颜悦色，让人感到亲切。他是我一生最难忘的老师之一。当时的小学教员，大概都是教多门课程的，什么国文、数学（当时好像是叫算术）、历史、地理等课程都一锅煮了。因为程度极浅，用不着有多么大的学问。一想到李老师，就想起了两件事。一件是，某一年初春的一天，大圆池旁的春草刚刚长齐，天上下着小雨，"沾衣欲湿杏花雨，吹面不寒杨柳风"。李老师带着我们全班到大圆池附近去种菜，自己挖地，自己下种，无非是扁豆、芸豆、辣椒、茄子之类。顺便说一句，当时西红柿还没有传入济南，北京如何，我不知道。当时碧草如茵，嫩柳鹅黄，一片绿色仿佛充塞了宇宙，伸手就能摸到。我们蹦蹦跳跳，快乐得像一群初入春江的小鸭。这是我一生三万多天中最快活的一天。至今回想起来还兴奋不已。另一件事是，李老师辅导我们英文。认识英文字母，他有妙法。他说，英文字母 f 就像一只大马蜂，两头长，中间腰细。这个比喻，我至今不忘。我不记得课堂上的英文是怎样教的，但既然李老师辅导我们，则必然有这样一堂课无疑。好像还有一个英文补习班。

另一位教员是教珠算（打算盘）的，好像是姓孙，名字当然不知道了。此人脸盘长得像知了，知了在济南叫 Shao qian，就是蝉，因此学生们就给他起了一个外号，叫 Shao qian，我到现在也不知道这两个字怎样写。此人好像是一个"迫害狂"，一个"法西斯分子"，对学生从来没有笑脸。打算盘本来是一个技术活，原理并不复杂，只要稍加讲解，就足够了，至于准确纯熟的问题，在运用中就可以解决。可是这一位 Shao qian 公，对初学的小孩子制定出了极残酷不合理的规定：打错一个数，打一板子。在算盘上差一行，就差十个数，结果就是十板子。上一堂课下来，每个人几乎都得挨板子。如果错到几十个到一百个数，那板子不知打多久才能打完。有时老师打累了，才板下开恩。那时候体罚被认为是合情合理的，八九十来岁的孩子到哪里去告状呀！而且"造反有理"的最高指示还没有出来。

那时候，新育已经男女同学，还有缠着小脚去上学的女生，大家也不以为怪。大约在我高小二年级时，学校里忽然来了一个女教师，年纪不大，教美术和音乐。我们班没有上过她的课，不知姓甚名谁。除了她新来时颇引起了一阵街谈巷议之外，不久也就习以为常了。

至于职员，我们只认识一位，是管庶务的。我们当时都写大字，叫做写"仿"。仿纸由学生出钱，学校代买。这一位庶务，大概是多克扣了点儿钱，买的纸像大便用的手纸一样粗糙。山东把手纸叫草纸。学生们就把"草纸"的尊号赏给了这一位庶务先生。

在我的小学和中学中，新育小学不能说是一所关键的学校。可是不知为什么，我对在新育三年的记忆特别清楚。一闭眼，一幅完整的新育图景就展现在我的眼前，仿佛是昨天才离开那里似的，校舍和人物，以及我的学习和生活，巨细不遗，均深刻地印在我的记忆中。更奇怪的是，我上新育与上一师附小紧密相连，时间不过是几天的工夫，而后者则模糊成一团，几乎是什么也记不起来。其原因到现在我也无法解释。

新育三年，斑斓多彩。

在新育小学学习的一般情况

我是不喜欢念正课的。对所有的正课，我都采取对付的办法。上课时，不是玩儿小动作，就是不专心致志地听老师讲，脑袋里不知道在想些什么，常常走神儿，斜眼看到教室窗外四时景色的变化：春天繁花似锦，夏天绿柳成阴，秋天风卷落叶，冬天白雪皑皑。旧日有一首诗："春天不是读书天，夏日迟迟正好眠，秋有蚊虫冬有雪，收拾书包好过年。"可以为我写照。当时写作文都用文言。语言障碍当然是有的。最困难的是不知道怎样起头。老师出的作文题写在黑板上，我立即在作文簿上写上"人生于世"四个字，下面就穷了词儿，仿佛永远要"生"下去似的。以后憋好久，才能憋出一篇文章。万没有想到，以后自己竟一辈子舞笔弄墨，逐渐体会到，写文章是要讲究结构的，而开头与结尾最难。这现象在古代大作家笔下经常可见。然而，到了今天，知道这种情况的人似乎已不多了。也许有人竟以为这是怪论，是迂腐之谈，我真欲无言了。有一次作文，我不知从什么书里抄了一段话："空气受热而上升，他处空气来补其缺，遂流动而成风。"句子通顺，受到了老师的赞扬。可我一想起来，心里就不是滋味，愧悔有加。在今天，这也可能算是文坛的腐败现象吧。可我只是个十岁的孩子，不知道什么叫文坛，我一不图名，二不图利，完全为了好玩儿。但自己也知道，这样做是不对的，所以才愧悔。从那以后，一生中再没有剽窃过别人的文字。

小学也是每学期考试一次。每年两次，三年共有六次，我的名次总盘旋在甲等三四名和乙等前几名之间。甲等第一名被一个叫李玉和的同学包办，他比我大几岁，是一个拼命读书的学生。我从来也没有争第一名的念头，我对此事极不感兴趣。根据我后来的经验，小学考试的名次对一个学生一生的生命历程没有多少影响，家庭出身和机遇影响更大。

我一生自认为是一个性格内向的人。可是现在回想起来，我在新育小学时期，一点儿也不内向，而是外向得很。我喜欢打架，欺负人，也被人欺负。有一个男孩子，比我大几岁，个子比我高半头，总好欺负我。最初我有点怕他，他比我劲儿大。时间久了，我忍无可忍，同他干了一架。他个子高，打我的上身。我个子矮，打他的下身。后来搂抱住滚在双杠下面的沙土堆里，有时候他在上面，有时候我也在上面，没有决出胜负。上课铃响了，各回自己的教室，从此他再也不敢欺负我，天下太平了。

我却反过头来又欺负别的孩子。被我欺负得最厉害的是一个名叫刘志学的小学生，岁数可能比我小，个头差不多，但是懦弱无能，一眼被我看中，就欺负起他来。根据我的体会，小学生欺负人并没有任何原因，也没有什么仇恨，只是个人有劲使不出，无处发泄，便寻求发泄的对象了。刘志学就是我寻求的对象，于是便开始欺负他，命令他跪在地下，不听就拳打脚踢。如果他鼓起勇气，抵抗一次，我也许就会停止，至少是会收敛一些。然而他是个窝囊废，一丝抵抗的意思都没有。这当然更增加了我的气焰，欺负的次数和力度都增加了。刘志学家同婶母是拐弯抹角的亲戚。他向家里告状，他父母便来我家告状。结果是我挨了婶母一阵数落，这一幕悲喜剧才告终。

从这一件小事来看，我无论如何也不能算是一个内向的孩子。怎么会一下子转成内向了呢？这问题我从来没有想到过。现在忽然想起来了，也就顺便给它一个解答。我认为，《三字经》中有两句话："性相近，习相远"。"习"是能改造"性"的。我六岁离开母亲，童心的发展在无形中受到了阻碍。我能躺在一个非母亲的人的怀抱中打滚撒娇吗？这是不能够想象的。我不能说，叔婶虐待我，那样说是谎言；但是在日常生活中小小的歧视，却是可以感觉得到的。比如说，做衣服，有时就不给我做。在平常琐末的小事中，偏心自己的亲生女儿，这也是人之常情，不足为怪。一个七八岁的孩子对于这些事情并不敏感。但是，积之既久，在自己潜意识中难免留下些印记，从而影响到自己的行动。我清晰地记得，向婶母张口要早点钱，在我竟成了难题。有一个夏天的晚上，我们都在院子里铺上席，躺在上面纳凉。我想到要早点钱，但不敢张口，几次欲言又止，最后时间已接近深夜，才鼓起了最大的勇气，说要几个小制钱。钱拿到手，心中狂喜，立即躺下，进入黑甜乡，睡了一整夜。对一件事来说，这样的心理状态是影响不大的。但是时间一长，性格就会受到影响。我觉得，这个解释是合情合理的。

看杀人

　　济南地势，南高北低。到了夏天下大雨的时候，城南群山的雨水汇流成河，顺着一条大沙沟，奔腾而北，进了圩子墙，穿过朝山街、正觉寺街等马路东边房子后面的水沟，再向前流去，济南人把这一条沙沟叫"山水沟"。

　　新育小学坐落在南圩子门里，圩子门是朝山街的末端。出圩子门向右拐，有一条通往齐鲁大学的大道。大道中段要经过上面提到的山水沟，右侧有一座小小的龙王庙，左侧则是一大片荒滩，对面土堤很高，这里就是当时的刑场，是处决犯人的地方。犯人出发的地方是城里院东大街路北山东警察厅内的监狱。出大门向右走一段路，再左拐至舜井街，然后出南城门，经过朝山街，出南圩子门，照上面的说法走，就到了目的地。

　　朝山街是我上学必经之路。有时候，看到街道两旁都挤满了人，就知道，今天又要杀人了。我于是立即兴奋起来，把上学的事早已丢到九霄云外去了。挤在人群里，伸长了脖子，等候着，等候着。此时，只有街道两旁人山人海，街道中间则既无行人，也无车马。不久，看到一个衣着破烂的人，喝得醉醺醺的，右肩背着一支步枪，慢腾腾地走了过去。大家知道，这就是刽子手。再过不久，就看到大队警察，簇拥着待决的囚犯，一个或多个，走了过来。囚

懵懂小时代·011

犯是五花大绑，背上插着一根木牌，上面写着他的名字，名字上面用朱笔画上了一个红叉。在"十年浩劫"中，我的名字也曾多次被"老佛爷"的鹰犬们画上红叉，表示罪该万死的意思。红卫兵们是很善于学习的。闲言少叙，书归正传。且说犯人过去了以后，街上的秩序立即大乱。人群纷纷向街中间，拥拥挤挤，摩肩接踵，跟着警察大队，挤出南圩子门，纷纷抢占高地制高点，能清晰看到刑场的情况，但又不敢离得太近，理由自明。警察押着犯人走向刑场，犯人面南跪在高崖下面，枪声一响，仪式完毕，警察撤走。这时一部分群众又拥向刑场，观看躺在地上的死尸。枪毙土匪，是没有人来收尸的。我们几个顽皮的孩子当然不甘落后，也随着大家往前拥。经过了这整个过程，才想起上学的事来。走回学校，免不了受到教员的斥责。然而却决不改悔，下一次碰到这样的事，仍然照看不误。

当时军阀混战，中原板荡。农村政权，形同虚设。县太爷龟缩在县城内，广大农村地区不见一个警察，坏人或者为穷所逼铤而走险的人，变成了土匪（山东话叫"老缺"），横行乡里。从来没听说，哪一帮土匪劫富济贫，替天行道。他们绑票勒索，十分残酷。我的一个堂兄林字辈的第一人季元林，家里比较富裕，被土匪绑走，勒索巨款。家人交上了赎票的钱，但仍被撕票，家人找到了他的尸体，惨不忍睹，双眼上各贴一张狗皮膏药，两耳中灌满了蜡烛油。可见元林在匪穴中是受了多么大的痛苦。这样的土匪偶尔也会被捉住几个，送到济南来，就演出一出上面描写的那样的悲喜剧。我在新育三年，这样的剧颇看了不少。对一个十一二岁的孩子来说，了解社会这一方面的情况，并无任何坏处。

旧社会有定期举行的买卖骡马的集市。新育小学大门外空地上就有这样的马市。忘记是多久举行一次。到了这一天，空地上挤满了人和马、骡、驴等，不记得有牛。这里马嘶驴鸣，人声鼎沸，一片繁忙热闹的景象。骡马的高低肥瘦，一看便知；但是年龄却是看不出来的，经纪人也自有办法。骡、马、驴都是吃草的动物，吃草要用牙，草吃多了，牙齿就受到磨损。专家们从牙齿磨损的程度上就能看出它们的年龄。于是，在看好了骡马的外相之后，就用手扒开它们的嘴，仔细观看牙齿。等到这一些手续都完了以后，就开始讨价还价了。在这里，不像在蔬菜市场上或其他市场上那样，用语言，用嘴来讨价还价，而是用手，经纪人和卖主或他的经纪人，把手伸入袖筒里，用手指头来讨论价格，口中则一言不发。如果袖筒中价钱谈妥，则退出手来，交钱牵牲口。这些都是没有见过世面的"下等人"，不懂开什么香槟酒来庆祝胜利。甚至有的价格还抵不上一瓶昂贵的香槟酒。如果袖筒密谈没有结果，则另起炉灶，找另外的人去谈了。至于袖筒中怎样谈法，这是经纪人垄断的秘密，我们局外人是无法知道的。这同中国佛教禅宗的薪火相传，颇有些类似之处。

国文竞赛

有一年，在秋天，学校组织全校学生游开元寺。

开元寺是济南名胜之一，坐落在千佛山东群山环抱之中。这是我经常来玩儿的地方。寺上面的大佛头尤其著名，是把一面巨大的山崖雕凿成了一个佛头，其规模虽然比不上四川的乐山大佛，但是在全国的石雕大佛中也是颇有一点名气的。从开元寺上面的山坡上往上爬，路并不崎岖，爬起来比较容易。爬上一刻钟到半个小时就到了佛头下。据说佛头的一个耳朵眼里能够摆一桌酒席。我没有试验过，反正其大可想见了。从大佛头再往上爬，山路当然更加崎岖，山石当然更加亮滑，爬起来颇为吃力。我曾爬上来过多次，颇有驾轻就熟之感，感觉不到多么吃力。爬到山顶上，有一座用石块垒起来的塔似的东西。从济南城里看过去，好像是一个橛子，所以这一座山就得名橛山。同泰山比起来，橛山不过是小巫见大巫；但在济南南部群山中，橛山却是鸡群之鹤。登上山顶，望千佛山顶如在肘下，大有"一览众山小"之慨了。可惜的是，这里一棵树都没有，不但没有松柏，连槐柳也没有，只有荒草遍山，看上去有点童山濯濯了。

从橛山山顶，经过大佛头，走了下来，地势渐低，树木渐多，走到一个山坳里，就是开元寺。这里松柏参天，柳槐成行，一片浓绿，间以红墙，仿佛在沙漠里走进了一片绿洲。虽然大庙那样的琳宫梵宇、崇阁高塔在这里找不到；但是也颇有几处佛殿，佛像庄严。院子里有一座亭子，名叫静虚亭。最难得最引人注目的是一泓泉水，在东面石壁的一个不深的圆洞中。水不是从下面向上涌，而是从上面石缝里向下滴，积之既久，遂成清池，名之曰"秋棠池"，洞中水池的东面岸上长着一片青苔，栽着数株秋海棠。泉水是上面群山中积存下来的雨水，汇聚在池上，一滴一滴地往下滴。泉水甘甜凛冽，冬不结冰。庙里主持的僧人和络绎不绝的游人，都从泉中取水喝。此水煮开泡茶，也是茶香水甜，不亚于全国任何名泉。有许多游人是专门为此泉而来开元寺的。我个人很喜欢开元寺这个地方，过去曾多次来过。这一次随全校来游，兴致仍然极高，虽归而兴未尽。

回校后，学校出了一个作文题目《游开元寺记》，举行全校作文比赛，把最好的文章张贴在教室西头走廊的墙壁上。前三名都为我在上面提到过的从曹州府来的三位姓李的同学所得。第一名作文后面老师的评语是"颇有欧苏真气"。我也榜上有名，但却在八九名之后了。

一次失败的『造反』

　　我在上面介绍教员时，曾提到一位教珠算的绰号叫 Shao qian 的教员。他那法西斯式的教学方法引起了全班学生的愤怒。哪里有压迫，哪里就有抵抗。对于小孩子也不例外。大家挨够了他的戒尺，控诉无门。告诉家长，没有用处。告诉校长，我们那位校长是一个小官僚主义者，既不教书，也不面对学生，不知道他整天干些什么。告诉他也不会有用。我们小小的脑袋瓜里没有多少策略，想来想去，只有一条路，就是造反，把他"架"（赶走）了。比我大几岁的几个男孩子带头提出了行动方略：在上课前把教师用的教桌倒翻过来，让它四脚朝天。我们学生都离开教室，躲到那一个寥落的花园中假山附近的树丛中，每人口袋里装满了那些树上结满了的黄色的豆豆，准备用来打 Shao qian 的脑袋。但是，十一二岁的孩子们不懂什么组织要细密，行动要统一，意见要一致，便贸然行事。我喜欢热闹，便随着那几个大孩子，离开了教室，躲在乱树丛中，口袋里装满了黄豆豆，准备迎接胜利。但是，过了半个多小时，我们都回到教室里，准备用黄豆豆打教师的脑袋时，我们却傻了眼：大约有三分之一的学生安然坐在那里，听老师讲课，教桌也早已翻了过来。原本就没能形成的统一战线，现在彻底崩溃了。学生分成了两类：良民与罪犯。我们想造反的人当然都属于后者。Shao qian 本来就不是什么好东西，现在看到有人居然想砸他的饭碗，其愤怒之情概可想见，他满面怒容，威风凛凛地坐在那里，竹板戒尺拿在手中，在等候我们这一批自投罗网的小罪犯。他看个子大小，就知道谁是主犯，谁是从犯。他先把主犯叫过去，他们自动伸出了右手。只听到重而响的啪啪的板子声响彻了没有人敢喘大气的寂静的教室。那几个男孩子也真有"种"，被打得龇牙咧嘴，却不哼一声。轮到我了，我也照样把右手伸出去，啪啪十声，算是从轻发落，但手也立即红肿起来，刺骨地热辣辣地痛。我走出教室，用一只红肿的手，把口袋里的黄豆豆倒在地上，走回家去，右手一直痛了几天。

我的第一次"造反"就这样失败了。

偷看小说

那时候，在我们家，小说被称为"闲书"，是绝对禁止看的。但是，我和秋妹都酷爱看"闲书"，高级的"闲书"，像《红楼梦》、《西游记》之类，我们看不懂，也得不到，所以不看。我们专看低级的"闲书"，如《彭公案》、《施公案》、《济公传》、《七侠五义》、《小五义》、《东周列国志》、《说唐》、《封神榜》等等。我们都是小学水平，秋妹更差，只有初小水平，我们认识的字都有限。当时没有什么词典，有一部《康熙字典》，我们也不会也不肯去查。经常念别字，比如把"飞檐走壁"念成了"飞dàn走壁"，把"气往上冲"念成了"气住上冲"。反正，即使有些字不认识，内容还是能看懂的。我们经常开玩笑说："你是用笤帚扫，还是用扫帚扫？"不认识的字少了，就是笤帚，多了就用扫帚。尽管如此，我们看闲书的瘾头自然极大。那时候，我们家没有电灯，晚上，把煤油灯吹灭后，躲在被窝里，用手电筒来看。那些闲书都是油光纸石印的，字极小，有时候还不清楚。看了几年，我居然没有变成近视眼，实在也出我意料。

我不但在家里偷看，还把书带到学校里去，偷空就看上一段。校门外左手空地上，正在施工盖房子。运来了很多红砖，摞在那里，不是一摞，而是很多摞，中间有空隙，坐在那里，外面谁也看不见。我就搬几块砖下来，坐在上面，在下课之后，且不回家，掏出闲书，大看特看。书中侠客们的飞檐走壁，刀光剑影，仿佛就在我眼前晃动，我似乎也参与其间，乐不可支。到脑筋清醒了一点，回家已经过了吃饭的时间，常常挨数落。

这样的闲书，我看的数量极大，种类极多。光是一部《彭公案》，我就看了四十几遍。越说越荒唐，越说越神奇，到了后来，书中的侠客个个赛过《西游记》的孙猴子。但这有什么害处呢？我认为没有。除了我一度想练铁砂掌以外，并没有持刀杀人，劫富济贫，做出一些荒唐的事情，危害社会。不但没有害处，我还认为有好处。记得鲁迅先生在答复别人问他怎样才能写通写好文章的时候说过，要多读多看，千万不要相信《文章作法》一类的书籍。我认为，这是至理名言。现在，对小学生，在课外阅读方面，同在别的方面一样，管得过多，管得过严，管得过死，这不一定就是正确的方法。"无为而治"，我并不完全赞成，但"为"得太多，我是不敢苟同的。

进入正谊中学

在过去的济南，正谊中学最多只能算是一所三流学校，绰号"破正谊"，与"烂育英"凑成一对，成为难兄难弟。但是，正谊三年毕竟是我生命中的一个阶段，即使不是重要的阶段，也总能算是一个有意义的阶段。因此，我在过去写的许多文章中都谈到了正谊；但是，谈得很不全面，很不系统。现在想比较全面地、比较系统地叙述一下我在正谊三年的过程。

正谊中学坐落在济南大明湖南岸阎公祠（阎敬铭的纪念祠堂）内。原有一座高楼还保存着，另外又建了两座楼和一些平房。这些房子是什么时候建造的，我不清楚，也没有研究过。校内的景色是非常美的，特别是北半部靠近原阎公祠的那一部分。绿杨撑天，碧水流地。一条清溪从西向东流，尾部有假山一座，小溪穿山而过。登上阎公祠的大楼，可以看到很远的地方，向北望，大明湖碧波潋滟，水光接天。夏天则是荷香十里，绿叶擎天。向南望，是否能看到千佛山，我没有注意过。我那时才十三四岁，旧诗读得不多，对古代诗人对自然美景的描述和赞美，不甚了了，也没有兴趣。我的兴趣是在大楼后的大明湖岸边上。每到夏天，湖中长满了芦苇。芦苇丛中到处是蛤蟆和虾。这两种东西都是水族中的笨伯。在家里偷一根针，把针尖砸弯，拴上一条绳，顺手拔一枝苇子，就成了钓竿似的东西。蛤蟆端坐在荷叶上，你只需抓一只苍蝇，穿在针尖上，把钓竿伸向它抖上两抖，蛤蟆就一跃而起，意思是想扑捉苍蝇，然而却被针尖钩住，提上岸来。我也并不伤害它，仍把它放回水中。有了这个教训的蛤蟆是否接受教训，不再上当，我没法研究。这疑难问题，虽然比不上相对论，但要想研究也并不容易，只有请美国科学家们代劳了。最笨的还是虾。这种虾是长着一对长夹的那一种，齐白石画的虾就是这样的。对付它们，更不费吹灰之力，只需顺手拔一枝苇子，看到虾，往水里一伸，虾们便用长夹夹住苇秆，死不放松，让我拖出水来。我仍然把它们再放回水中。我是醉翁之意不在酒，而在戏耍也。上下午课间的几个小时，我就是这样打发的。

我家住在南城，要穿过整个济南城才能到大明湖畔，因此中午不回家吃饭。婶母每天给两个铜元当午餐费，一个铜元买一块锅饼，大概不能全吃饱，另一个铜元买一碗豆腐脑或一碗炸丸子，就站在校门外众多的担子旁边，狼吞虎咽，算是午饭，心里记挂的还是蛤蟆和虾。看到路旁小铺里卖的一个铜元一碟的小葱拌豆腐，简直是垂涎三尺。至于那几个破烂小馆里的炒木樨肉等炒菜，香溢门外，则更是如望海上三山，可望而不可即了。有一次，我从家里偷了一个馒头带在身边，中午可以节约一个铜元，多喝一碗豆腐脑或炸丸子，惹得婶母老大不高兴。古话说：君子不二过，从此不敢再偷了。又有一次，学校里举办什么庆祝会，我参加帮忙。中午每人奖餐券一张，到附近一个小馆里去吃一顿午饭。我如获至宝，昔日可望而不可即的地方，今天我终于来了，饱饱地吃了一顿，以致晚上回家，连晚饭都吃不下了。这也许是我生平吃得最饱的一顿饭。

我当时并不喜欢念书。我对课堂和老师的重视远远比不上我对蛤蟆和虾的兴趣。每次考试，好了可以考到甲等三四名，坏了就只能考到乙等前几名，在班上总还是高材生。其实我根本不计较这些东西。

我的几个老师

　　提到正谊的师资，因为是私立，工资不高，请不到好教员。班主任叫王烈卿，绰号"王劣子"。不记得他教过什么课，大概是一位没有什么学问的人，很不受学生的欢迎。有一位教生物学的教员，姓名全忘记了。他不认识"玫瑰"二字，读之为"久块"，其他概可想象了。但也确有饱学之士。有一位教国文的老先生，姓杜，名字忘记了，也许当时就没有注意，只记得他的绰号"杜大肚子"。此人确系饱学之士，熟读经书，兼通古文，一手小楷写得俊秀遒劲，不亚于今天的任何书法家。听说前清时还有过什么功名。但是，他生不逢时，命途多舛，毕生浮沉于小学教员与中学教员之间，后不知所终。他教我的时候是我在高一的那一年。我考入正谊中学，录取的不是一年级，而是一年半级，由秋季始业改为春季始业。我只待了两年半，初中就毕业了。毕业后又留在正谊，念了半年高一。杜老师就是在这个时候教我们班的，时间是1926年，我十五岁。他出了一个作文题目，与描绘风景抒发感情有关。我不知天高地厚，写了一篇带有骈体文味道的作文。我在这里补说一句：那时候作文都是文言文，没有写白话文的。我对自己那一篇作文并没有沾沾自喜，只是写这样的作文，我还是第一次尝试，颇有期待老师表态的想法。发作文簿的时候，看到杜老师在上面写满了密密麻麻的字，等于他重新写了一篇文章。他的批语是："要作花样文章，非多记古典不可。"短短一句话，可以说是正击中了我的要害。古文我读过不少，骈文却只读过几篇。这些东西对我的吸引力远远比不上《彭公案》、《济公传》、《七侠五义》等等一类的武侠神怪小说。这些小说被叔父贬为"闲书"，是禁止阅读的，我却偏乐此不疲，有时候读起了劲，躲在被窝里利用手电筒来读。我脑袋里哪能有多少古典呢？仅仅凭着那几个古典和骈文日用的词句就想写"花样文章"，岂非是一个典型的癞蛤蟆吗？看到了杜老师批改的作文，我心中又是惭愧，又是高兴。惭愧的原因，用不着说。高兴的原因则是杜老师已年届花甲竟不嫌麻烦这样修改我的文章，我焉得不高兴呢？离开正谊以后，好多年没有回去，当然也就见不到杜老师了。我不知道他后来怎样了。但是，我却不时怀念他。他那挺着大肚皮步履蹒跚地走过操场去上课的形象，将永远留在我的记忆中。

另外一个让我难以忘怀的老师，就是教英文的郑又桥先生。他是南方人，不是江苏，就是浙江。他的出身和经历，我完全不知道，只知道他英文非常好，大概是专教高年级的。他教我们的时间，同杜老师同时，也是在高中一年级，当时那是正谊的最高年级。我自从进正谊中学将近三年以来，英文课本都是现成的：《天方夜谭》、《泰西五十轶事》，语法则是《纳氏文法》（Nesfield 的文法）。大概所有的中学都一样，郑老师用的也不外是这些课本。至于究竟是哪一本，现在完全忘记了。郑老师教书的特点，突出地表现在改作文上。别的同学的作文本我没有注意，我自己的作文，则是郑老师一字不改，而是根据我的原意另外写一篇。现在回想起来，这有很大的好处。我情动于中，形成了思想，其基础或者依据当然是母语，对我来说就是汉语，写成了英文，当然要受汉语的制约，结果就是中国式的英文。这种中国式的英文，一直到今天，还没有能消除。郑老师的改写是地道的英文，这是多年学养修炼成的，并不是每个人都能做到的。拿我自己的作文和郑先生的改作细心对比，可以悟到许多东西。简直可以说是一把开门的钥匙。可惜只跟郑老师学了一个学期，我就离开了正谊。再一次见面已经是二十多年以后的事情了。1947年暑假，我从北京回到了济南。到母校正谊去探望。万没有想到竟见到了郑老师。

我经过了三年高中，四年清华，十年德国，已经从一个小孩子变成了一个小伙子，而郑老师则已垂垂老矣。他住在靠大明湖的那座楼上中间一间屋子里，两旁以及楼下全是教室，南望千佛山，北倚大明湖，景色十分宜人。师徒二十多年没有见面，其喜悦可知。我曾改写杜诗："人生不相见，动如参与商。今日复何日，共此明湖光。"他大概对我这个徒弟很感到骄傲，曾在教课的班上，手持我的名片，激动地向同学介绍了一番。从那以后，"世事两茫茫"，再没有见到郑老师，也不知道他的下落。直到今天，我对他仍然是忆念难忘。

徐金台老师大概是正谊的资深教员，很受师生的尊敬。我没有上过他的课。但是，他在课外办了一个古文补习班。愿意学习的学生，只需每月交上几块大洋，就能够随班上课了。上课时间是下午放学以后，地点是阁公祠大楼的一间教室里，念的书是《左传》、《史记》一类的古籍，讲授者当然就是徐金台老师了。叔父听到我说这一件事，很高兴，立即让我报了名。具体的时间忘记了，反正是在那三年中。记得办班的时间并不长，不知道是由于什么原因，突然结束了。大概读了几篇《左传》和《史记》。对我究竟有多大影响，很难说清楚。反正读了几篇古文，总比不读要好吧。

叔父对我的古文学习，还是非常重视的。就在我在正谊读书的时候，他忽然心血来潮，亲自选编，亲自手抄了一本厚厚的《课侄选文》，并亲自给我讲解。选的文章都是理学方面的，唐宋八大家的文章一篇也没有选。说句老实话，我并不喜欢这类的文章。好在他只讲解过几次之后就置诸脑后，再也不提了。这对我是一件十分值得庆幸的事情，我仿佛得到了解放。

要谈正谊中学，必不能忘掉它的创办人和校长鞠思敏（承颖）先生。由于我同他年龄差距过大，他大概大我五十岁，我对他早年的活动知之甚少。只听说，他是民国初年山东教育界的领袖人物之一，当过什么长。后来自己创办了正谊中学，一直担任校长。我十二岁入正谊，他大概已经有六十来岁了，当然不可能引起他的注意，没有谈过话。我每次见到他，就油然起敬仰之情。他个子颇高，身材魁梧，走路极慢，威仪俨然。穿着极为朴素，夏天布大褂，冬天布棉袄，脚上穿着一双黑布鞋，袜子是布做的。现在机器织成的袜子，当时叫做洋袜子，已经颇为流行了。可鞠先生的脚上却仍然是布袜子，可见他俭朴之一斑。

鞠先生每天必到学校里来，好像并不担任什么课程，只是来办公。我还是一个孩子，不了解办学的困难。在军阀的统治之下，军用票满天飞，时局动荡，民不聊生。在这样的情况下，维持一所有几十名教员、上千名学生的私立中学，谈何容易。鞠先生身上的担子重到什么程度，我简直无法想象了。然而，他仍然极端关心青年学生们的成长，特别是在道德素质方面，他更倾注了全部的心血，想把学生培养成有文化有道德的人。每周的星期一上午八时至九时，全校学生都必须集合在操场上。他站在台阶上对全校学生讲话，内容无非是怎样做人，怎样爱国，怎样讲公德、守纪律，怎样严以律己、宽以待人，怎样孝顺父母，怎样尊敬师长，怎样同同学和睦相处，总之，不外是一些在家庭中也常能听到的道德教条，没有什么新东西。他简直像一个絮絮叨叨的老太婆，而且每次讲话内容都差不多。事实上，内容就只有这些，他根本不可能花样翻新。当时还没有什么扩音器等洋玩意儿。他的嗓子并不洪亮，站的地方也不高。我不知道，全体学生是否都能够听到，听到后的感觉如何。我在正谊三年，听了三年。有时候确也感到絮叨。但是，自认是有收获的。他讲的那一些普普通通做人的道理，都是金玉良言，我也受到了潜移默化。

在正谊中学，我曾进入尚实英文学社。这是一个私人办的学社，坐落在济南城内按察司街南口一条巷子的拐角处。创办人叫冯鹏展，是广东人，不知道何时流寓在北方，英文也不知道是在哪里学的，水平大概是相当高的。他白天在几个中学兼任英文教员，晚上则在自己家的前院里招生教英文。学生每月记得是交三块大洋。教员只有三位：冯鹏展先生、钮威如先生、陈鹤巢先生，他们都各有工作，晚上教英文算是副业；但是，他们教书都相当卖力气。学子趋之若鹜，总人数大概有七八十人。别人我不清楚，我自己是很有收获的。我在正谊之所以能在英文方面居全班之首，同尚实是分不开的。在中小学里，课程与课程在得分方面是很不相同的。历史、地理等课程，考试前只需临时抱佛脚死背一气，就必能得高分。而英文和国文则必须有根底才能得高分，而根底却是在相当长的时间内打下的，现上轿现扎耳朵眼是办不到的。在北园山大高中时期，我有一个同班同学，名叫叶建垌，记忆力特强。但是，两年考了四次，我总是全班状元，他总屈居榜眼，原因就是他其他杂课都能得高分，独独英文和国文，他再聪明也是上不去，就因为他根底不行。我的英文之所以能有点根底，同尚实的教育是紧密相连的。国文则同叔父的教育和徐金台先生是分不开的。

说句老实话，我当时并不喜欢读书，也无意争强，对大明湖蛤蟆的兴趣远远超过书本。现在回想起来，当时对我的压力真够大的。每天（星期天当然除外）早上从南关穿过全城走到大明湖，晚上五点再走回南关。吃完晚饭，立刻就又进城走到尚实英文学社，晚九点回家，真可谓马不停蹄了。但是，我并没有感觉到什么压力，在精神上和肉体上都没有。每天晚上，尚实下课后，我并不急于回家，往往是一个人沿着院东大街向西走，挨个儿看马路两旁的大小铺面，有的还在营业，当时电灯并不明亮。大铺子，特别是那些卖水果的大铺子，门口挂上一盏大的煤气灯，照耀得如同白昼。下面摆着摊子，在冬天也陈列着从南方运来的香蕉和橘子，再衬上本地产的苹果和梨。红绿分明，五光十色，真正诱人。我身上连一个铜板都没有，只能过屠门而大嚼，徒饱眼福。然而却百看不厌，每天晚上必到。一直磨蹭到十点多才回到家中。第二天一大早就又要长途跋涉了。

我就是这样度过了三年的正谊中学时期和几乎同样长的尚实英文学社时期。当时我十二岁到十五岁。

在济南高中

1926年，我十五岁，在正谊中学春季始业的高中待了半年，秋天考入山东大学附设高中一年级。北园高中是山东大学附设的高中。

1928年，日寇占领了济南，我被迫停学一年。

1929年，日军撤走，国民党的军队进城，从此结束了军阀割据混战的局面，基本上由一个军阀统治中国。

北园高中撤销，成立了全山东省唯一的一个高中：山东省立济南高中，全省各县的初中毕业生，想要上进的，必须到这里来，这里是通向大学（主要是北京的）的唯一桥梁。

山东省立济南高中，坐落在济南西城杆石桥马路上，在路北的一所极大的院落内。原来这里是一个什么衙门，这问题当时我就不清楚，对它没有什么兴趣。校门前有一个斜坡，要先走一段坡路，然后才能进入大门。大门洞的左侧有一个很大的传达室。进了大门，是一个极大的院子，东西两侧都有许多房子。东边的一间是教员游艺室，里面摆着乒乓球台。从院子西侧再向前走，上几个台阶，就是另一个不大的院子。南侧有房子一排。北侧高台阶上有房子一排，是单身教员住的地方。1934年至1935年，我回母校任国文教员时，曾在其中的一间中住过一年。房子前，台阶下，种着一排木槿花。春天开花时，花光照亮了整个院子。院子西头，有一个大圆门，进门是一座大花园。现在虽已破旧，但树木依然蓊郁，绿满全园。有一个大荷塘，现已干涸。当年全盛时，必然是波光潋滟，荷香四溢。现在学生仍然喜欢到里面去游玩。从这个不大的院子登上台阶向北走，有一个门洞，门洞右侧有一间大房子，曾经是学生宿舍，我曾在里面住过一段时间。出了这个门洞，豁然开朗，全校规模，顿现眼前。到这里来，上面讲的那一个门洞不是唯一的路。进校门直接向前走，走上台阶，是几间极高大的北屋，校长办公室、教务主任办公室、教务处、训导处、庶务处等都在这里。从这里向西走，下了台阶，就是全校规模最大的院子，许多间大教室和学生宿舍都在这里。学生宿舍靠西边，是许多排平房。宿舍的外面是一条上面盖有屋顶的极宽极长的走廊，右面是一大排教室。沿走廊向北走，走到尽头，右面就是山东省立一中。原来这一座极大的房子是为济南省立高中和一中（只有初中）所占用。有几座大楼，两校平分。

有一个颇怪的现象，先提出来说一说。在时间顺序中，济南高中是在最后，也就是说，离现在最近，应该回忆得最清晰。可是，事实上，至少对教职员的回忆，却最模糊。其中道理，我至今不解。

高中初创办时，校长姓彭，是南方人，美国留学生，名字忘记了。不久就调山东省教育厅任科长。在现在的衙门里，科长是一个小萝卜头儿。但在当时的教育厅中却是一个大官，因为没有处长，科长直通厅长。接任的是张默生，山东人，大学国文系毕业，曾写过一本书《王大牛传》，传主是原第一师范校长王世栋（祝晨），上面已经提到过。"王大牛"是一个绰号，表示他的形象，又表示他的脾气倔强。他自己非常欣赏，所以采用作书名，不表示轻蔑，而表示尊敬。我不记得，张校长是否也教书。

教务主任是蒋程九先生，山东人，法国留学生，教物理或化学，记不清楚了。我们是高中文科，没有上过他的课。

有一位李清泉先生，法国留学生，教物理，我没有上过他的课。

我记得最详细最清楚的是教国文的老师。总共有四位，一律是上海滩上的作家。当时流行的想法是，只要是作家，就必然能教国文。因此，我觉得，当时对国文这一学科的目的和作用，是并不清楚的。只要能写出好文章，目的就算是达到了。北园高中也有同样的情况，唯一的区别只在于，那里的教员是桐城派的古文作家，学生作文是用文言文。国民党一进城，就仿佛是换了一个世界，文言文变为白话文。

我们班第一个国文教员是胡也频先生，从上海来的作家，年纪很轻，个子不高，但浑身充满了活力。上课时不记得他选过什么课文。他经常是在黑板上写上几个大字："现代文艺的使命。"所谓现代文艺，也叫普罗文学，就是无产阶级文学。其使命就是无产阶级革命。市场上流行着几本普罗文学理论的译文，作者叫弗理契，大概是苏联人，原文为俄文，由日译本转译为汉文，佶屈聱牙，难以看懂。原因大概是日本人本来就是没有完全看懂俄文。再由日文转译为汉文，当然就驴唇不对马嘴，被人称之为天书了。估计胡老师在课堂上讲的普罗文学的理论，也不出这几本书。我相信，没有一个学生能听懂的。但这并没有减低我们的热情。我们知道的第一个是革命，第二个是革命，第三个仍然是革命，这就足够了。胡老师把他的夫人丁玲从上海接到济南暂住。丁玲当时正在走红，红得发紫。中学生大都是追星族。见到了丁玲，我们兴奋得难以形容了。但是，国民党当局焉能容忍有人在自己鼻子底下革命，于是下令通缉胡也频。胡老师逃到了上海去，一年多以后，就给国民党杀害了。

接替胡先生的是董秋芳先生。董先生，笔名冬芬，北大英文系毕业，译有《争自由的波浪》一书，鲁迅先生作序。他写给鲁迅的一封长信，现保存于《鲁迅全集》中。董老师的教学风格同胡老师完全不同。他不讲什么现代文艺，不讲什么革命，而是老老实实地教书。他选用了日本厨川白村著、鲁迅译的《苦闷的象征》作教材，仔细分析讲授。作文不出题目，而是在黑板上大写四个字："随便写来。"意思就是，你愿意写什么就写什么。有一次，我竟用这四个字为题目写了一篇作文。董老师也没有提出什么意见。

高中国文教员，除了董秋芳先生之外，还有几位。一位是董每戡先生，一位是夏莱蒂，都是从上海来的小有名气的作家。他们的作品，我并没有读过。董每戡在济南一家报纸上办过一个文学副刊。二十多年以后，我在一张报纸上看到了他的消息，他在广州的某一所大学里当了教授。

除了上述几位教员以外，我一个教员的名字都回忆不起来了。按高中的规模至少应该有几十位教员的。起码教英文的教员应该有四五位的，我们这一班也必然有英文教员，这同我的关系至为密切，因为我在全校学生中英文水平是佼佼者，可是我现在无论怎样向记忆里去挖掘，却是连教我们英文的教员都想不起来了。我觉得，这真是一件怪事。

荣誉感继续作美

我在回忆北园高中时，曾用过"虚荣心"这个词儿。到现在时间过了不久，我却觉得使用这个词儿，是不准确的，应改为"荣誉感"。

懂汉语的人，只从语感上就能体会出这两个词儿的不同。所谓"虚荣心"是指羡慕高官厚禄，大名盛誉，男人梦想"红袖添香夜读书"，女人梦想白马王子，最后踞坐在万人之上，众人则蹐于自己脚下。走正路达不到，则走歪路，甚至弄虚作假，吹拍并举。这就是虚荣心的表现，害己又害人，没有一点儿好处。荣誉感则另是一码事。一个人在某一方面做出了成绩，有关人士予以表彰，给以荣誉。这种荣誉不是苦求得来的，完全是水到渠成。这同虚荣心有质的不同。我在北园高中受到王状元的表彰，应该属于这一个范畴，使用"虚荣心"这一个词儿，是不恰当的。虚荣心只能作祟，荣誉感才能作美。

我到了杆石桥高中，荣誉感继续作美。念了一年书，考了两个甲等第一。

毕业旅行筹款晚会

　　我在济南高中一年，最重大最棘手的莫过毕业旅行筹款晚会的经营组织。不知道是谁忽然心血来潮，想在毕业后出去旅行一番。这立即得到了全班同学的热烈响应。但是，旅行是需要钱的，我们大多数的家长是不肯也没有能力出这个钱的。于是我们只有一条路可走：自己筹款。那时候还没有像现在这样多的暴发户大款，劝募无门。想筹款只能举办文艺晚会，卖票集资。于是全班选出了一个筹委会，主任一人，是比我大四五岁的一位诸城来的学生，他的名字我不说。我也是一个积极分子，在筹委会里担任组织工作。晚会的内容不外是京剧、山东快书、相声、杂耍之类。演员都是我们自己请。我只记得，唱京剧的主要演员是二年级的台镇中同学，剧目是"失、空、斩"。台镇中京剧唱得的确极有味，曾在学校登台演出过，其他节目的演员我就全记不清了。总之，筹备工作进行得顺利而迅速。连入场券都已印好，而且已经送出去了一部分。但是，万事俱备，只欠东风，东风就是校长的批准。张默生校长是一个老实人，活动能力不强，他同教育厅长何思源的关系也并不密切，远远比不上他的前任。他实在无法帮助推销这样多的入场券。但他又不肯给学生们泼冷水，实在是进退两难。只好采用拖的办法，能拖一天，就拖一天。后来我们逐渐看出了这个苗头。我们几经讨论，出于对张校长的同情（我简直想说，出于对他的怜悯），我们决定停止这一场紧锣密鼓的闹剧。我们每个人都空做了一场旅行梦。

以上就是我的回忆。

小学和中学，九岁（一般人是六岁）到十九岁，已是人生的初级阶段。还没有入世，对世情的冷暖没有什么了解。这些大孩子大都富于幻想，好像他们眼前的路上长的全是玫瑰花，色彩鲜艳，芬芳扑鼻，一点荆棘都没有。我也基本上属于这个范畴；但是，我的环境同绝大多数的孩子都不一样。我也并不缺乏幻想、缺乏希望，但是，在我面前的路上，只有淡淡的玫瑰花的影子，更多的似乎是荆棘。尽管我的高中三年是我生平最辉煌的时期之一，在考试方面，我是绝对的冠军，无人敢撄其锋者，但这并没有改变我那幼无大志的心态，我从来没有梦想成为什么学者，什么作家，什么大人物。家庭对我的期望是娶妻生子，能够传宗接代；做一个小职员，能够养家糊口，如此而已。到了晚年，竟还有写自己的小学和中学十年的必要，是我当时完全没有想到的。不管怎样，我的小学和中学十年的经历写完了。要问写这些东西有什么好处的话，我的回答是有好处，有原来完全没有想到的好处。我仿佛又回到了七八十年前去，又重新生活了十年。喜当年之所喜，怒当年之所怒，哀当年之所哀，乐当年之所乐。如果不写这一段回忆，如果不向记忆里挖了再挖，这些情况都是不会出现的。苏东坡词曰："谁道人生无再少？门前流水尚能西，休将白发唱黄鸡。"时间是一种无始无终、永远不停地前进的东西，过去了一秒，就永远过去了，虽有翻天覆地的手段也是拉不回来的。东坡的"再少"是指精神上的，我们不知道他是否有具体的经验。在我写这十年回忆的时候，我确实感觉到，自己是"再少"了十年。仅仅这一点，就值得自己大大地欣慰了。

本章节选自：《我的童年》（1986年6月6日）；《我的小学和中学》（2002年2月28日）；《回忆新育小学》（2002年3月15日）；《回忆正谊中学》（2002年2月1日）；《回忆北园山大附中》（2002年2月24日）；《回忆济南高中》（2002年3月28日）。

——编者注

第二章
逐梦清华园

我在这样的环境中生活、学习了整整四个年头，其影响当然是非同小可的。至于清华园的景色，更是有口皆碑，而且四时不同：春则繁花烂漫，夏则藤影荷声，秋则枫叶似火，冬则白雪苍松。其他如西山紫气，荷塘月色，也令人忆念难忘。

记北大一九三〇年入学考试

1930年，我高中毕业。当时山东只有一个高中，就是杆石桥山东省立高中，文理都有，毕业生大概有七八十个人。除少数外，大概都要进京赶考的。我之所谓"京"是一个形象的说法，就是指的北京，当时还叫"北平"。山东有一所大学：山东大学，但是名声不显赫，同北京的北大、清华无法并提。所以，绝大部分高中毕业生都进京赶考。

当时北平的大学很多。除了北大、清华以外，我能记得来的还有朝阳大学、中国大学、郁文大学、平民大学、辅仁大学、燕京大学等。还有一些只有校名，没有校址的大学，校名也记不清楚了。

有的同学大概觉得自己底气不足，报了五六个大学的名。报名费每校三元，有几千学生报名，对学校来说是一笔不小的收入。我本来是一个上不得台盘的人，新育小学毕业就没有勇气报考一中。但是，高中一年级时碰巧受到了王寿彭状元的奖励。于是虚荣心起了作用：既然上去，就不能下来！结果三年高中，六次考试，我考了六个第一名。心中不禁"狂"了起来。我到了北平，只报了两个学校：北大与清华。结果两校都录取了我。经过反复的思考，我弃北大而取清华。后来证明我这个判断是正确的。否则我就不会有留德十年。没有留德十年，我以后走的道路会是完全不同的。

那一年的入学考试，北大就在沙滩，清华因为离城太远，借了北大的三院做考场。清华的考试平平常常，没有什么特异之处。北大则极有特色，至今忆念难忘。首先是国文题就令人望而生畏，题目是"何谓科学方法？试分析评论之"。又要"分析"，又要"评论之"，这究竟是考学生什么呢？我哪里懂什么"科学方法"。幸而在高中读过一年逻辑，遂将逻辑的内容拼拼凑凑，写成了一篇答卷，洋洋洒洒，颇有一点神气。北大英文考试也有特点。每年必出一首旧诗词，令考生译成英文。那一年出的是"别来春半，触目愁肠断。砌下落梅如雪乱，拂了一身还满"。所有的科目都考完以后，又忽然临时加试一场英文 dictation。一个人在上面念，让考生整个记录下来。这玩意儿我们山东可没有搞。我因为英文单词记得多，整个故事我听得懂，大概是英文《伊索寓言》一类书籍抄来的一个罢。总起来，我都写了下来。仓皇中把 suffer 写成了 safer。

我们山东赶考的书生们经过了这几大灾难才仿佛井蛙从井中跃出，大开了眼界，了解到了山东中学教育水平是相当低的。

报考邮政局

中国古代许多英雄，根据正史的记载，都颇有一些豪言壮语，什么"大丈夫当如是也！"什么"彼可取而代也！"又是什么"燕雀焉知鸿鹄之志哉"？真正掷地作金石声，令我十分敬佩，可我自己不是那种人。

在我读中学的时候，像我这种从刚能吃饱饭的家庭出身的人，唯一的目的和希望就是——用当时流行的口头语来说——能抢到一只"饭碗"。当时社会上只有三个地方能生产"铁饭碗"：一个是邮政局，一个是铁路局，一个是盐务稽核所。这三处地方都掌握在不同国家的帝国主义分子手中。在那半殖民地社会里，"老外"是上帝。不管社会多么动荡不安，不管"城头"多么"变幻大王旗"，"老外"是谁也不敢碰的。他们生产的"饭碗"是"铁"的，砸不破，摔不碎。只要一碗在手，好好干活，不违"洋"命，则终生会有饭吃，无忧无虑，成为羲皇上人。

我的家庭也希望我在高中毕业后能抢到这样一只"铁饭碗"。我不敢有违严命，高中毕业后曾报考邮政局。若考取后，可以当一名邮务生。如果勤勤恳恳，不出娄子，干上十年二十年，也可能熬到一个邮务佐，算是邮局里的一个芝麻绿豆大的小官了；就这样混上一辈子，平平安安，无风无浪。幸乎？不幸乎？我没有考上。大概面试的"老外"看我不像那样一块料，于是我名落孙山了。

考入清华大学

　　在这样的情况下，我才报考了大学。北大和清华都录取了我。我同当时众多的青年一样，也想出国去学习，目的只在"镀金"，并不是想当什么学者。"镀金"之后，容易抢到一只饭碗，如此而已。在出国方面，我以为清华条件优于北大，所以舍后者而取前者。后来证明，我这一宝算是押中了。这是后事，暂且不提。

　　清华是当时两大名牌大学之一，前身叫留美预备学堂，是专门培养青年到美国去学习的。留美若干年镀过了金以后，回国后多为大学教授，有的还做了大官。在这些人里面究竟出了多少真正的学者，没有人做过统计，我不敢瞎说。同时并存的清华国学研究院，是一所很奇特的机构，仿佛是西装革履中一袭长袍马褂，非常不协调。然而在这个不起眼的机构里却有名闻宇内的四大导师：梁启超、王国维、陈寅恪、赵元任。另外有一名年轻的讲师李济，后来也成了大师，担任了台湾"中央研究院"的院长。这个国学研究院，与其说它是一所现代化的学堂，毋宁说它是一所旧日的书院。一切现代化学校必不可少的烦琐的规章制度，在这里似乎都没有。师生直接联系，师了解生，生了解师，真正做到了循循善诱，因材施教。虽然只办了几年，梁、王两位大师一去世，立即解体，然而所创造的业绩却是非同小可。我不确切知道究竟毕业了多少人，估计只有几十个人，但几乎全都成了教授，其中有若干位还成了学术界的著名人物。听史学界的朋友说，中国二十世纪三十年代后形成了一个学术派别，名叫"吾师派"，大概是由某些人写文章常说的"吾师梁任公"、"吾师王静安"、"吾师陈寅恪"等衍变而来的。从这一件小事也可以看到清华国学研究院在学术界影响之大。

吾生也晚，没有能亲逢国学研究院的全盛时期。我于1930年入清华时，留美预备学堂和国学研究院都已不再存在，清华改成了国立清华大学。清华有一个特点：新生投考时用不着填上报考的系名，录取后，再由学生自己决定入哪一个系；读上一阵，觉得不恰当，还可以转系。转系在其他一些大学中极为困难——比如说现在的北京大学，但在当时的清华，却真易如反掌。可是根据我的经验：世上万事万物都具有双重性。没有入系的选择自由，很不舒服；现在有了入系的选择自由，反而更不舒服。为了这个问题，我还真伤了点脑筋。系科盈目，左右掂量，好像都有点儿吸引力，究竟选择哪一个系呢？我一时好像变成了莎翁剧中的 *Hamlet* 碰到了 To be or not to be that is the question。我是从文科高中毕业的，按理说，文科的系对自己更适宜。然而我却忽然一度异想天开，想入数学系，真是"可笑不自量"。经过长时间的考虑，我决定入西洋文学系（后改名外国语文系）。这一件事也证明我"少无大志"，我并没有明确的志向，想当哪一门学科的专家。

在清华大学西洋文学系

　　当时的清华大学的西洋文学系，在全国各大学中是响当当的名牌。原因据说是由于外国教授多，讲课当然都用英文，连中国教授讲课有时也用英文。用英文讲课，这可真不得了呀！只是这一条就能够发聋振聩，于是就名满天下了。我当时未始不在被振发之列，又同我那虚无缥缈的出国梦联系起来，我就当机立断，选了西洋文学系。

　　从1930年到现在，六十七个年头已经过去了。所有的当年的老师都已经去世了。最后去世的一位是后来转到北大来的美国的温德先生，去世时已经过了一百岁。我现在想根据我在清华学习四年的印象，对西洋文学系做一点儿评价，谈一谈我个人的一点看法。我想先从古希腊找一张护身符贴到自己身上："吾爱吾师，吾尤爱真理。"有了这一张护身符，我就可以心安理得，能够畅所欲言了。

　　我想简略地实事求是地对西洋文学系的教授阵容作一点分析。我说"实事求是"，至少我认为是实事求是，难免有不同的意见，这就是平常所谓的"仁者见仁，智者见智"了。我先从系主任王文显教授谈起。他的英文极好，能用英文写剧本，没怎么听他说过中国话。他是莎士比亚研究的专家，有一本用英文写成的有关莎翁研究的讲义，似乎从来没有出版过。他隔年开一次莎士比亚的课，在课堂上念讲义，一句闲话也没有。下课铃一摇，合上讲义走人。多少年来，都是如此。讲义是否随时修改，不得而知。据老学生说，讲义基本上不做改动。他究竟有多大学问，我不敢瞎说。他留给学生最深的印象是他充当冰球裁判时那种脚踏溜冰鞋似乎极不熟练的战战兢兢如履薄冰的神态。

再来介绍温德教授。他是美国人，怎样到清华来的，我不清楚。他教欧洲文艺复兴文学和第三年法语。他终身未娶，死在中国。据说他读的书很多，但没见他写过任何学术文章。学生中流传着有关他的许多轶闻趣事。他说，在世界上所有的宗教中，他最喜爱的是伊斯兰教，因为伊斯兰教的"天堂"很符合他的口味。学生中流传的轶闻之一就是：他身上穿着五百块大洋买来的大衣（当时东交民巷外国裁缝店的玻璃橱窗中摆出一块呢料，大书"仅此一块"。被某一位冤大头买走后，第二天又摆出同样一块，仍然大书"仅此一块"。价钱比平常同样的呢料要贵上五至十倍。），腋下夹着十块钱一册的《万人丛书》（*Everyman's Library*），（某一国的老外名叫 Vetch，在北京饭店租了一间铺面，专售西书。他把原有的标价剪掉，然后抬高四五倍的价钱卖掉。）眼睛上戴着用八十块大洋配好但把镜片装反了的眼镜，徜徉在水木清华的林阴大道上，昂首阔步，醉眼矇眬。

还有翟孟生教授。他也是美国人，教西洋文学史。听说他原是清华留美预备学堂的理化教员。后来学堂撤销，改为大学，他就留在西洋文学系。他大概是颇为勤奋，确有著作，而且是厚厚的大大的巨册，在商务印书馆出版，书名叫 *A Survey of European Literature*。读了可以对欧洲文学得到一个完整的概念。但是，书中错误颇多，特别是在叙述某一部名作的故事内容中，时有张冠李戴之处。学生们推测，翟老师在写作此书时，手头有一部现成的欧洲文学史，又有一本 Story Book，讲一段文学发展的历史事实；遇到名著，则查一查 Story Book，没有时间和可能尽读原作，因此名著内容印象不深，稍一疏忽，便出讹误。不是行家出身，这种情况实在是难以避免的。我们不应苛责翟孟生老师。

吴可读教授。他是英国人，讲授中世纪文学。他既无著作，也不写讲义。上课时他顺口讲，我们顺手记。究竟学到了些什么东西，我早已忘到九霄云外去了。他还讲授当代长篇小说一课。他共选了五部书，其中包括当时才出版不太久但已赫赫有名的《尤里西斯》和《追忆似水年华》。此外还有托马斯·哈代的《还乡》，吴尔芙和劳伦斯各一部。第一二部谁也不敢说完全看懂。我只觉迷离模糊，不知所云。根据现在的研究水平来看，我们的吴老师恐怕也未必能够全部透彻地了解。

毕莲教授。她是美国人。我也不清楚她是怎样到清华来的。听说她在美国教过中小学。她在清华讲授中世纪英语，也是一无著作，二无讲义。她的拿手好戏是能背诵英国大诗人 Chaucer 的 *Canterury Tales* 开头的几段。听老同学说，每逢新生上她的课，她就背诵那几段，背得滚瓜烂熟，先给学生一个下马威。以后呢？以后就再也没有什么新花样了。年轻的学生们喜欢品头论足，说些开玩笑的话。我们说：程咬金还能舞上三板斧，我们的毕老师却只能砍上一板斧。

下面介绍两位德国教授。第一位是石坦安，讲授第三年德语。不知道他的专长何在，只是教书非常认真，颇得学生的喜爱。此外我对他便一无所知了。第二位是艾克，字锷风。他算是我的业师。他教我第四年德文，并指导我的学士论文。他在德国拿到过博士学位，主修的好像是艺术史。他精通希腊文和拉丁文，偏爱德国古典派的诗歌，对于其名最初隐而不彰后来却又大彰的诗人荷尔德林（Hölderlin）情有独钟，经常提到他。艾克先生教书并不认真，也不愿费力。有一次我们几个学生请他用德文讲授，不用英文。他便用最快的速度讲了一通，最后问我们："Verstehen Sie etwas davon？"（你们听懂了什么吗？）我们瞠目结舌，敬谨答曰："No！"从此天下太平，再也没有人敢提用德文讲授的事。他学问是有的，曾著有一部厚厚的《宝塔》，是用英文写的，利用了很丰富的资料和图片，专门讲中国的塔。这一部书在国外汉学界颇有一些名气。他的另外一部专著是研究中国明代家具的，附了很多图表，篇幅也相当多。由此可见他的研究兴趣之所在。他工资极高，孤身一人，租赁了当时辅仁大学附近的一座王府，他就住在银安殿上，雇了几个听差和厨师。他收藏了很多中国古代名贵字画，坐拥画城，享受王者之乐。1946年，我回到北京时，他仍在清华任教。此时他已成了家，夫人是一位中国女画家，年龄比他小一半，年轻貌美。他们夫妇请我吃过烤肉。北京一解放，他们就流落到夏威夷。锷风老师久已谢世，他的夫人还健在。

我在上面提到过，我的学士论文是在艾克老师指导下写成的，是用英文写的，题目是 *The Early Poems of Hölderlin*。英文原稿已经遗失，只保留下来了一份中文译文。一看这题目，就能知道是受到了艾先生的影响。现在回忆起来，我当时的德文水平不可能真正看懂荷尔德林的并不容易懂的诗句。当然，要说一点儿都不懂，那也不是事实。反正是半懂半不懂，囫囵吞枣，参考了几部《德国文学史》，写成了这一篇论文，分数是 E（excellent，优）。我年轻时并不缺少幻想力，这是一篇幻想力加学术探讨写成的论文。

现在再介绍西洋文学系的老师，先介绍吴宓（字雨僧）教授。他是美国留学生，是美国人文主义大师白璧德的弟子，在国内不遗余力地宣传自己老师的学说。他反对白话文，更反对白话文学。他联合了一些志同道合者，创办了《学衡》杂志，文章一律是文言。他自己也用文言写诗，后来出版了《吴宓诗集》。在中国文坛上，他属于右倾保守集团，没有什么影响。他给我们讲授两门课：一门是"英国浪漫诗人"，一门是"中西诗之比较"。在美国，他入的是比较文学系。在中国，他是提倡比较文学的先驱者之一。但是，他在这方面的文章却几乎不见。就以我为例，"比较文学"这个概念当时并没有形成。如果真有文章的话，他并不缺少发表的地方，《学衡》和天津《大公报·文学副刊》都掌握在他手中。留给我印象最深的只是他那些连篇累牍的关于白璧德人文主义的论述文章。在"英国浪漫诗人"这一堂课上，我记得最清楚的是他让我们背诵那些浪漫诗人的诗句，有时候要背得很长很长。理论讲授我一点儿也回忆不起来了。在"中西诗之比较"这一堂课上，除了讲点儿西方的诗和中国的古诗之外，关于理论，我的回忆中也是一片空白。反之，最难忘的却是：他把自己一些新写成的旧诗也铅印成讲义，在堂上散发。他那有名的《空轩诗》就是在这种情况下发到我们手中的。雨僧先生生性耿直，古貌古心，却流传着许多"绯闻"。他似乎爱过、追求过不少女士，最著名的一个是毛彦文。他曾有一首诗，开头两句是："吴宓苦爱○○○，三洲人士共惊闻。"隐含在三个

○里面的人名，用押韵的方式呼之欲出。"三洲"指的是亚、欧、美。这虽是诗人的夸大，知道的人确实不少，这却是事实。他的《空轩诗》被学生在小报《清华周刊》上改写为打油诗，给他开了一个不大不小的玩笑。第一首的头两句被译成了"一见亚北貌似花，顺着秫秸往上爬"。"亚北"者，指一个姓欧阳的女生。关于这一件事，我曾在发表在香港《大公报·文学副刊》上的一篇谈叶公超先生的散文中写到过，这里不再重复。回头仍然讲吴先生的"中西诗之比较"这一门课。为这一门课我曾写过一篇论文，题目忘记了，是师命或者自愿，我也忘记了。内容依稀记得是把陶渊明同一位英国浪漫诗人相比较，当然不会比出什么东西来的。我在最近几年颇在一些文章和谈话中，对比较文学的"无限可比性"有所指责。X 和 Y，任何两个诗人或其他作家都可以硬拉过来一比，有人称之为"拉郎配"，是一个很形象的说法。焉知六十多年前自己就是一个"拉郎配"者或始作俑者。自己向天上吐的唾沫最终还是落到自己脸上，岂不尴尬也哉！然而这个事实我却无法否认。如果这样的文章也能算科学研究的"发轫"的话，我的发轫起点实在是很低的。但是，话又说了回来，在西洋文学系教授群中，讲真有学问的，雨僧先生算是一个。

下面介绍叶崇智（公超）教授。他教我们第一年英语，用的课本是英国女作家 Jane Austen 的《傲慢与偏见》。他的教学法非常离奇，一不讲授，二不解释，而是按照学生的座次——我先补充一句，学生的座次是并不固定的——从第一排右手起，每一个学生念一段，依次念下去。念多么长，好像也并没有一定之规，他一声令下：Stop! 于是就 Stop 了。他问学生："有问题没有？"如果没有，就是邻座的第二个学生念下去。有一次，一个同学提了一个问题，他大声喝道："查字典去！"一声狮子吼，全堂愕然、肃然，屋里静得能听到彼此的呼吸声。从此天下太平，再没有人提任何问题了。就这样过了一年。公超先生英文非常好，对英国散文大概是很有研究的。可惜他惜墨如金，从来没见他写过任何文章。

在文坛上，公超先生大概属于新月派一系。他曾主编过——或者帮助编过一个纯文学杂志《学文》。我曾写过一篇散文《年》，送给了他。他给予这篇文章极高的评价，说我写的不是小思想、小感情，而是"人类普遍的意识"。他立即将文章送《学文》发表。这实出我望外，欣然自喜，颇有受宠若惊之感。为了表示自己的感激之情，兼怀有巴结之意，我写了一篇《我是怎样写起文章来的？》送呈先生。然而，这次却大出我意料，狠狠地碰了一个钉子。他把我叫了去，铁青着脸，把原稿掷给了我，大声说道："我一个字都没有看！"我一时目瞪口呆，赶快拿着文章开路大吉。个中原因我至今不解。难道这样的文章只有成了名的作家才配得上去写吗？此文原稿已经佚失，我自己是自我感觉极为良好的。平心而论，我在清华四年，只写过几篇散文：《年》、《黄昏》、《寂寞》、《枸杞树》，一直到今天，还是一片赞美声。清夜扪心，这样的文章我今天无论如何也写不出来了。我一生从不敢以作家自居，而只以学术研究者自命。然而具有讽刺意味的是：如果说我的学术研究起点很低的话，我的散文创作的起点应该说是不低的。

公超先生虽然一篇文章也不写，但是，他并非懒于动脑筋的人。有一次，他告诉我们几个同学，他正考虑一个问题：在中国古代诗歌中人的感觉——或者只是诗人的感觉的转换问题。他举了一句唐诗："静听松风寒。"最初只是用耳朵听，然而后来却变成了躯体的感受"寒"。虽然后来没见有文章写出，却表示他在考虑一些文艺理论的问题。当时教授与学生之间有明显的鸿沟：教授工资高，社会地位高，存在决定意识，由此就形成了"教授架子"这一个词儿。我们学生只是一群有待于到社会上去抢一只饭碗的碌碌青年。我们同教授们不大来往，路上见了面，也是望望然而去之，不敢用代替西方"早安"、"晚安"一类的致敬词儿的"国礼"："你吃饭了吗？""你到哪里去呀？"去向教授们表示敬意。公超先生后来当了大官：台湾的"外交部长"。关于这一件事，我同我的一位师弟——一位著名的诗人有不同的看法。我曾在香港《大公报·文学副刊》上发表过的一篇文章中提到此事。此文上面已提到。

再介绍一位不能算是主要教授的外国女教授，她是德国人华兰德小姐，讲授法语。她满头银发，闪闪发光，恐怕已经有了一把子年纪，终身未婚。中国人习惯称之为"老姑娘"。也许正因为她是"老姑娘"，所以脾气有点变态。用医生的话说，可能就是迫害狂。她教一年级法语，像是教初小一年级的学生。后来我领略到的那种德国外语教学方法，她一点儿都没有。极简单的句子，翻来覆去地教，令人从内心深处厌恶。她脾气却极坏，又极怪，每堂课都在骂人。如果学生的卷子答得极其正确，让她无辫子可抓，她就越发生气，气得简直浑身发抖，面红耳赤，开口骂人，语无伦次。结果是把百分之八十的学生全骂走了，只剩下我们五六个不怕骂的学生。我们商量"教训"她一下。有一天，在课堂上，我们一齐站起来，对她狠狠地顶撞了一番。大出我们所料，她屈服了。从此以后，天下太平，再也没有看到她撒野骂人了。她住在当时燕京大学南面军机处的一座大院子里，同一个美国"老姑娘"相依为命。二人合伙吃饭，轮流每人管一个月的伙食。在这一个月中，不管伙食的那一位就百般挑剔，恶毒咒骂。到了下个月，人变换了位置，骂者与被骂者也颠倒了过来。总之是每月每天必吵。然而二人却谁也离不开谁，好像吵架已经成了生活的必不可缺的内容。

我在上面介绍了清华西洋文学系的大概情况，决没有一句谎言。中国古话：为尊者讳，为贤者讳。这道理我不是不懂。但是为了真理，我不能用撒谎来讳，我只能据实直说。我也决不是说，西洋文学系一无是处。这个系能出像钱钟书和万家宝（曹禺）这样大师级的人物，必然有它的道理。我在这里无法详细推究了。

对我影响最大的两门课程

　　专就我个人而论，专从学术研究发轫这个角度上来看，我认为，我在清华四年，有两门课对我影响最大：一门是旁听而又因时间冲突没能听全的历史系陈寅恪先生的"佛经翻译文学"，一门是中文系朱光潜先生的"文艺心理学"，是一门选修课。这两门不属于西洋文学系的课程，我可万没有想到会对我终生产生了深刻而悠久的影响，决非本系的任何课程所能相比于万一。陈先生上课时让每个学生都买一本《六祖坛经》。我曾到今天的美术馆后面的某一座大寺庙里去购买此书。先生上课时，任何废话都不说，先在黑板上抄写资料，把黑板抄得满满的，然后再根据所抄的资料进行讲解分析，对一般人都不注意的地方提出崭新的见解，令人顿生石破天惊之感，仿佛酷暑饮冰，凉意遍体，茅塞顿开。听他讲课，简直是最高最纯的享受。这同他写文章的做法如出一辙。当时我对他的学术论文已经读了一些，比如《四声三问》等等。每每还同几个同学到原物理楼南边王静安先生纪念碑前，共同阅读寅恪先生撰写的碑文，觉得文体与流俗不同，我们戏说这是"同光体"。有时在路上碰到先生腋下夹着一个黄布书包，走到什么地方去上课，步履稳重，目不斜视，学生们都投以极其尊重的目光。

朱孟实（光潜）先生是北大的教授，在清华兼课。当时他才从欧洲学成归来。他讲"文艺心理学"，其实也就是美学。他的著作《文艺心理学》还没有出版，也没有讲义。他只是口讲，我们笔记。孟实先生的口才并不好，他不属于能言善辩一流，而且还似乎有点儿怕学生，讲课时眼睛总是往上翻，看着天花板上的某一个地方，不敢瞪着眼睛看学生。可他一句废话也不说，慢条斯理，操着安徽乡音很重的蓝青官话，讲着并不太容易理解的深奥玄虚的美学道理，句句仿佛都能钻入学生心中。他显然同鲁迅先生所说的那一类，在外国把老子或庄子写成论文让洋人吓了一跳，回国后却偏又讲康德、黑格尔的教授，完全不可相提并论。他深通西方哲学和当时在西方流行的美学流派，而对中国旧的诗词又极娴熟。所以在课堂上引东证西或引西证东，触类旁通，头头是道，毫无牵强之处。我觉得，这才是真正的比较文学，比较诗学。这样的本领，在当时是凤毛麟角，到了今天，也不多见。他讲的许多理论，我终生难忘，比如 Lipps 的"感情移入说"，到现在我还认为是真理，不能更动。

陈、朱二师的这两门课，使我终生受用不尽。虽然我当时还没有敢梦想当什么学者，然而这两门课的内容和精神却已在潜移默化中融入了我的内心深处。如果说我的所谓"学术研究"真有一个待"发"的"轫"的话，那个"轫"就隐藏在这两门课里面。

《清华园日记》节选

1932年8月25日

以前我老觉得学生生活的高贵，尤其是入了清华，简直有腔上长尾巴的神气，绝不想到结业后找职业的困难。今年暑假回家，仿佛触到一点现实似的。一方又受了大千老兄（美国留学生）找职业碰壁的刺戟——忽然醒过来了，这一醒不打紧，却出了一身冷汗。我对学生生活起了反感，因为学生（生活）在学校里求不到学问，出了校门碰壁。我看了这些摇头摆尾的先生我真觉得很可怜。

我对学问也起了怀疑。也或者我这种观念是错误的。

现在常浮现到我眼前的幻景是——我在社会上能抢到一只饭碗（不择手段）。我的书斋总弄得像个样——Easy chairs（安乐椅），玻璃书橱子，成行的洋书，白天办公，晚上看书或翻译。我的书斋或者就在东屋，一面是叔父的。婚姻问题，我以前觉得不可以马虎，现在又觉得可以马虎下去了。

我时常想到故乡里的母亲。

（补）早晨的生活同昨天差不多。午饭后访杨丙辰先生，杨先生早已进城了（刚才长之去访他来）。回来后，又忽然想到发奋读德文，并翻译点东西给杨先生去改。第一个想到的是 J.Wassermann（瓦塞尔曼），但是他的短篇小说太长。于是又读 Hölderlin 的 *Ein Wort über die Iliade*（《关于〈伊利亚特〉的几句话》），里面有名话：Jeder hat seine eigene Votrefflichkeit und dabei seinen eigenen Mangel（每个人都有自己的优点同时又有自己的缺陷）。午饭前，刚同长之谈杨丙辰、徐志摩，长之说：杨先生攻击徐志摩是真性的表现，他捧张毓棠是假的，因为人在高傲的时候，才是真性的表现，并且人都有他的好处和坏处……他刚走了，我就读到这一句。我简直有点儿 ecstatic（欣喜若狂）了。

杨丙辰攻击志摩，我总觉得有点偏。

杨丙辰——忠诚，热心，说话夸大，肯帮人，没有大小长短……等等的观念。

阅报见姚锦新（我们系同班女士，钢琴家）出洋，忽然发生了点异样的感觉。

晚访王炳文，请他说替找的宿舍能否一定。

忽然想到翻译 *Die Entstehung von Also Sprach Zarathustra*（《〈查拉图斯特拉如是说〉的诞生》），是 Nietzsche（尼采）的妹妹 Elizabeth Förster Nietzsche（伊丽莎白·福斯特·尼采）作的。据说最能了解他的。岷借去十元。

1932年8月30日

起的很晚，因读了法文。因为听岷源说，吴雨僧先生找我们帮他办《大公报·文学副刊》的意思，我冲动地很想试一试。据岷源说，从前浦江清、毕树棠、张荫麟等帮他办，每周一个 meeting（会议），讨论下周应登的东西，每人指定看几种外国文学杂（志），把书评和消息评了出来，因为他这个副刊主要的就是要这种材料。想帮他办，第一是没有稿子，因为这刊物偏重 Theory（理论）和叙述方面，不大喜欢创造。我想了半天，才想到从前译过一篇 Runo Francke（鲁诺·弗兰克）的《从 Marlowe（马洛）到 Goethe（歌德）浮士德传说之演变》，今天正好是 Goethe 百年祭，所以便想拿它当敲门砖，请吴先生看一看。于是立刻找出来，立刻跑到图书馆，从破烂的架子里（正在粉刷西文部）钻过去，把 German Classics（德国古典作品集）第二本找出来，同译稿仔细对了一早晨。吃了饭就抄，一抄抄一过午，六点半才抄完。给长之看了看，他说我的译文里面没虚字，我实在地怕虚字，尤其是口旁的，尤其是"哟"。

长之说他找好了房子了（张文华替找的），我心里总觉得不痛快，我同他约好，已将一年，而现在撇开我。访王炳文不遇，为房子问题。

晚上仍抄，抄 Don Marquis（唐·马奎斯）的《一个守财奴的自传》的序，预备投"华北副叶"。

今天早晨，替柏寒打听能不能用津贴，然而我的津贴来了（25元），领出来，快哉。

第一次吃广东的什锦月饼，还不坏。

自来对德文就有兴趣，然而干了二年，仍是一塌糊涂，可恨之极，是后每天以二小时作为德文之用。

1932年8月31日

早晨起来仍继续抄 Don Marquis，到图书馆查了《大英百科全书》Marquis 的传，译了附在文后。Marquis 是诗人，剧作家，而所写的东西总有幽默的色彩。即如这一篇，骂犹太人贪财，但是许多人何尝不这样。而且在这里面还能看出来，人们（是）对特有的一件事的沾执（长之说）。

读法文。饭后读德文。

晚上到长之屋里看了看。大千替找的350号房子听说开着门，我去看了看。原来（听娄说）江世煦还在杭州。同工友说好了，又跑了一趟拿一床毯子铺在床上，以防人占，房子问题算放了心了。

我对长之总不满意，某人要对他好，他总捧他，我还是说他 Prejudice（偏见）太大。

岷源借五元。寄行健信。

1932年9月14日

今天早上行开学典礼，老早跑到二院，却不到时候。我又折回来了取了注册证领借书证，图书馆实行绝对封锁主义，或者对我们也不很便利。

十点举行典礼，首由梅校长致辞，继有 Winter、朱自清、郭彬和、萧公权、金岳霖、顾毓琇、燕树棠、□□□等之演说，使我们知道了许多不知道的事情。Winter 说的完全希望敷衍的话，谈到欧洲的经济恐（慌），谈到罗马，谈到 Moscow（莫斯科）。朱自清也说到经济恐慌，欧洲人简直不知有中国，总以为你是日本人，说了是中国人以后，脸上立刻露出不可形容的神气，真难过。又说到欧洲艺术，说：现在欧洲艺术倾向形式方面，比如图画，不管所表示的意思是什么，只看颜色配合的调和与否。郭彬和想给清华灵魂。萧公权面子话，很简单。金岳霖最好。他说他在巴黎看了一剧，描写一病人（象征各国国民），有许多医生围着他看，有的说是心病，有的肺病，有的主张左倾，有的主张右倾，纷纭莫衷一是。这表示各种学说都是看到现在世界危机而想起来的一种救济办法，但也终没办法。他又说在动物园里有各种各样的动物，而猴子偏最小气，最不安静。人偏与猴子有关系，语意含蓄。结论是人类不亡，是无天理。他一看就是个怪物。经济系新请的（□）某最混（自燕大来的），主张团结以谋出路，简直就是主张结党营私。燕树棠自认为老大哥，连呼小弟弟不止。

饭后便忙着上课，一上法文弄了个乱七八糟，结果是没有教授。再上体育，只有人五枚。三上德文而艾克不至。于是乃走访杨丙辰先生，送我一本《鞭策周刊》，有他从德文译出的 Romeo & Juliet（罗密欧与朱丽叶）。坐了一会，长之、露薇继至，杨先生约我们到合作社南号喝咖啡，弄了一桌子月饼。吃完，他又提议到燕京去玩，于是载谈载行到了燕大。一进门第一印象就是秃，但是到了女生宿舍部分却幽雅极了，庭院幽夐，红叶蔓墙，真是洞天福地。由燕大至蔚秀园，林木深邃，颇有野趣，杨先生赞叹不止，说现在人都提倡接近自然，中国古人早知道接近自然了。游至七时，才在黄昏的微光里走回来，东边已经升上月亮，血黄红，如大气球，明天就是中秋节了。

晚上在大千（处）遇许振英、老钱。回屋后，鼻涕大流。我一年总有三百六十次感冒，今天却特别厉害，乃蒙头大睡。

1932年9月20日

仍然是一天阴沉沉的。第一班法文，下了班就读俄文。接着又上班。过午第一堂是俄文，瞪的眼比昨天少。俄文有许多字母同英文一样，但是读法却大不相同。所以我虽然拼上命读，仍然是弄混了，结果一个字也记不住。几天来，头都读晕了，真难。

德文艾克来了，决定用 Keller（凯勒）的 *Romeo und Julia auf dem Dorfe*（《乡村的罗密欧与朱丽叶》）。

抄文坛消息，预备明天寄给吴宓。

又下起雨来了。

1932年9月24日

早晨上了一班法文，到书库里去检阅了一次。四月以来，这还是第一次，排列的次序也变，手续复杂了，总觉得不方便，大概无论什么事情才开始都有的现象罢。

过午读 Keller。

晚上开同乡会，新同乡与旧同乡数目相等，不算很少了。食品丰富。这种会本来没有什么意（义），太形式化了。

明天本打算进城，散会后同遂千到车铺去租车，却已经没了，Sorry。

今天听梁兴义（说），颐和园淹死了一个燕大学生，他俩本在昆明湖游泳，但是给水草绊住了脚，于是着了慌，满嘴里大喊"help！"中国普通人哪懂英文，以为他们说着鬼子话玩，岂知就真的淹死了。燕大劣根性，叫你说英文。

1932年9月28日

今天上叶公超现代诗，人很多，我觉得他讲的还不坏。他在黑板上写了 E.E.Cummings（卡明斯）一首诗，非常好，字极少而给人一个很深的回音。不过，Interpritations（解释）可以多到无数，然而这也没关系。我总主张，诗是不可解释，即便叫诗人自己解释也解不出什么东西来，只是似有似无，这么一种幻觉写到纸上而已。据他说 Cummings 是 Harvard（哈佛大学）毕业生，有人称他为最（伟）大诗人，有人骂他。

过午仍读德文，现在德文上课时间一改，（星〈期〉一、星〈期〉三），非常觉到忙迫，不过一礼拜以后便可以松一点。

晚上译法文。

真出我意料之外，我的《守财奴自传序》竟给登出来了，我以为他不给登了哩。

1932年10月4日　晴

忽然决意想买 Robert Browning（布朗宁），共约二百元。今学期储最少二十元，下学期一百元，明年暑假后即可买到。

早晨一早晨班，我最怕 Quincy 和 Urquert，他俩是真要命，今天一班 drama（戏剧）一班 Shakespeare（莎士比亚）就足够我受的了。

晚上预备德文，头痛脑晕。

1932年10月5日

我最近不知为什么喜欢 Contemporary Poetry（当代诗歌）这个 Course（课），但今天老叶讲的确不高明。

紧接着 novel 又是要命的课。

下午旁听第三年英文，盖受人诱惑也。Winter 教，教的是 R.Browning 的诗，还不坏。

德文又弄了个一塌糊涂。

今晚饭 Herr（德语：先生）施请客，共吃肘子一个，颇香，肚皮几乎撑破了。

今天功课多而重，头觉得有点痛，早睡。

1932年10月12日

倘若诗表现共同的感情，诗人是不是还有个性？

我对于近代诗忽然发生兴趣，今天老叶讲的似乎特别好。

过午看德文，觉得比以前容易了。

旁听英文，Winter 讲得真好，吴老宓再读十年书也讲不到这样。今天讲的是 Victor Ignatus。

晚上预备中世文学，因明天有考也。

1932年10月17日

早晨法文考了一下，一塌糊涂。

过午因 Ecke 没来，据说有病。往杨丙辰先生处，谈许久。

晚上旁听杨先生讲 Faust（浮士德）。这次讲的是民间传说的 Faust 的历史的演进。关于这个题目，我曾译过一篇 Francke 的东西。然而同杨先生讲的一比，差远了。从前我对杨先生得了一个极不好的印象，以后只要他说的，我总以为带点夸大，不客气地说，就是不很通，然而今晚讲的材料极多而极好。

今天"文副"（《大公报·文艺副刊》）稿子登了一部分。

好，以后千万不要对人轻易地得印象。

1932年10月25日

过午在图书馆看 London *Times Literary Supplement*（《泰晤士报文学副刊》），*Saturday Review of Literature*（《星期六文学评论》），又有几个文坛消息可作。

今天主要工作就在读 *Swann's Way*（《追忆似水年华》第一部）。晚上睡了一觉，只看了二十页。

读傅东华译《奥德赛》，我想骂他一顿。一方面他的译文既像歌谣，又像鼓儿词，然而什么又都不像。一方面，这样大的工作，应该由会希腊文的来译，翻译已经是极勉强的事，转了再转，结果恐怕与原文相去太远。

1932年11月19日

早晨读 *Sons & Lovers*（《儿子和情人》）。

到书库去查 A. Symons（西蒙斯）的 Symbolism（象征主义）和杨丙辰先生介绍的两本书，一是 Kant（康德）的 *Critic of Judgement*（《判断力批评》），一是 Schiller（席勒）的哲学论文，结果只借到 Kant 的一本。

过午清华同燕大赛足篮球，我没去看。结果足球4-1，篮球17-15，清华大腾，真侮辱。

我最近忽然对新诗的音节问题发生了兴趣。午饭后同长之到民众图书馆，借了一本民（国）十五年的《晨报诗刊》，晚饭后又借了 Herr 施的两本最近的诗刊。

晚上看电影，是贾波林（卓别林）的 *Big Adventure*（《大冒险》），不很高明。

1932年12月22日

快要考了，早晨 Holland 将今学期所念的节数全写了出来，以便预备——我想，最好把别的课全 drop（逃课，即前文所说的"刷"）了，只选 Holland 的一样，才能念那样多。真岂有此理？过午看铁大与清华赛足篮球，足球两方都太泄气，结果是五比一，清华胜。篮球他们打的不坏，结果仍是清华胜。

又翻译 Barbusse 论 Zola，简直是受罪。

晚上看法文，最后有个毛病，晚上老好睡觉。颇荒废时间，非改不行。

曹诗人来，闲聊，摇铃后始走。

点烛看 *Mrs. Dallowy*（《戴洛维夫人》）。

1933年2月14日

又开始过 notes-taker（抄写笔记者）的生活，真无聊。

同王红豆到校外一游，看了许久牛。

长之来找，出去走了半天，谈的是他正读的《红楼梦》，他读后的感想。

今学期我也想正正经经地读点书。

1933年3月22日

早晨躺在被里——满屋里特别亮，下雪了吗？抬头一看，真的下雪了。今年北平本有点怪，冬天不下雪，春天却大下。这次雪又有点怪，特别大而软松。树枝满的是雪，远处的上（山）也没了，只有一片似雾似烟的白气，停滞在天边。远处的树像一树梨花，远处的只是淡淡的黑影，像中国旧画上的。远处的树，衬了朦胧乳白的背景，直是一片诗境。

我站在窗前，仿佛有点 inspiration（灵感），又仿佛用力捉了来的。于是，我怀疑所谓的感情真实（平常都说感情是顶真实的）性。面对着这一幅图画，不去领略，却呆想，我于是笑了。

1933年3月29日

今天革命先烈纪念日，放假。

昨天同长之约定进城。早晨到他那里去，看了一篇校刊的投稿，是旧诗，用了"宫柳"等 term（术语）的佳作，只写了个别号，地址是西院十号。于是在去赶汽车的当儿，顺便去访了这诗人。然而，结果只知道他姓胡，别的再也打听不出了。

进城，先到琉璃厂，几乎每个书铺都检阅到了。我买了几本书。

又到市场，看旧书，我买了一本 Longfellow（朗费罗）译 *Divine Comedy*（《神曲》）。

回校后，看到璧恒公司的信——我 tremble 了，我订 Hölderlin 准没有了，我想。然而，不然，却有了——我是怎样喜欢呢？我想跳，我想跑，我不知所措了。我不敢相信，我顶喜欢的诗人，而且又绝了版的，竟能买得到，我不知所以了。

长之（昨天）说，他要组织一个文学社。我赞成。

1933年5月11日

仍然是呆板的生活。

今天早晨有日本飞机来北平巡视，据云并没有掷弹。我最近发现，自己实在太麻木了，听了日本飞机也没有什么回响。

1933年7月25日

又决心念德文了。将来只要有一点机会，非到德国去一趟不行。我现在把希望全放在德国上。

天忽地又下了一阵雨。天气凉爽多了。

1933年8月2日

最近想到恐怕不能很早回北平。不在家里念点书不行了。今天开始，硬着头皮读 Shakespeare 的 *First Part of King Henry IV*（《亨利四世》上篇），读完了。

晚饭后，同胡二太太打牌，一直到十一点。

又想到职业问题，实在有点讨厌。家里所要求的和自己所期望的总弄不到一块，这也是矛盾吗？但却不能谐和。

1933年8月14日

今天是很可纪念的一天，至少对我。

九点同长之一块进城，先访杨丙辰先生，谈到各种学问上的问题，他劝我读书，他替我们介绍书，热诚可感，一直谈到下一点，在他家吃过午饭才走。

又到北大访李洗岑，因为我常听长之谈到他，我想认识认识。他在家，谈话很诚恳，他能代表山东人好的方面。长之给我的关于他的印象是内向的，阴郁的，但我的印象却正相反。

又会到卞之琳。对他的印象也极好。他不大说话，很不世故，而有点近于shy，十足江苏才子风味，但不奢华。他送我一本他的诗集《三秋草》。在一般少年诗人中，他的诗我顶喜欢了。

四点半回校。访毕树棠先生，谈了半天小说，领到了六元稿费。

1933年9月2日

今天才更深刻地感到考试的无聊。一些放屁胡诌的讲义硬要我们记！

大千走了，颇有落寞之感。

晚饭又登五院房顶。同长之谈到他的文字，我说我不喜欢他的批评《阿Q正传》，他偏说好。

我近来感到为什么人都不互相了解。我自己很知道，我连自己都不了解，我努力去了解别人了，也是徒然。但是为什么别人也不了解我呢，尤其是我的很好的朋友？

1933年11月15日

早晨又补考了 philology（语文学）。真讨厌，讲的四六不通而又常考，何不自知乃尔。

过午上 German Lyric Poetry（德国抒情诗）。问了 Steinen 几个关于 Hölderlin 的诗的问题。我想，以后就这样读下去，一天只读一首，必须再三细研，毫无疑问才行，只贪多而不了解也没有多大用处。

忽然又想到下星期要考古代文学，终日在考里过生活，为考而念书呢？为念书而考呢？我自己也解答不了。

梦萦水木清华

离开清华园已经五十多年了，但是我经常想到她。我无论如何也忘不掉清华的四年学习生活。如果没有清华母亲的哺育，我大概会是一事无成的。

在三十年代初期，清华和北大的门槛是异常高的。往往有几千学生报名投考，而被录取的还不到十分甚至二十分之一。因此，清华学生的素质是相当高的，而考上清华，多少都有点自豪感。

我当时是极少数的幸运儿之一，北大和清华我都考取了。经过了一番艰苦的思考，我决定入清华。原因也并不复杂，据说清华出国留学方便些。我以后没有后悔。清华和北大各有其优点，清华强调计划培养，严格训练；北大强调兼容并包，自由发展，各极其妙，不可偏执。

在校风方面，两校也各有其特点。清华校风我想以八个字来概括：清新、活泼、民主、向上。我只举几个小例子。新生入学，第一关就是"拖尸"，这是英文字 toss 的音译。意思是，新生在报到前必须先到体育馆，旧生好事者列队在那里对新生进行"拖尸"。办法是，几个彪形大汉把新生的两手、两脚抓住，举了起来，在空中摇晃几次，然后抛到垫子上，这就算是完成了手续，颇有点像《水浒传》上提到的杀威棍。墙上贴着大字标语："反抗者入水!"游泳池的门确实在敞开着。我因为有同乡大学篮球队长许振德保驾，没有被"拖尸"。至今回想起来，颇以为憾：这个终生难遇的机会轻轻放过，以后想补课也不行了。

这个从美国输入的"舶来品"，是不是表示旧生"虐待"新生呢？我不认为是这样。我觉得，这里面并无一点敌意，只不过是对新伙伴开一点玩笑，其实是充满了友情的。这种表示友情的美国方式，也许有人看不惯，觉得洋里洋气的。我的看法正相反。我上面说到清华校风清新和活泼，就是指的这种"拖尸"，还有其他一些行动。

我为什么说清华校风民主呢？我也举一个小例子。当时教授与学生之间有一条鸿沟，不可逾越。教授每月薪金高达三四百元大洋，可以购买面粉二百多袋，鸡蛋三四万个。他们的社会地位极高，往往目空一切，自视高人一等。学生接近他们比较困难。但这并不妨碍学生开教授的玩笑，开玩笑几乎都在《清华周刊》上。这是一份由学生主编的刊物，文章生动活泼，而且图文并茂。现在著名的戏剧家孙浩然同志，就常用"古巴"的笔名在《周刊》上发表漫画。有一天，俞平伯先生忽然大发豪兴，把脑袋剃了个净光，大摇大摆，走上讲台，全堂为之愕然。几天以后，《周刊》上就登出了文章，讽刺俞先生要出家当和尚。

第二件事情是针对吴雨僧（宓）先生的。他正教我们"中西诗之比较"这一门课。在课堂上，他把自己的新作十二首《空轩》诗印发给学生。这十二首诗当然意有所指，究竟指的是什么？我们说不清楚。反正当时他正在多方面地谈恋爱，这些诗可能与此有关。他热爱毛彦文是众所周知的。他的诗句"吴宓苦爱（毛彦文），三洲人士共惊闻"，是夫子自道。《空轩》诗发下来不久，校刊上就刊出了一首七律今译，我只记得前一半：

> 一见亚北貌似花，
> 顺着秫秸往上爬。
> 单独进攻忽失利，
> 跟踪盯梢也挨刷。

最后一句是："椎心泣血叫妈妈。"诗中的人物呼之欲出，熟悉清华今典的人都知道是谁。

学生同俞先生和吴先生开这样的玩笑，学生觉得好玩，威严方正的教授也不以为忤。这种气氛我觉得很和谐有趣。你能说这不民主吗？这样的琐事我还能回忆起一些来，现在不再啰嗦了。

清华学生一般都非常用功，但同时又勤于锻炼身体。每天下午四点以后，图书馆中几乎空无一人，而体育馆内则是人山人海，著名的"斗牛"正在热烈进行。操场上也挤满了跑步、踢球、打球的人。到了晚饭以后，图书馆里又是灯火通明，人人伏案苦读了。

根据上面谈到的各方面的情况，我把清华校风归纳为八个字：清新、活泼、民主、向上。

我在这样的环境中生活、学习了整整四个年头，其影响当然是非同小可的。至于清华园的景色，更是有口皆碑，而且四时不同：春则繁花烂漫，夏则藤影荷声，秋则枫叶似火，冬则白雪苍松。其他如西山紫气，荷塘月色，也令人忆念难忘。

现在母校八十周年了。我可以说是与校同寿。我为母校祝寿，也为自己祝寿。我对清华母亲依恋之情，弥老弥浓。我祝她长命千岁，千岁以上。我祝自己长命百岁，百岁以上。我希望在清华母亲百岁华诞之日，我自己能参加庆祝。

世纪清华

唐代大诗人元稹有一首著名的诗：

寥落古行宫，宫花寂寞红。白头宫女在，闲坐说玄宗。

讲的是唐玄宗的一座行宫，在开元、天宝时期，一定是富丽堂皇，美奂美轮。然而，时移世迁，沧海桑田，到了今天，已经寥落不堪，狐鼠成群。当年大概也属于"后宫粉黛三千人"的一些宫女，至今已老迈龙钟，便被流放在这一座离宫中，白发青灯，宫花寂寞。剩给她们的只是寂寞、孤独、凄凉、悲伤；留给她们的只有回忆，回忆当年的辉煌，从中吸取点温馨。她们大概都是相信轮回转生的；她们赖以活下去的希望，大概只有渺茫幽杳的来生了。现在收入我们这一本集子中的文章，都属于回忆一类，是清华人自己回忆水木清华的。写的人有的出身于清华学校，有的人出身于清华大学；有的人已经离开人世，有的人还活在人间。活着的人大都已成了"白头宫女"，这一点是毫无疑问的。但是，同样是回忆，我们今天清华人的回忆，却同唐代的老宫女迥异其趣，有如天渊。我们不是"闲坐说玄宗"，我们是"白头学士在，忙中说清华"。我们一不寂寞、孤独，二不凄凉、悲伤，我们决不是"发思古之幽情"。那么，我们为什么写这样的回忆文章呢？几年以前，我曾揭橥一义：怀旧回忆能净化人们的灵魂，能激励人们的斗志，能促使人们前进，能扩大人们的视野。试读集中的文章，或回忆水木清华之明秀；或回忆图书馆收藏之丰富和实验室设备之齐全；或回忆恩师们之传道授业，谆谆教诲；或回忆学友们之耳鬓厮磨，切磋琢磨。清华园中的一山一水，一草一木；师友们的一颦一笑，一词一语，无不蕴含着无量温馨。西山紫气，东海碧波，凝聚于清华园中，幻成一股灵气。天宝物华，地灵人杰，几十年来清华造就了大量人才，遍布全中国，扩大到全世界，行当不同，各界都有，而且都或多或少地做出了自己的贡献，岂无因哉！回忆到这一切的时候，哪一个清华人会不感到温馨，感到自豪呢？白头学生忙说清华，岂无故哉！在这样的情况下，我们的忆旧，能不净化我们的灵魂吗？"净化"二字是我从古代希腊 Catharsis 一词借来的。古希腊哲学家主张，悲剧能净化人们的灵魂。他们自有一番说法，是很能持之有故，言之成理的。我借来一用，也有我的说法。我同古希腊的说法，不是没有相通之处的；但是，基本上是"外为中用，古为今用"的。我相信，我的说法也是能持之有故，言之成理的。这个"净化说"能不能用到唐朝的"白头宫女"身上，我姑且存而不论。用到清华的"白头学士"身上，却是毫无疑义的。今天清华的"白头学士"也同唐代"白头宫女"一样会看到我们的未来。但是，我们的未来决不是来生。那一套我们是不相信的，也是用不着相信的。我们要看的未来是就要来到我们眼前的二十一世纪，以及其后的还不知道多少世纪。今天的清华已经有了过去的辉煌和眼前的辉煌。但是，清华人——其中包括本书中忆旧的这一批清华人在内——并不满足于过去的辉煌和眼前的辉煌。我们看得更远、更高。我们看到的是比过去和眼前辉煌到不知多少倍的未来的辉煌。我们对全中国和全世界还会做出更大的贡献。我们这些"白头学士"虽然垂垂老矣，但是我们是有后来人的。清华今天在校的学生，以及还不知道有多少届未来的学生，都是后来人。我们是暂时的，但是清华却会永存。是为序。

本章节选自：《记北大一九三〇年入学考试》（2003年9月28日）；《清华园日记》（1932年至1934年）；《梦萦水木清华》（1988年7月22日）；《世纪清华》（1988年7月28日，原文为《世纪清华》序）。

——编者注

第三章

负笈德意志

这一座只有十来万人的异域小城，在我的心灵深处，早已成为我的第二故乡了。我曾在这里度过整整十年，是风华正茂的十年。我的足迹印遍了全城的每一寸土地。我曾在这里快乐过，苦恼过，追求过，幻灭过，动摇过，坚持过。这一座小城实际上决定了我一生要走的道路。这一切都不可避免地要在我的心灵上打上永不磨灭的烙印。

留学热

五六十年以前，一股浓烈的留学热弥漫全国，其声势之大决不下于今天。留学牵动着成千上万青年学子的心。我曾亲眼看到，一位同学听到别人出国而自己则无份时，一时浑身发抖，眼直口呆，满面流汗，他内心震动之剧烈可想而知。

为什么会出现这样的现象呢？仔细分析其中原因，有的同今天差不多，有的则完全不同。相同的原因我在这里不谈了。不同的原因，其根柢是社会制度不同。那时候有两句名言："毕业即失业"；"要努力抢一只饭碗"。一个大学毕业生，如果没有后门，照样找不到工作，也就是照样抢不到一只饭碗。如果一个人能出国一趟，当时称之为"镀金"，一回国身价百倍，金光闪烁，好多地方会抢着要他，成了"抢手货"。

当时要想出国，无非走两条路：一条是私费，一条是官费。前者只有富商、大贾、高官、显宦的子女才能办到。后者又有两种：一种是全国性质的官费，比如留英庚款、留美庚款之类；一种是各省举办的。二者都要经过考试。这两种官费人数都极端少，只有一两个。在芸芸学子中，走这条路，比骆驼钻针眼还要困难。是否有走后门的？我不敢说绝对没有。但是根据我个人的观察，一般是比较公道的，录取的学员中颇多英俊之材。这种官费钱相当多，可以在国外过十分舒适的生活，往往令人羡煞。

我当然也患了留学热，而且其严重程度决不下于别人。可惜我投胎找错了地方，我的家庭在乡下是贫农，在城里是公务员，连个小官都算不上。平常日子，勉强糊口。我于1934年大学毕业时，叔父正失业，家庭经济实际上已经破了产，其贫窘之状可想而知。私费留学，我想都没有想过，我这个癞蛤蟆压根儿不想吃天鹅肉，我还没有糊涂到那个程度。官费留学呢，当时只送理工科学生，社会科学受到歧视。今天歧视社会科学，源远流长，我们社会科学者运交华盖，只好怨我们命苦了。

总而言之，我大学一毕业，立刻就倒了霉，留学无望，饭碗难抢；临渊羡鱼，有网难结；穷途痛哭，无地自容。母校（省立济南高中）校长宋还吾先生要我回母校当国文教员，好像绝处逢生。但是我学的是西洋文学，满脑袋歌德、莎士比亚，一旦换为屈原、杜甫，我换得过来吗？当时中学生颇有"驾"教员的风气。所谓"驾"，就是赶走。我自己"驾"人的经验是有一点的，被"驾"的经验却无论如何也不想沾边。我考虑再三，到了暑假离开清华园时，我才咬了咬牙："你敢请我，我就敢去！"大有破釜沉舟之概了。

省立济南高中是当时全山东唯一的一所高级中学。国文教员，待遇优渥，每月160块大洋，是大学助教的一倍，折合今天人民币，至少可以等于3200元。这是颇有一些吸引力的。为什么这样一只"肥"饭碗竟无端落到我手中了呢？原因是有一点的。我虽然读西洋文学，但从小喜欢舞笔弄墨，发表了几篇散文，于是就被认为是作家，而在当时作家都是被认为能教国文的，于是我就成了国文教员。但是，如人饮水，冷暖自知，我深知自己能吃几碗干饭，心虚在所难免。我真是如履薄冰似的走上了讲台。

但是，宋校长真正聘我的原因，还不就这样简单。当时山东中学界抢夺饭碗的搏斗是异常激烈的。常常是一换校长，一大批教员也就被撤换。一个校长身边都有一个行政班子，教务长，总务长，训育主任，会计，等等，一应俱全，好像是一个内阁。在外围还有一个教员队伍。这些人都是与校长共进退的。这时山东中学教育界有两大派系：北大派与师大派，两者钩心斗角，争夺地盘。宋校长是北大派的头领，与当时的教育厅长何思源，是菏泽六中和北京大学的同学，私交颇深。有人说，如果宋校长再是美国哥伦比亚大学的学生，与何在国外也是同学，则他的地位会更上一层楼，不止是校长，而是教育厅的科长了。

总之，宋校长率领着北大派浩荡大军，同师大派两军对垒。他需要支持，需要一支客军。于是一眼就看上了我这个超然于两派之外的清华大学毕业生，兼高中第一级的毕业生。他就请我当了国文教员，授意我组织高中毕业同学会，以壮他的声势。我虽涉世未深，但他这一点苦心，我还是能够体会的。可惜我天生不是干这种事的料，我不会吹牛拍马，不愿陪什么人的太太打麻将。结果同学会没有组成，我感到抱歉，但是无能为力。宋校长对别人说："羡林很安静！"宋校长不愧是北大国文系毕业生，深通国故，有很高的古典文学造诣，他使用了"安静"二字，借用王国维的说法，一着此二字，则境界全出，胜似别人的千言万语。不幸的是，我也并非白痴，多少还懂点世故，聆听之下，心领神会；然而握在手中的那一只饭碗，则摇摇欲飞矣。

因此，我必须想法离开这里。

离开这里，到哪里去呢？"抬眼望尽天涯路"，我只看到人海茫茫，没有一个归宿。按理说，我当时的生活和处境是相当好的。我同学生相处得很好。我只有二十三岁，不懂什么叫架子。学生大部分同我年龄差不多，有的比我还要大几岁，我觉得他们是伙伴。我在一家大报上主编一个文学副刊，可以刊登学生的文章，这对学生是极有吸引力的。同教员同事关系也很融洽，几乎每周都同几个志同道合者，出去吃小馆，反正工资优厚，物价又低，谁也不会吝啬，感情更易加深。从外表看来，真似神仙生活。

然而我情绪低沉，我必须想法离开这里。

离开这里，至高无上的梦就是出国镀金。我常常面对屋前的枝叶繁茂花朵鲜艳的木槿花，面对小花园里的亭台假山，做着出国的梦。同时，在灯红酒绿中，又会蓦地感到手中的饭碗在动摇。二十刚出头的年龄，却心怀百岁之忧。我的精神无论如何也振作不起来。我有时候想：就这样混下去吧，反正自己毫无办法，空想也白搭。俗话说："车到山前必有路"。我这辆车还没驶到山前，等到了山前再说吧。

　　然而不行。别人出国留学镀金的消息，不时传入自己耳中。一听到这种消息，就像我看别人一样，我也是浑身发抖。我遥望欧山美水，看那些出国者如神仙中人。而自己则像人间凡夫，"更隔蓬山千万重"了。

　　我就这样度过了一整年。

天赐良机

正当我心急似火而又一筹莫展的时候，真像是天赐良机，我的母校清华大学同德国学术交换处（DAAD）签订了一个合同：双方交换研究生，路费制装费自己出，食宿费相互付给：中国每月30块大洋，德国120马克。条件并不理想，120马克只能勉强支付食宿费用。相比之下，官费一个月800马克，有天渊之别了。

然而，对我来说，这却像是一根救命的稻草，非抓住不行了。我在清华名义上主修德文，成绩四年全优（这其实是名不副实的），我一报名，立即通过。但是，我的困难也是明摆着的：家庭经济濒于破产，而且亲老子幼。我一走，全家生活靠什么来维持呢？我面对的都是切切实实的现实困难，在狂喜之余，不由得又心忧如焚了。

我走到了一个岔路口上：一条路是桃花，一条路是雪。开满了桃花的路上，云蒸霞蔚，前程似锦，不由得你不想往前走。堆满了雪的路上，则是暗淡无光，摆在我眼前的是终生青衿，老死学宫，天天为饭碗而搏斗，时时引"安静"为鉴戒。究竟何去何从？我逢到了生平第一次重大抉择。

出我意料之外，我得到了我叔父和全家的支持。他们对我说：我们咬咬牙，过上两年紧日子；只要饿不死，就能迎来胜利的曙光，为祖宗门楣增辉。这种思想根源，我是清清楚楚的。当时封建科举的思想，仍然在社会上流行。人们把小学毕业看作秀才，高中毕业看作举人，大学毕业看作进士，而留洋镀金则是翰林一流。在人们眼中，我已经中了进士。古人说：没有场外的举人；现在则是场外的进士。我眼看就要入场，焉能悬崖勒马呢？

认为我很"安静"的那一位宋还吾校长，也对我完全刮目相看，表现出异常的殷勤，亲自带我去找教育厅长，希望能得到点资助。但是，我不成材，我的"安静"又害了我，结果空手而归，再一次让校长失望。但是，他热情不减，又是勉励，又是设宴欢送，相期学成归国之日再共同工作，令我十分感动。

我高中的同事们，有的原来就是我的老师，有的是我的同辈，但年龄都比我大很多。他们对我也是刮目相看。年轻一点的教员，无不患上了留学热。也都是望穿秋水，欲进无门，谁也没有办法。现在我忽然捞到了镀金的机会，洋翰林指日可得，宛如蛰龙升天，他年回国，决不会再待在济南高中了。他们羡慕的心情溢于言表。我忽然感觉到，我简直成了《儒林外史》中的范进，虽然还缺一个老泰山胡屠户和一个张乡绅，然而在众人心目中，我忽然成了特殊人物，觉得非常可笑。我虽然还没有春风得意之感，但是内心深处是颇为高兴的。

但是，我的困难是显而易见的。除了前面说到的家庭经济困难之外，还有制装费和旅费。因为知道，到了德国以后，不可能有余钱买衣服，在国内制装必须周到齐全。这都需要很多钱。在过去一年内，我从工资中节余了一点钱，数量不大；向朋友借了点钱，七拼八凑，勉强做了几身衣服，装了两大皮箱。长途万里的旅行准备算是完成了。此时，我心里不知道是什么滋味，酸、甜、苦、辣，搅和在一起，但是决没有像调和鸡尾酒那样美妙。我充满了渴望，而又忐忑不安，有时候想得很美，有时候又忧心忡忡，在各种思想矛盾中，迎接我生平第一次大抉择，大冒险。

在北平的准备工作

我终于在1935年8月1日离开了家。

我先乘火车到北平。办理出国手续，只有北平有可能，济南是不行的。到北平以后，我先到沙滩找了一家公寓，赁了一间房子，存放那两只大皮箱。立即赶赴清华园，在工字厅招待所找到了一个床位，同屋的是一位比我高几级的清华老毕业生，他是什么地方保险公司的总经理。夜半联床，娓娓对谈。他再三劝我，到德国后学保险。将来回国，饭碗决不成问题，也许还是一只金饭碗。这当然很有诱惑力。但却同我的愿望完全相违。我虽向无大志，可是对做官、经商，却决无兴趣，对发财也无追求。对这位老学长的盛意，我只有心领了。

此时正值暑假，学生几乎都离校回家了。偌大一个清华园，静悄悄的。但是风光却更加旖旎，高树蔽天，浓荫匝地，花开绿丛，蝉鸣高枝；荷塘里的荷花正迎风怒放，西山的紫气依旧幻奇。风光虽美，但是我心中却感到无边的寂寞。仅仅在一年前，当我还是学生的时候，我那众多的小伙伴都还聚在一起，或临风朗读，或月下抒怀。黄昏时漫步荒郊，回校后余兴尚浓，有时候沿荷塘步月，领略荷塘月色的情趣，其乐融融，乐不可支。然而曾几何时，今天却只剩下我一个人又回到水木清华，睹物思人，对月兴叹，人去楼空，宇宙似乎也变得空荡荡的，令人无法忍受了。

我住的工字厅是清华的中心，我的老师吴宓先生的"藤影荷声之馆"就在这里。他已离校，我只能透过玻璃窗子看室中的陈设，不由忆起当年在这里高谈阔论时的情景，心中黯然。离开这里不远就是那一间临湖大厅，"水木清华"四个大字的匾就挂在后面。这个厅很大，里面摆满了红木家具，气象高雅华贵。平常很少有人来，因此幽静得很。几年前，我有时候同吴组缃、林庚、李长之等几个好友，到这里来闲谈。我们都还年轻，有点不知道天高地厚，说话海阔天空，旁若无人。我们不是粪土当年万户侯，而是挥斥当代文学家。记得茅盾的《子夜》出版时，我们几个人在这里碰头，议论此书。当时意见截然分成两派：一派完全肯定，一派基本否定。大家争吵了个不亦乐乎。我们这种侃大山，一向没有结论，也不需要有结论。各自把自己的话尽量夸大其词地说完，然后再谈别的问题，觉得其乐无穷。今天我一个人来到这间大厅里，睹物思人，又不禁有点伤感了。

在这期间，我有的是空闲。我曾拜见了几位老师。首先是冯友兰先生，据说同德国方面签订合同，就是由于他的斡旋。其次是蒋廷黻先生，据说他在签订合同中也出了力。他恳切劝我说，德国是法西斯国家，在那里一定要谨言慎行，免得惹起麻烦。我感谢师长的叮嘱。我也拜见了闻一多先生。这是我同他第一次见面；不幸的是，也是最后一次见面。等到十一年后我回国时，他早已被国民党反动派暗杀了。他是一位我异常景仰的诗人和学者。当时谈话的内容我已经完全忘记，但是他的形象却永远留在我心中。

有一个晚上，吃过晚饭，孤身无聊，信步走出工字厅，到朱自清先生的《荷塘月色》中所描写的荷塘边上去散步。于时新月当空，万籁无声。明月倒影荷塘中，比天上那一个似乎更加圆明皎洁。在月光下，荷叶和荷花都失去了色彩，变成了灰蒙蒙的一个颜色。但是缕缕荷香直逼鼻官，使我仿佛能看到翠绿的荷叶和红艳的荷花。荷叶丛中闪熠着点点的火花，是早出的萤火虫。小小的火点动荡不定，忽隐忽现，仿佛要同天上和水中的那个大火点，争光比辉。此时，宇宙间仿佛只剩下了我一个人。前面的鹏程万里，异乡漂泊；后面的亲老子幼的家庭，都离开我远远的，远远的，陷入一层薄雾中，望之如蓬莱仙山了。

但是，我到北平来是想办事儿的，不是来做梦的。当时的北平没有外国领使馆，办理出国护照的签证，必须到天津去。于是我同乔冠华就联袂乘火车赴天津，到俄、德两个领馆去请求签证。手续决没有现在这样复杂，领馆的俄、德籍的工作人员，只简简单单地问了几句话，含笑握手，并祝我们一路顺风。我们的出国手续就全部办完，只等出发了。

回到北平以后，几个朋友在北海公园为我饯行，记得有林庚、李长之、王锦弟、张露薇等。我们租了两只小船，荡舟于荷花丛中。接天莲叶，映日荷花，在太阳的照射下，红是红，绿是绿，各极其妙。同那天清华园的荷塘月色，完全不同了。我们每个人都兴高采烈，臧否人物，指点时政，意气风发，所向无前，"语不惊人死不休"，我们真仿佛成了主宰沉浮的英雄。玩了整整一天，尽欢而散。

千里凉棚，没有不散的筵席。终于到了应该启程的日子。8月31日，朋友们把我们送到火车站，就是现在的前门老车站。当然又有一番祝福，一番叮嘱。在登上火车的一刹那，我脑海里忽然浮现出一句旧诗："万里投荒第二人。"

满洲车上

　　当年想从中国到欧洲去，飞机没有，海路太遥远又麻烦，最简便的路程就是苏联西伯利亚大铁路。其中一段通过中国东三省。这几乎是唯一的可行的路；但是有麻烦，有困难，有疑问，有危险。日本军国主义分子在东三省建立了所谓"满洲国"，这里有危险。过了"满洲国"，就是苏联，这里有疑问。我们一心想出国，必须面对这些危险和疑问，义无反顾。明知山有虎，偏向虎山行，我们仿佛成了那样的英雄了。

　　车到了山海关，要进入"满洲国"了。车停了下来，我们都下车办理入"国"的手续。无非是填几张表格，这对我们并无困难。但是每人必须交手续费三块大洋。这三块大洋是一个人半月的饭费，我们真有点舍不得。既要入境，就必须缴纳，这个"买路钱"是省不得的。我们万般无奈，掏出三块大洋，递了上去，脸上尽量不流露出任何不满的表情，说话更是特别小心谨慎，前去是一个布满了荆棘的火坑，这一点我们比谁都清楚。

　　幸而没有出麻烦，我们顺利过了"关"，又登上车。我们意识到自己所在的是一个什么地方，个个谨慎小心，说话细声细气。到了夜里，我们没有注意，有一个年轻人进入我们每四个人一间的车厢，穿着长筒马靴，英俊精神，给人一个颇为善良的印象，年纪约摸二十五六岁，比我们略大一点。他向我们点头微笑，我们也报以微笑，以示友好。逢巧他就睡在我的上铺上。我们并没有对他有特别的警惕，觉得他不过是一个平平常常的旅客而已。

我们睡下以后，车厢里寂静下来，只听到火车奔驰的声音。车外是满洲大平原，我们什么也看不到，什么也不想去看，一任"火车擒住轨，在黑夜里直奔，过山，过水，过陈死人的坟"。我正朦胧欲睡，忽然上铺发出了声音：

"你是干什么的？"

"学生。"

"你从什么地方来的？"

"北平。"

"现在到哪里去？"

"德国。"

"去干吗？"

"留学。"

一阵沉默。我以为天下大定了。头顶上忽然又响起了声音，而且一个满头黑发的年轻的头从上铺垂了下来。

"你觉得满洲国怎么样？"

"我初来乍到，说不出什么意见。"

又一阵沉默。

"你看我是哪一国人？"

"看不出来。"

"你听我说话像哪一国人？"

"你中国话说得蛮好，只能是中国人。"

"你没听出我说话中有什么口音吗？"

"听不出来。"

"是否有点朝鲜味？"

"不知道。"

"我的国籍在今天这个地方无法告诉。"

"那没有关系。"

"你大概已经知道我的国籍了，同时也就知道了我同日本人和满洲国的关系了。"

我立刻警惕起来："我不知道。"

"你谈谈对满洲国的印象，好吗？"

"我初来乍到，实在说不出来。"

又是一阵沉默。只听到车下轮声震耳。我听到头顶上一阵窸窣声，年轻的头缩回去了，微微地叹息了一声，然后真正天下太平，我也真正进入了睡乡。

第二天（9月2日）早晨到了哈尔滨，我们都下了车。那个年轻人也下了车，临行时还对我点头微笑。但是，等我们办完了手续，要离开车站时，我抬头瞥见他穿着笔挺的警服，从警察局里走了出来，仍然是那一双长筒马靴。我不由得一下子出了一身冷汗。回忆夜里车厢里的那一幕，我真不寒而栗，心头充满了后怕。如果我不够警惕顺嘴发表了什么意见，其结果将会是怎样？我不敢想下去了。

啊，"满洲国"！这就是"满洲国"！

在哈尔滨

　　我们必须在哈尔滨住上几天，置办长途旅行在火车上吃的东西。这在当时几乎是人人都必须照办的。

　　这是我第一次到哈尔滨来。第一个印象是，这座城市很有趣。楼房高耸，街道宽敞，到处都能看到俄国人，所谓白俄，都是"十月革命"后从苏联逃出来的。其中有贵族，也有平民；生活有的好，有的坏，差别相当大。我久闻白俄大名，现在才在哈尔滨见到。心里觉得非常有趣。

　　我们先找了一家小客店住下，让自己紧张的精神松弛一下。在车站时，除了那位穿长筒马靴的"朝鲜人"给我的刺激以外，还有我们同行的一位敦福堂先生。此公是学心理学的，但是他的心理却实在难以理解。就要领取行李离车站，他忽然发现，他托运行李的收据丢了，行李无法领出。我们全体同学六人都心急如焚，于是找管理员，找站长，最后用六个人所有的证件，证明此公确实不想冒领行李，问题才得到解决。到了旅店，我们的余悸未退，精神依然亢奋。然而敦公向口袋里一伸手，行李托运票赫然俱在。我们真是啼笑皆非，敦公却怡然自得。今后在半个多月的长途旅行中，这种局面重复了几次。我因此得出了一个结论：此公凡是能丢的东西一定要丢一次，最后总是化险为夷，逢凶化吉。关于这样的事情，下面就不再谈了。

在客店办理手续时，柜台旁边坐着一个赶马车的白俄小男孩，年纪不超过十五六岁。我对他一下子产生了兴趣，问了他几句话，他翻了翻眼，指着柜台上那位戴着老花眼镜、满嘴山东胶东话的老人说："我跟他明白，跟你不明白。"

我懂得他的意思了，一笑置之。

在哈尔滨山东人很多，大到百货公司的老板，小到街上的小贩，几乎无一不是山东人。他们大都能讲一点洋泾浜俄语，他们跟白俄能明白。这里因为白俄极多，俄语相当流行，因而产生了一些俄语译音字，比如把面包叫做"裂巴"等等。中国人嘴里的俄语，一般都不讲究语法完全正确，音调十分地道，只要对方"明白"，目的就算达到了。我忽然想到，人与人之间的交际离不开语言；同外国人之间的交际离不开外国语言。然而语言这玩意儿也真奇怪。一个人要想精通本国语和外国语，必须付出极大的劳动，穷一生之精力，也未必真通。可是要想达到一般交际的目的，又似乎非常简单。洋泾浜姑无论矣。有时只会一两个外国词儿，也能行动自如。一位国民党政府驻意大利的大使，只会意大利文"这个"一个单词儿，也能指挥意大利仆人。比如窗子开着，他口念"这个"，用手一指窗子，仆人立即把窗子关上。反之，如果窗子是关着的，这位大使阁下一声"这个"，仆人立即把窗子打开。窗子无非是开与关，决无第三种可能。一声"这个"，圆通无碍，超过佛法百倍矣。

话扯得太远了，还是回来谈哈尔滨。

我们在旅店里休息了以后，走到大街上去置办火车上的食品。这件事办起来一点也不费事。大街上有许多白俄开的铺子，你只要走进去，说明来意，立刻就能买到一大篮子装好的食品。主体是几个重约七八斤的大"裂巴"，辅之以一两个几乎同粗大的香肠，再加上几斤干奶酪和黄油，另外再配上几个罐头，共约四五十斤重，足供西伯利亚火车上约摸八九天之用。原来火车上本来是有餐车的。可是据过去的经验，餐车上的食品异常贵，而且只收美元。其指导思想是清楚的。苏联是无产阶级专政的国家，要"念念不忘阶级斗争"。外国人一般被视为资产阶级，是无产阶级的对立面；只要有机会，就必须与之

"斗争"。餐费昂贵无非是斗争的方式。可惜我们这些"资产阶级"阮囊羞涩，实在付不出那样多美元。于是哈尔滨的白俄食品店尚矣。

除了食品店以外，大街两旁高楼大厦的地下室里，有许许多多的俄餐馆，主人都是白俄。女主人往往又胖又高大，穿着白大褂，宛如一个白色巨人。然而服务却是热情而又周到。饭菜是精美而又便宜。我在北平久仰俄式大菜的大名，只是无缘品尝。不意今天到了哈尔滨，到处都有俄式大菜，就在简陋的地下室里，以无意中得之，真是不亦乐乎。我们吃过罗宋汤、牛尾、牛舌、猪排、牛排，这些菜不一定很"大"，然而主人是俄国人，厨师也是俄国人，有足够的保证，这是俄式大菜。好像我们在哈尔滨，天天就吃这些东西，不记得在哪个小旅店里吃过什么饭。

黄昏时分，我们出来逛马路。马路很多是用小碎石子压成的，很宽，很长，电灯不是很亮，到处人影历乱。白俄小男孩——就是我在上面提到的在旅店里见到的那样的——驾着西式的马车，送客人，载货物，驰骋长街之上。车极高大，马也极高大，小男孩短小的身躯，高踞马车之上，仿佛坐在楼上一般，大小极不协调。然而小车夫却巍然高坐，神气十足，马鞭响处，骏马飞驰，马蹄子敲在碎石子上，迸出火花一列，如群萤乱舞，渐远渐稀，再配上马嘶声和车轮声，汇成声光大合奏。我们外来人实在是闻所未闻，见所未见，不禁顾而乐之了。

哈尔滨就是这样一个地方。

谁来到哈尔滨，大概都不会不到松花江上去游览一番。我们当然也不会自甘落后，我们也去了。当时正值初秋，气温可并不高。我们几个人租了一条船，放舟中流，在混混茫茫的江面上，真是一叶扁舟。远望铁桥一线，跨越江上，宛如一段没有颜色的彩虹。此时，江面平静，浪涛不兴，游人如鲫，喧声四起。我们都异常的兴奋，谈笑风生。回头看划船的两个小白俄男孩子，手持双桨主划的竟是一个瞎子，另一个明眼孩子掌舵，决定小船的航向。我们都非常惊讶。松花江一下子好像是不存在了，眼前只有这个白俄盲童。我们很想了解一下真情，但是我们跟他们"不明白"，只好自己猜度。事情是非常清楚的。这个盲童家里穷，没有办法，万般无奈，父母——如果有父母的话——

才让自己心爱的儿子冒着性命的危险，干这种划船的营生。江阔水深，危机四伏，明眼人尚需随时警惕，战战兢兢，何况一个盲人！但是，这个盲童，由于什么都看不见的缘故，心中只有手中的双桨，怡然自得，面含笑容。这时候，我心里不知道是什么味道。环顾四周，风光如旧，但我心里却只有这一个盲童，什么游人，什么水波，什么铁桥，什么景物，统统都消失了。我自己思忖：盲童家里的父、母、兄、妹等等，可能都在望眼欲穿地等他回家，拿他挣来的几个钱，买上个大"裂巴"，一家人好不挨饿。他家是什么时候逃到哈尔滨来的？我不清楚。他说不定还是沙皇时代的贵族，什么侯爵、伯爵。当日的荣华富贵，从年龄上来看，他大概享受不到。他说不定就出生于哈尔滨，他决不会有什么"故国不堪回首月明中"的感慨。……我浮想联翩，越想越多，越想越乱，我自己的念头，理不出一个头绪，索性横一横心，此时只可赏风光。我又抬起头来，看到松花江上，依旧游人如鲫，铁桥横空，好一派夏日的风光。

此时，太阳已经西斜，是我们应该回去的时候了。我们下了船，尽我们所能，多给两个划船的白俄小孩一些酒钱。看到他们满意的笑容，我们也满意了，觉得是做了一件好事。

回到旅店，我一直想着那个白俄小孩。就是在以后一直到今天，我仍然会不时想起那个小孩来。他以后的命运怎样了？经过了几十年的沧海桑田，他活在世上的可能几乎没有了。我还是祝愿白俄们的东正教的上帝会加福给他！

过西伯利亚

我们在哈尔滨住了几天，登上了苏联经营的西伯利亚火车，时间是9月4日。

车上的卧铺，每间四个铺位。我们六个中国学生，住在两间屋内，其中一间有两个铺位，是别人睡的，经常变换旅客，都是苏联人。车上有餐车，听说价钱极贵，而且只收美元。因此，我们一上车，就要完全靠在哈尔滨带上来的那只篮子过日子了。

火车奔驰在松嫩大平原上。车外草原百里，一望无际。黄昏时分，一轮红日即将下落，这里不能讲太阳落山，因为根本没有山，只有草原；这时，在我眼中，草原蓦地变成了大海，火车成了轮船。只是这大海风平浪静，毫无波涛汹涌之状；然而气势却依然宏伟非凡，不亚于真正的大海。

第二天，车到了满洲里，是苏联与"满洲国"接壤的地方。火车停了下来，据说要停很长的时间。我们都下了车，接受苏联海关的检查。我决没有想到，苏联官员竟检查得这样细致，又这样慢条斯理，这样万分认真。我们所有的行李，不管是大是小，是箱是筐，统统一律打开，一一检查，巨细不遗。我们躬身侍立，随时准备回答垂询。我们准备在火车上提开水用的一把极其平常又极其粗糙的铁壶，也未能幸免，而且受到加倍的垂青。这件东西，一目了然，然而苏联官员却像发现了奇迹，把水壶翻来覆去，推敲研讨，又碰又摸，又敲又打，还要看一看壶里面是否有"夹壁墙"。连那一个薄铁片似的壶盖，也难逃法网，敲了好几遍。这里只缺少一架显微镜，如果真有一架的话，不管是多少高度的，他们也决不会弃置不用。我怒火填膺，真想发作。旁边一位同车的外国中年朋友，看到我这个情况，拍了拍我的肩膀，用英文说了句：Patience is the great virtue（忍耐是大美德）。我理解他的心意，相对会心一笑，把怒气硬是压了下去，恭候检查如故。大概当时苏联人把外国人都当成"可疑分子"，都有存心颠覆他们政权的嫌疑，所以不得不尔。

检查完毕，我的怒气已消，心里恢复了平静。我们几个人走出车站，到市内去闲逛。满洲里只是一个边城小镇，连个小城都算不上。只有几条街，很难说哪一条是大街。房子基本上都是用木板盖成的，同苏联的西伯利亚差不多，没有砖瓦，而多木材，就形成了这样的建筑特点。我们到一家木板房商店里去，买了几个甜酱菜罐头，是日本生产的，带上车去，可以佐餐。

再回到车上，天下大定，再不会有什么干扰了。车下面是横亘欧亚的万里西伯利亚大铁路，从此我们就要在这车上住上七八天。"人是地里仙，一天不见走一千"，我们现在一天决不止走一千，我们要在风驰电掣中过日子了。

车上的生活，单调而又丰富多彩。每天吃喝拉撒睡，有条不紊，有简便之处，也有复杂之处。简便是，吃东西不用再去操持，每人两个大篮子，饿了伸手拿出来就吃。复杂是，喝开水极成问题，车上没有开水供应，凉水也不供应。每到一个大一点的车站，我们就轮流手持铁壶，飞奔下车，到车站上的开水供应处，拧开开水龙头，把铁壶灌满，再回到车上，分而喝之。有一位同行的欧洲老太太，白发盈颠，行路龙钟，她显然没有自备铁壶；即使自备了，她也无法使用。我们的开水壶一提上车，她就颤巍巍地走了过来，手里拿着一个杯子，说着中国话："开开水！开开水！"我们心领神会，把她的杯子倒满开水，一笑而别。从此一天三顿饭，顿顿如此。看来她这个"老外"，这个外国"资产阶级"，并不比我们更有钱。她也不到餐车里去吃牛排、罗宋汤，没有大把地挥霍着美金。

说到牛排，我们虽然没有吃到，却是看到了。有一天，吃中饭的时候，忽然从餐车里走出来了一个俄国女餐车服务员，身材高大魁梧，肥胖有加，身穿白色大褂，头戴白布高帽子，至少有一尺高，帽顶几乎触到车厢的天花板；却足蹬高跟鞋，满面春风，而又威风凛凛，得得地走了过来，宛如一个大将军，八面威风。右手托着一个大盘子，里面摆满新出锅的炸牛排，肉香四溢，透入鼻官，确实有极大的诱惑力，让人馋涎欲滴。但是，一问价钱，却吓人一跳：每块三美元。我们这个车厢里，没有一个人肯出三美元一快朵颐的。这位女"大将军"，托着盘子，走了一趟，又原盘托回。她是不是鄙视我们这些外国资产阶级呢？她是不是会在心里想：你们这些人个个赛过莎士比亚《威尼斯商人》中的吝啬鬼夏洛克呢？我不知道。这一阵香风过后，我们的肚子确已饿了，赶快拿出篮子，大啃"裂巴"。

我们吃的问题大体上就是这个样子。你想了解俄国人怎样吃饭吗？他们同我们完全不一样，这是可想而知的。他们决不会从中国的哈尔滨带一篮子食品来，而是就地取材。我在上面提到过，我们中国学生的两间车厢里，有两个铺位不属于我们，而是经常换人。有一天进来了一个红军军官，我们不懂苏联军官的肩章，不知道他是什么爵位。可是他颇为和蔼可亲，一走进车厢，用蓝色的眼睛环视了一下，笑着点了点头。我们也报之以微笑，但是跟他"不明白"，只能打手势来说话。他从怀里拿出来了一个身份证之类的小本子，里面有他的相片，他打着手势告诉我们，如果把这个证丢了，他用右手在自己脖子上作杀头状，那就是要杀头的。这个小本子神通广大。每到一个大站，他就拿着它走下车去，到什么地方领到一份"裂巴"，还有奶油、奶酪、香肠之类的东西，走回车厢，大嚼一顿。红军的供给制度大概就是这个样子。

车上的吃喝问题就是这样解决的。谈到拉撒，却成了天大的问题。一节列车住着四五十口子人，却只有两间厕所。经常是人满为患。我每天往往是很早就起来排队。有时候自己觉得已经够早了，但是推门一看，却已有人排成了长龙。赶紧加入队伍中，望眼欲穿地看着前面。你想一个人刷牙洗脸，再加上大小便，会用多少时间呀。如果再碰上一个患便秘的人，情况就会更加严重。自己肚子里的那些东西蠢蠢欲动，前面的队伍却不见缩短，这是什么滋味，一想就可以知道了。

但是，车上的生活也不全是困难，也有愉快的一面。我们六个中国学生一般都是挤坐在一间车厢里。虽然在清华大学时都是同学，但因行当不同，接触并不多。此时却被迫聚在一起，几乎都成了推心置腹的朋友。我们闲坐无聊，便上天下地，胡侃一通。我们都是二十三四岁的大孩子，阅世未深，每个人眼前都是一个未知的世界，堆满了玫瑰花，闪耀着彩虹。我们的眼睛是亮的，心是透明的，说起话来，一无顾忌，二无隔阂，从来没有谈不来的时候，小小的车厢里，其乐融融。也有一时无话可谈的时候，我们就下象棋。物理学家王竹溪是此道高手。我们五个人，单个儿跟他下，一盘输，二盘输，三盘四盘，甚至更多的盘，反正总是输。后来我们联合起来跟他下，依然是输，输，输。哲学家乔冠华的哲学也帮不了他。在车上的八九天中，我们就没有胜过一局。

侃大山和下象棋，觉得乏味了，我就凭窗向外看。万里长途，车外风光变化不算太大。一般都只有大森林，郁郁葱葱，好像是无边无际。林中的产品大概是非常丰富的。有一次，我在一个森林深处的车站下了车，到站台上去走走。看到一个苏联农民提着一篮子大松果来兜售，松果实在大得令人吃惊，非常可爱。平生从来没有见到过的，我抵抗不住诱惑，拿出了五角美元，买了一个。这是我在西伯利亚唯一的一次买东西，是无法忘记的。除了原始森林以外，还有大草原，不过似乎不多。留给我印象最深的是贝加尔湖。我们的火车绕行了这个湖的一多半，用了将近半天的时间。山洞一个接一个，不知道究竟钻过几个山洞。山上丛林密布，一翠到顶。铁路就修在岸边上，从火车上俯视湖水，了若指掌。湖水碧绿，靠岸处清可见底，渐到湖心，则转成深绿色，或者近乎黑色，下面深不可测。真是天下奇景，直到今天，我一闭眼睛，就能见到。

就这样，我们在车上，既有困难，又有乐趣，一转眼，就过去了八天，于9月14日晚间，到了莫斯科。

在赤都

莫斯科是当时全世界唯一的一个社会主义国家的首都，颇具神秘色彩，是世界上许多人所向往的地方。我也颇感兴趣。

任何行车时间表上，也都没有在这里停车两天的规定。然而据以前的旅行者说，列车到了莫斯科，总用种种借口，停上一天。我想，原因是十分明显的。苏联当局想让我们这些人，领略一下社会主义的风采，沾一点社会主义的甘露，给我们洗一洗脑筋，让我们在大吃一惊之余，转变一下自己的世界观，在灰色上涂上一点红。

对我们青年来说，赤都不是没有吸引力的。我个人心里却有一点矛盾。我对外蒙古"独立"问题，很不理解。现在我自己到了苏联的首都，由于沿途的经历并没能给我留下什么好印象，如今要我们在赤都留上一天看一看，那就看一看吧。

火车一停，路局就宣布停车一天，修理车辆。接着来了一位女导游员，年轻貌美，白脸长身，穿着非常华贵、时髦，涂着口红，染着指甲，一身珠光宝气。我确实大吃一惊。当时还没有"极左"这个词儿，我的思想却是"极左"的。我想象中的"普罗"小姐完全不是这个样子。我眼前这一位

"普罗"，同资产阶级贵小姐究竟还有什么区别呢？她的灵魂也可能是红色的，但那我看不见。我看见的却让我大惑不解，惘惘然看着这位搔首弄姿的俄国女郎。

我们这一群外国旅客被送上一辆大轿车，到莫斯科市内去观光。导游小姐用英文讲解。车子走到一个什么地方，眼前一片破旧的大楼，导游说：在第几个五年计划，这座楼将被拆掉，盖上新楼。这很好，难道说不好吗？车子到了另一个地方，导游又冷漠地说：在第几个五年计划，这片房子将被拆掉，盖成新楼。这仍然很好，难道说还不好吗？但是，接着到了第三个地方、第四个地方，导游说的仍然是那一套，只是神色更加冷漠，脸含冰霜，毫无表情。我们一座新楼也没有看到，只是学了一下苏联的五年计划。我疑团满腹：哪怕是给我们看一座新楼呢，这样不是会更好吗？难道这就叫社会主义吗？

这一位导游女郎最后把我们带到一幢非常富丽堂皇的大楼里面。据说这是"十月革命"前一位沙皇大臣的官邸，现在是国家旅游总局的招待所。大理石铺地，大理石砌墙，大理石柱子，五光十色，金碧辉煌，天花板上悬挂的玻璃大吊灯，至少有十米长。我仿佛置身于一个神话世界。这里的工作人员，年轻貌美的女郎居多数，个个唇红齿白，十指纤纤，指尖上闪着红光；个个珠光宝气，气度非凡。我刚从荒寒的西伯利亚来到这里，莽莽苍苍的原始森林的影子，还留在脑海中，一旦置身此地，不但像神话世界，简直像太虚幻境了。

其他旅客，有的留在这里吃午饭，花费美元，毫无可疑。我们几个中国学生，应中国驻莫斯科大使馆一位清华同学的邀请，到一家餐馆里去吃饭。这家饭店也十分豪华，我生平第一次品尝到俄国名贵的鱼子酱。其他菜肴也都精美无比。特别是我们这一群在火车上啃了八天干"裂巴"的年轻人，见到这样的好饭，简直像饿鬼扑食一般，开怀畅吃。我们究竟吃了多少，谁也没去注意。反正这是我一生最精美、最难忘的一餐，足可以载入史册了。饭后算账，共付300卢布，约200美元。我们都非常感激我们这位老同学谢子敦先生。可惜以后，由于风云屡变，我竟没有同他再联系。他还活在人间吗？时间已经逝去半个多世纪，我现在虔心为他祝福！

晚上，我们又回到火车上。同车的外国旅客又聚会了。那一位在火车上索要"开开水"的老太太，还有那一位在满洲里海关上劝我忍耐的老头，都回来了。我问老头，他们在哪里吃的午饭？老头向我狡猾地挤了一挤眼睛，告诉我，他们吃了一顿非常精美而又非常便宜的饭。他看到我大感不解的神情，低声对我说：他们在哈尔滨时已经在黑市上，用美元换了卢布，同官价相差十几倍。在莫斯科，他们也有路子，能够用美元在黑市上换卢布。因此他们只需花上八个美元，便可以美美地"嘬"上一顿。我恍然大悟：这些人都是旅行的老油子，神通广大，无孔不入。然而，事隔半个多世纪以后，那里依然黑市猖獗，这就不能不发人深省了。

一宿无话，夜里不知是在什么时候，火车又开动了。第二天下午，到了苏联与波兰接界的地方，叫斯托尔扑塞（Stolpce），在这里换乘波兰车。晚上过华沙。14日晨四时进入德国境内。

在波兰境内行驶时，上下车的当然都是波兰人。这些人同俄国人有很大的不同，他们衣着比较华丽，态度比较活泼，而且有相当高的外语水平，很多人除了本国话以外，能讲俄语和德语，少数人能讲一点英语。这样一来，我们跟谁都能"明白"了，用不着再像在苏联一样，用手势来说话了。霎时间，车厢里就热闹了起来。波兰人显然对中国人也感兴趣。我们就乱七八糟地用德语和英语交谈起来。不知道是在什么时候，一个年纪很轻的波兰女孩子悄没声地走进了车厢：圆圆的脸庞，两只圆圆的眼睛，晶莹澄澈，天真无邪，环顾了一下四周，找了一个座位，坦然地坐了下来。我们几个中国学生都觉得很有趣，便搭讪着用英语同她交谈，没想到，她竟然会说英语，而且大大方方地回答我们的提问，一点扭捏的态度也没有。我们问她的名字。她说，叫 Wala。这有点像中文里面的"哇啦"。同行的谢家泽立刻大笑起来，嘴里"哇啦！哇啦！"不止。小女孩子显然有点摸不着头脑，圆睁双目，瞪着小谢，脸上惊疑不定。后来我们越谈越热闹，小小的车厢里，充满了笑语声。坐在我身旁的一位中年男子，看了看小女孩子，对我撇了撇嘴，露出一副鄙夷的神情。我大感不解，我也没有看出，这个小女孩子身上究竟有什么值得鄙夷的地方。这一下子轮到我"丈二和尚，摸不着头脑"了。小女孩子和其他中国学生都根本没有注意到这位中年人的撇嘴，依然谈笑不辍。这时车厢里更加热闹了。颇有点中国古书上所说的"履舄交错"的样子。我不记得，小女孩子什么时候离开了车厢。萍水相聚，转瞬永别。这在人生中时刻都能遇到的情况，不值得大惊小怪。但是同这个波兰小女孩子的萍水相聚，我却怎么也不能忘怀，十年以后，我终于写成了一篇散文《Wala》。

早晨八时，火车到了德国首都柏林。长达十日的长途火车旅行就在这里结束。

初抵柏林

　　柏林是我这一次万里长途旅行的目的地，是我的留学热的最后归宿，是我旧生命的结束，是我新生命的开始。在我眼中，柏林是一个无比美妙的地方。经过长途劳顿，跋山涉水，我终于来到了。我心里的感觉是异常复杂的，既有兴奋，又有好奇；既有兴会淋漓，又有忐忑不安。从当时不算太发达的中国，一下子来到这里，置身于高耸的楼房之中，漫步于宽敞的长街之上，自己宛如大海中的一滴水。

　　清华老同学赵九章等，到车站去迎接我们，为我们办理了一切应办的手续，使我们避免了许多麻烦，在离开家乡万里之外，感到故园的温暖。然而也有不太愉快的地方。我在上面提到的敦福堂，在柏林车站上，表演了他最后的一次特技：丢东西。这次丢的东西更是至关重要，丢的是护照。虽然我们同行者都已十分清楚，丢的东西终究会找回来的；但是我们也一时有点担起心来。敦公本人则是双目发直，满脸流汗，翻兜倒衣，搜索枯肠，在车站上的大混乱中，更增添了混乱。等我们办完手续，走出车站，敦公汗已流完，伸手就从裤兜中把那个在国外至关重要的护照掏了出来。他自己莞尔一笑，我们则是啼笑皆非。

　　老同学把我们先带到康德大街彼得公寓，把行李安顿好，又带我们到中国饭店去吃饭。当时柏林的中国饭馆不是很多，据说只有三家。饭菜还可以，只是价钱太贵。除了大饭店以外，还有一家可以包饭的小馆子。男主人是中国北方人，女主人则是意大利人。两个人的德国话都非常蹩脚。只是服务极为热情周到，能蒸又白又大的中国馒头，菜也炒得很好，价钱又不太贵。所以中国留学生都趋之若鹜，生意非常好。我们初到的几个人却饶有兴趣地探讨另一个问题：店主夫妇二人怎样交流思想呢？都不懂彼此的语言。难道他们都是我上面提到的那一位国民党政府驻意大利大使的信徒，只使用"这个"一个词儿，就能涵盖宇宙、包罗天地吗？

这样的事确实与我们无关，不去管它也罢。我们的当务之急是找到一间房子。德国人是非常务实而又简朴的人民。他们不管是干什么的，一般说来，房子都十分宽敞，有卧室、起居室、客厅、厨房、厕所，有的还有一间客房。在这些房间之外，如果还有余房，则往往出租给外地的或外国的大学生，连待遇优厚的大学教授也不例外。出租的方式非常奇特，不是出租空房间，而是出租房间里的一切东西，桌椅沙发不在话下，连床上的被褥也包括在里面，租赁者不需要带任何行李，面巾、浴巾等等，都不需要。房间里的所有的服务工作，铺床叠被，给地板扫除打蜡，都由女主人包办。房客的皮鞋，睡觉前脱下来，放在房门外面，第二天一起床，女主人已经把鞋擦得闪光锃亮了。这些工作，教授夫人都要亲自下手，她们丝毫也没有什么下贱的感觉。德国人之爱清洁，闻名天下。女主人每天一个上午都在忙忙叨叨，擦这擦那，自己屋子里面不必说了，连外面的楼道，都天天打蜡；楼外的人行道，不但打扫，而且打上肥皂来洗刷。室内室外，楼内楼外，任何地方，都是洁无纤尘。

清华老同学汪殿华和他的德国夫人，在夏洛滕堡区的魏玛大街，为我们找到了一间房子，房东名叫罗斯瑙（Rosenau），看长相是一个犹太人。一提到找房子，人们往往会想到老舍早期的几部长篇小说中讲到中国人在英国伦敦找房子的情况。那是非常困难的。如果出租招贴上没有明说可以租给中国人，你就别去问，否则一定会碰钉子。在德国则没有这种情况。在柏林，你可以租到任何房子。只有少数过去中国学生住过的房子是例外。在这里你会受到白眼，遭到闭门羹。个中原因，一想便知，用不着我来啰嗦了。

说到犹太人，我必须讲一讲当时犹太人在德国的处境，顺便讲一讲法西斯统治的情况。法西斯头子希特勒于1933年上台。我是1935年到德国的，我一直看到他恶贯满盈，自杀身亡，几乎与他的政权相始终。对德国法西斯政权，我是目击者，是有点发言权的。我初到的时候，柏林的纳粹味还不算太浓；当然已经有了一点。希特勒的相片到处悬挂，卐字旗也随处可见。人们见面时，不像以前那样说一声"早安！""日安！""晚安！"等等，分手时也不说"再见！"而是右手一举，喊一声"希特勒万岁！"便能表示一切。我们中国学生，不管在什么地方，到饭馆去吃饭，进商店去买东西，总是一仍旧贯，说我们的"早安！"等等，出门时说"再见！"。有的德国人，看我们是外国人，也用旧方式向我们表示敬意。但是，大多数人仍然喊他们的"万岁！"我们各行其是，互不干扰，并没有遇到什么不如意的事情。根据法西斯圣经：希特勒《我的奋斗》，犹太人和中国人都被列入劣等民族，是人类文化的破坏者，而金黄头发的"北方人"，则被法西斯认为是优秀民族，是人类文化的创造者。可惜的是，据个别人偷偷地告诉我，希特勒自己那一副尊容，他那满头的黑红相间的头发，一点也不"北方"，成为极大的讽刺。不管怎样，中国人在法西斯眼中，反正是劣等民族，同犹太人成为难兄难弟。

在这里，需要讲一点欧洲历史。欧洲许多国家仇视犹太人，由来久矣。有莎士比亚的名剧《威尼斯商人》可以为证。在中世纪，欧洲一些国家就发生过大规模屠杀犹太人的惨剧。在这方面，希特勒只是继承过去的衣钵，他并没有什么发明创造。如果有的话，那就是，他对犹太人进行了"科学的"定性分析。在他那一架政治化学天平上，他能够确定犹太人的"犹太性"，计有百分之百的犹太人，也就是，祖父母和父母双方都是犹太人；二分之一犹太人，就是，父母双方一方为犹太人；四分之一犹太人，就是祖父母或外祖父母一方为犹太人，其余都是德国人；八分之一等等依此类推。这就是纳粹"民族政策"的理论根据。百分之百的犹太人必须迫害，决不手软；二分之一的稍逊。至于四分之一的则是处在政策的临界线上，可以暂时不动，八分之一以下则可以纳入人民内部，不以敌我矛盾论处了。我初到柏林的时候，此项政策大概刚进行了第一阶段，迫害还只限于全犹太人和一部分二分之一者，后来就愈演愈烈了。我的房东可能属于二分之一者，所以能暂时平安。

希特勒们这一架特制的天平，能准确到什么程度，我是门外人，不敢多说。但是，德国人素以科学技术蜚声天下，天平想必是可靠的了。

至于德国普通老百姓怎样看待这迫害犹太人的事件，我初来乍到，不敢乱说。德国人总的来说是很可爱的，很淳朴老实的，他们毫无油滑之气，有时候看起来甚至有些笨手笨脚，呆头呆脑。比如说，你到商店里去买东西，店员有时候要找钱。你买了75分尼的东西，付了一马克。若在中国，店员过去用算盘，今天用计算器，或者干脆口中念念有词：三五一十五，三六一十八，一口气说出了应该找的钱数：25分尼。德国店员什么也不用，他先说75分尼，把5分尼摆在桌子上，说一声：80分尼；然后再摆一个10分尼，说一声：90分尼；最后再摆一个10分尼，说一声：一马克，于是完了，皆大欢喜。

我还遇到过一件小事，更能说明德国人的老实忠厚。根据我的日记，这件事情发生在9月17日。我的表坏了，走到大街上一个钟表店去修理，约定第二天去拿。可是我初到柏林，在高楼大厦的莽丛中，在车水马龙的喧闹中，我仿佛变成了初进大观园的刘姥姥，晕头转向，分不出东西南北。第二天，我出去取表的时候，影影绰绰，隐隐约约，记得是这个表店，迈步走了进去。那个店员老头，胖胖的身子，戴一副老花镜，同昨天见的那一个一模一样。我拿出了发票，递给他，他就到玻璃橱里去找我的表，没有。老头有点急了，额头上冒出了汗珠，从眼镜上面射出了目光，看着我，说："你明天再来一趟吧！"我回到家，心里直念叨这一件事。第二天又去了，表当然找不到。老头更急了，额头上冒出了更多的汗珠，手都有点发抖了。在玻璃橱里翻腾了半天，忽然灵光一闪，好像上帝祐护，他仔细看了看发票，说："这不是我的发票！"我于是也恍然大悟，是我找错了门。这一件小事我曾写过一篇散文：《表的喜剧》，收在我的散文集里。

这样的洋相，我还出过不少次。我只说一次。德国人每天只吃一顿热餐，这就是中午。晚饭则只吃面包和香肠、干奶酪等等，佐之以热茶。有一天，我到肉食店里去买了点香肠，准备回家去吃晚饭。晚上，我兴致勃勃地泡了一壶红茶，准备美美地吃上一顿。但是，一咬香肠，觉得不是味，原来里面的火腿肉全是生的。我大为气愤，忿忿不平："德国人竟这样戏弄外国人，简直太不像话了，真正岂有此理!"连在梦中，也觉得难咽下这一口气去。第二天一大早，我就到那个肉食店里去，摆出架势，要大兴问罪之师。一位女店员，听了我的申诉，看了看我手中拿的香肠，起初有点大惑不解，继而大笑起来。她告诉我说："在德国，火腿都是生吃的，有时连肉也生吃，而且只有最好最新鲜的肉，才能生吃。"我还有什么话好说呢? 自己是一个地道的阿木林（上海话，傻瓜的意思）。

我到德国来，不是专门来吃香肠的，我是来念书的。要想念好书，必须先学好德语。我在清华学德语，虽然四年得了八个优，其实是张不开嘴的。来到柏林，必须补习德语口语，不再成为哑巴。远东协会的林德（Linde）和罗哈尔（Rochall）博士热心协助，带我到柏林大学的外国学院去，见到校长，他让我念了几句德文，认为满意，就让我参加柏林大学外国留学生德语班的最高班。从此我就成了柏林大学的学生，天天去上课。教授名叫赫姆（Höhm），我从来没有遇到这样好的外语教员。他发音之清晰，讲解之透彻，简直达到了神妙的程度。在9月20日的日记里，我写道："教授名 Höhm，真讲得太好了，好到不能说。我这是第一次听德文讲书，然而没有一句不能懂，并不是我的听的能力大，只是他说得太清楚了。"可见我当时的感受。我上课时，总和乔冠华在一起。我们每天乘城内火车到大学去上课，乐此不疲。

说到乔冠华，我要讲一讲我同他的关系，以及同其他中国留学生中我的熟人的关系，也谈一谈一般中国学生的情况。我同乔是清华同学，他是哲学系，比我高两级。在校时，他经常腋下夹一册又厚又大的德文版黑格尔全集，昂首阔步，旁若无人，徜徉于清华园中。因为不是一个行道，我们虽认识，但并不熟。同被录取为交换研究生，才熟了起来。到了柏林以后，更是天天在一起，几乎形影不离。我们共同上课、吃饭、访友、游玩婉湖（Wansee）和动物园。我们都是书呆子，念念不忘逛旧书铺，颇买了几本好书。他颇有些才气，有一些古典文学的修养。我们很谈得来。有时候闲谈到深夜，有几次就睡在他那里。我们同敦福堂已经几乎断绝了往来，我们同他总有点格格不入。我们同一般的中国留学生也不往来，同这些人更是格格不入，毫无共同的语言。

当时在柏林的中国留学生，人数是相当多的。原因并不复杂。我前面谈到"镀金"问题，到德国来镀的金是24K金，在中国社会上声誉卓著，是抢手货。所以有条件的中国青年趋之若鹜。这样的机会，大官儿们和大财主们，是决不会放过的，他们纷纷把子女派来，反正老子有的是民脂民膏，不愁供不起纨绔子弟们挥霍浪费。蒋介石、宋子文、孔祥熙、冯玉祥、戴传贤、居正，以及许许多多的国民党的大官，无不有子女或亲属在德国，而且几乎都聚集在柏林。因为这里有吃，有喝，有玩，有乐，既不用上学听课，也用不着说德国话。有一部分留德学生，只需要四句简单的德语，就能够供几年之用。早晨起来，见到房东，说一声"早安！"就甩手离家，到一个中国饭馆里，洗脸，吃早点，然后打上几圈麻将，就到了吃午饭的时候。午饭后，相约出游。晚饭时回到饭馆。深夜回家，见到房东，说一声"晚安"，一天就过去了。再学上一句"谢谢！"加上一句"再见！"语言之功毕矣。我不能说这种人很多，但确实是有，这是事实，无法否认。

我同乔冠华曾到中国饭馆去吃过几次饭。一进门，高声说话的声音，吸溜呼噜喝汤的声音，吃饭呱唧嘴的声音，碗筷碰盘子的声音，汇成了一个大合奏，其势如暴风骤雨，迎面扑来。我仿佛又回到了中国。欧洲人吃饭，都是异常安静的，有时甚至正襟危坐，喝汤决不许出声，吃饭呱唧嘴更是大忌。我不说，这就是天经地义，但是总能给人以文明的印象，未可厚非。我们的留学生把祖国的这一份国粹，带到了万里之外，无论如何，也让人觉得不舒服。再看一看一些国民党的"衙内"们那种狂傲自大、唯我独尊的神态。听一听他们谈话的内容：吃、喝、玩、乐，甚至玩女人、嫖娼妓等等。像我这样的乡下人实在有点受不了。他们眼眶里根本没有像我同乔冠华这样的穷学生。然而我们眼眶里又何尝有这一批卑鄙龌龊的纨绔子弟呢？我们从此再没有进这里中国饭馆的门。

但是，这些"留学生"的故事，却接二连三地向我们耳朵里涌，什么稀奇古怪的事情都有。很多留学生同德国人发生了纠葛，有的要法律解决。既然打官司，就需要律师。德国律师很容易找，但花费太大。于是有识之士应运而生。有一位老留学生，在柏林待的颇有年头了，对柏林的大街小巷，五行八作，都了如指掌，因此绰号叫"柏林土地"，真名反隐而不扬。此公急公好义，据说学的是法律，他公开扬言，要用自己的专业知识，替中国留学生打官司，分文不取，连车马费都自己掏腰包。我好像是没有见到这一位英雄。对他我心里颇有矛盾，一方面钦佩他的义举，一方面又觉得十分奇怪。这个人难道说头脑是正常的吗？

柏林的中国留学生界，情况就是这个样子。10月17日的日记里，我写道："在没有出国以前，我虽然也知道留学生的泄气，然而终究对他们存着敬畏的观念，觉得他们终究有神圣的地方，尤其是德国留学生。然而现在自己也成了留学生了。在柏林看到不知道有多少中国学生，每人手里提着照相机，一脸满不在乎的神气。谈话，不是怎样去跳舞，就是国内某某人作了科长了，某某作了司长了。不客气地说，我简直还没有看到一个像样的'人'。到今天我才真知道了留学生的真面目！"这都是原话，我一个字也没有改。从中可见我当时的真实感情。我曾动念头，写一本《新留西外史》。如果这一本书真能写成的话，我相信，它一定会是一部杰作，洛阳纸贵，不卜可知。可惜我在柏林待的时间太短，只有一个多月，致使这一部杰作没能写出来，真要为中国文坛惋惜。

我到德国来念书，柏林只是一个临时站，我还要到别的地方去的。但是，到哪里去呢？德国学术交换处的魏娜（Wiehner），最初打算把我派到东普鲁士的哥尼斯堡（Knigsberg）大学去。德国最伟大的古典哲学家康德就在这里担任教授。这当然是一个十分令人神往的地方。但是这地方离柏林较远，比较偏僻，我人地生疏，表示不愿意去。最后，几经磋商，改派我到哥廷根（Göttingen）大学去，我同意了。我因此就想到，人的一生实在非常复杂，因果交互影响。我的老师吴宓先生有两句诗："世事纷纭果造因，错疑微似便成真。"这的确是很有见地的话，是参透了人生真谛才能道出的。如果我当年到了哥尼斯堡，那么我的人生道路就会同今天的截然不同。我不但认识不了西克（Sieg）教授和瓦尔德施米特（Waldschmidt）教授，就连梵文和巴利文也不会去学。这样一个季羡林今天会是什么样子呢？那只有天晓得了。

决定到哥廷根去，这算是大局已定，我心头的一块石头落了地。我到处打听哥廷根的情况，幸遇老学长乐森先生。他正在哥廷根大学读书，现在来柏林办事。他对我详细谈了哥廷根大学的情况。我心中的疑团尽释，大有耳聪目明之感。又在柏林待了一段时间，最后在大学开学前终于离开了柏林。

哥廷根

我于1935年10月31日，从柏林到了哥廷根。原来只打算住两年，焉知一住就是十年整，住的时间之长，在我的一生中，仅次于济南和北京，成为我的第二故乡。

哥廷根是一个小城，人口只有十万，而流转迁移的大学生有时会到二三万人，是一个典型的大学城。大学已有几百年的历史，德国学术史和文学史上许多显赫的名字，都与这所大学有关。以他们的名字命名的街道，到处都是。让你一进城，就感到洋溢全城的文化气和学术气，仿佛是一个学术乐园，文化净土。

·哥廷根素以风景秀丽闻名全德。东面山林密布，一年四季，绿草如茵。即使冬天下了雪，绿草埋在白雪下，依然翠绿如春。此地，冬天不冷，夏天不热，从来没遇到过大风。既无扇子，也无蚊帐，苍蝇、蚊子成了稀有动物。跳蚤、臭虫更是闻所未闻。街道洁净得邪性，你躺在马路上打滚，决不会沾上任何一点尘土。家家的老太婆用肥皂刷洗人行道，已成为家常便饭。在城区中心，房子都是中世纪的建筑，至少四五层。人们置身其中，仿佛回到了中世纪去。古代的城墙仍然保留着，上面长满了参天的橡树。我在清华念书时，喜欢谈德国短命抒情诗人荷尔德林（Hölderlin）的诗歌，他似乎非常喜欢橡树，诗中经常提到它。可是我始终不知道，橡树是什么样子。

今天于无意中遇之，喜不自胜。此后，我常常到古城墙上来散步，在橡树的浓荫里，四面寂无人声，我一个人静坐沉思，成为哥廷根十年生活中最有诗意的一件事，至今忆念难忘。

我初到哥廷根时，人地生疏。老学长乐森先生到车站去接我，并且给我安排好了住房。房东姓欧朴尔（Oppel），老夫妇俩，只有一个儿子。儿子大了，到外城去上大学，就把他住的房间租给我。男房东是市政府的一个工程师，一个典型的德国人，老实得连话都不大肯说。女房东大约有五十来岁，是一个典型的德国家庭妇女，受过中等教育，能欣赏德国文学，喜欢德国古典音乐，趣味偏于保守，一提到爵士乐，就满脸鄙夷的神气，冷笑不止。她有德国妇女的一切优点：善良、正直，能体贴人，有同情心。但也有一些小小的不足之处，比如，她有一个最好的朋友，一个寡妇，两个人经常来往。有一回，她这位女友看到她新买的一顶帽子，喜欢得不得了，想照样买上一顶，她就大为不满，对我讲了她对这位女友的许多不满意的话。原来西方妇女——在某些方面，男人也一样——绝对不允许别人戴同样的帽子，穿同样的衣服。这一点我们中国人无论如何也是难以理解的。从这里可以看出，我这位女房东小市民习气颇浓。然而，瑕不掩瑜，她是我生平遇到的最好的妇女之一，善良得像慈母一般。

我就是在这样一个只有一对老夫妇的德国家庭里住了下来，同两位老人晨昏相聚，成为这个家庭的一员，一住就是十年，没有搬过一次家。我在这里先交代这个家庭的一般情况，细节以后还要谈到。

我初到哥廷根时的心情怎样呢？为了真实起见，我抄一段我到哥廷根后第二天的日记：

> 终于又来到哥廷根了。这以后，在不安定的漂泊生活里会有一段比较长一点的安定的生活。我平常是喜欢做梦的，而且我还自己把梦涂上种种的彩色。最初我做到德国来的梦，德国是我的天堂，

是我的理想国。我幻想德国有金黄色的阳光，有Wahrheit（真），有Schönheit（美）。我终于把梦捉住了，我到了德国。然而得到的是失望和空虚。我的一切希望都泡影似的幻化了去。然而，立刻又有新的梦浮起来。我梦想，我在哥廷根，在这比较长一点的安定的生活里，我能读一点书，读点古代有过光荣而这光荣将永远不会消灭的文字。现在又终于到了哥廷根了。我不知道我能不能捉住这梦。

其实又有谁能知道呢？

（1935年11月1日）

从这一段日记里可以看出，我当时眼前仍然是一片迷茫，还没有找到自己要走的道路。

道路终于找到了

　　在哥廷根，我要走的道路终于找到了，我指的是梵文的学习。这条道路，我已经走了将近六十年，今后还将走下去，直到不能走路的时候。

　　这条道路同哥廷根大学是分不开的。因此我在这里要讲讲大学。

　　我在上面已经对大学介绍了几句，因为，要想介绍哥廷根，就必须介绍大学。我们甚至可以说，哥廷根之所以成为哥廷根，就是因为有这一所大学。这所大学创建于中世纪，至今已有几百年的历史，是欧洲较为古老的大学之一。它共有五个学院：哲学院、理学院、法学院、神学院、医学院。一直没有一座统一的建筑，没有一座统一的大楼。各个学院分布在全城各个角落，研究所更是分散得很，许多大街小巷，都有大学的研究所。学生宿舍更没有大规模的。小部分学生住在各自的学生会中，绝大部分分住在老百姓家中。行政中心叫 Aula，楼下是教学和行政部门。楼上是哥廷根科学院。文法学科上课的地方有两个：一个叫大讲堂（Auditorium），一个叫研究班大楼（Seminar Gebäude）。白天，大街上走的人中有一大部分是到各地上课的男女大学生。熙熙攘攘，煞是热闹。

　　在历史上，大学出过许多名人。德国最伟大的数学家高斯（Gauss），就是这个大学的教授。在高斯以后，这里还出过许多大数学家。从十九世纪末起，一直到我去的时候，这里公认是世界数学中心。当时当代最伟大的数学家大卫·希尔伯特（David Hilbert）虽已退休，但还健在。他对中国学生特别友好。我曾在一家书店里遇到过他，他走上前来，跟我打招呼。除了数学以外，理科学科中的物理、化学、天文、气象、地质等，教授阵容都极强大。有几位诺贝尔奖金获得者，在这里任教。蜚声全球的化学家A.温道斯（Windaus）就是其中之一。

文科教授的阵容，同样也是强大的。在德国文学史和学术史上占有重要地位的格林兄弟，都在哥廷根大学待过。他们的童话流行全世界，在中国也可以说是家喻户晓。他们的大字典，一百多年以后才由许多德国专家编纂完成，成为德国语言研究中的一件大事。

哥廷根大学文理科的情况大体就是这样。

在这样一座面积虽不大但对我这样一个异域青年来说仍然像迷宫一样的大学城里，要想找到有关的机构，找到上课的地方，实际上是并不容易的。如果没有人协助、引路，那就会迷失方向。我三生有幸，找到了这样一个引路人，这就是章用。章用的父亲是鼎鼎大名的"老虎总长"章士钊。外祖父是在朝鲜统兵抗日的吴长庆。母亲是吴弱男，曾做过孙中山的秘书，名字见于钱基博的《现代中国文学史》。总之，他出身于世家大族，书香名门。但却同我在柏林见到的那些"衙内"完全不同，一点纨绔习气也没有。他毋宁说是有点孤高自赏，一身书生气。他家学渊源，对中国古典文献有湛深造诣，能写古文，作旧诗。却偏又喜爱数学，于是来到了哥廷根这个世界数学中心，读博士学位。我到的时候，他已经在这里住了五六年，老母吴弱男陪儿子住在这里。哥廷根中国留学生本来只有三四人。章用脾气孤傲，不同他们来往。我因从小喜好杂学，读过不少的中国古典诗词，对文学、艺术、宗教等有自己的一套看法。乐森先生介绍我认识了章用，经过几次短暂的谈话，简直可以说是一见如故，情投意合。他也许认为我同那些言语乏味、面目可憎的中国留学生迥乎不同，所以立即垂青，心心相印。他赠过一首诗：

空谷足音一识君，

相期诗伯苦相薰。

体裁新旧同尝试，

胎息中西沐见闻。

胸宿赋才徕物与，

气嘘大笔发清芬。

千金敝帚孰轻重，

后世凭猜定小文。

可见他的心情。我也认为，像章用这样的人，在柏林中国饭馆里面是绝对找不到的。所以也很乐于同他亲近。章伯母有一次对我说："你来了以后，章用简直像变了一个人。他平常是绝对不去拜访人的，现在一到你家，就老是不回来。"我初到哥廷根，陪我奔波全城，到大学教务处，到研究所，到市政府，到医生家里等等，注册选课，办理手续的，就是章用。他穿着那一身黑色的旧大衣，动摇着瘦削不高的身躯，陪我到处走。此情此景，至今宛然如在眼前。

他带我走熟了哥廷根的路；但我自己要走的道路还没能找到。

我在上面提到，初到哥廷根时，就有意学习古代文字。但这只是一种朦朦胧胧的想法，究竟要学习哪一种古文字，自己并不清楚。在柏林时，汪殿华曾劝我学习希腊文和拉丁文，认为这是当时祖国所需要的。到了哥廷根以后，同章用谈到这个问题，他劝我只读希腊文，如果兼读拉丁文，两年时间来不及。在德国中学里，要读八年拉丁文，六年希腊文。文科中学毕业的学生，个个精通这两种欧洲古典语言，我们中国学生完全无法同他们在这方面竞争。我经过初步考虑，听从了他的意见。第一学期选课，就以希腊文为主。德国大学是绝对自由的。只要中学毕业，就可以愿意入哪个大学，就入哪个，不懂什么叫入学考试。入学以后，愿意入哪个系，就入哪个；愿意改系，随时可改；愿意选多少课，选什么课，悉听尊便；学文科的可以选医学、神学的课；也可以只选一门课，或者选十门、八门。上课时，愿意上就上，不愿意上就走；迟到早退，完全自由。从来没有课堂考试。有的课开课时需要教授签字，这叫开课前的报到（Anmeldung），学生就拿课程登记簿（Studienbuch）请教授签；有的在结束时还需要教授签字，这叫课程结束时的教授签字（Abmeldung）。此时，学生与教授可以说是没有多少关系。有的学生，初入大学时，一学年，或者甚至一学期换一个大学。经过几经转学，二三年以后，选中了自己满意的大学，满意的系科，这时才安定住下，同教授接触，请求参加他的研究班，经过一两个研究班，师生互相了解了，教授认为孺子可教，才给博士论文题目。再经过几年努力写作，教授满意了，就举行论文口试答辩，及格后，就能拿到博士学位。在德国，是教授说了算，什么院长、校长、部长都无权干预教授的决定。如果一个学生不想做论文，决没有人强迫他。只要自己有钱，他可以十年八年地念下去。这就叫做"永恒的学生"（Ewiger Student），是一种全世界所无的稀有动物。

我就是在这样一种绝对自由的气氛中，在第一学期选了希腊文。另外又杂七杂八地选了许多课，每天上课六小时。我的用意是练习听德文，并不想学习什么东西。

我选课虽然以希腊文为主，但是学习情绪时高时低，始终并不坚定。第一堂课印象就不好。1935年12月5日日记中写道：

> 上了课，Rabbow 的声音太低，我简直听不懂。他也不问我，如坐针毡，难过极了。下了课走回家来的时候，痛苦啃着我的心——我在哥廷根做的唯一的美丽的梦，就是学希腊文。然而，照今天的样子看来，学希腊文又成了一种绝大的痛苦。我岂不将要一无所成了吗？

日记中这样动摇的记载还有多处，可见信心之不坚。其间，我还自学了一段时间的拉丁文。最有趣的是，有一次自己居然想学古埃及文。心情之混乱可见一斑。

这都说明，我还没有找到要走的路。

至于梵文，我在国内读书时，就曾动过学习的念头。但当时国内没有人教梵文，所以愿望没有能实现。来到哥廷根，认识了一位学冶金学的中国留学生湖南人龙丕炎（范禹），他主攻科技，不知道为什么却学习过两个学期的梵文。我来到时，他已经不学了，就把自己用的施滕茨勒（Stenzler）著的一本梵文语法送给了我。我同章用也谈过学梵文的问题，他鼓励我学。于是，在我选择道路徘徊踟蹰的混乱中，又增加了一层混乱。幸而这混乱只是暂时的，不久就从混乱的阴霾中流露出来了阳光。12月16日日记中写道：

我又想到我终于非读 Sanskrit（梵文）不行。中国文化受印度文化的影响太大了。我要对中印文化关系彻底研究一下，或能有所发明。在德国能把想学的几种文字学好，也就不虚此行了，尤其是 Sanskrit，回国后再想学，不但没有那样的机会，也没有那样的人。

第二天的日记中又写道：

我又想到 Sanskrit，我左想右想，觉得非学不行。

1936年1月2日的日记中写道：

仍然决意读 Sanskrit。自己兴趣之易变，使自己都有点吃惊了。决意读希腊文的时候，自己发誓而且希望，这次不要再变了，而且自己也坚信不会再变了，但终于又变了。我现在仍然发誓而且希望不要再变了。再变下去，会一无所成的。不知道 Schicksal（命运）可能允许我这次坚定我的信念吗？

我这次的发誓和希望没有落空，命运允许我坚定了我的信念。

我毕生要走的道路终于找到了，我沿着这一条道路一走走了半个多世纪，一直走到现在，而且还要走下去。

哥廷根实际上是学习梵文最理想的地方。除了上面说到的城市幽静，风光旖旎之外，哥廷根大学有悠久的研究梵文和比较语言学的传统。十九世纪上半叶研究《五卷书》的一个转译本《卡里来和迪木乃》的大家、比较文学史学的创建者本发伊（T.Benfey）就曾在这里任教。十九世纪末弗朗茨·基尔霍恩（Franz Kielhorn）在此地任梵文教授。接替他的是海尔曼·奥尔登堡（Hermann Oldenberg）教授。奥尔登堡教授的继任人是读通吐火罗文残卷的大师西克教授。1935年，西克退休，瓦尔德施米特接掌梵文讲座。这正是我到哥廷根的时候。被印度学者誉为活着的最伟大的梵文家雅可布·瓦克尔纳格尔（Jakob Wackernagel）曾在比较语言学系任教。真可谓梵学天空，群星灿列。再加上大学图书馆，历史极久，规模极大，藏书极富，名声极高，梵文藏书甲德国，据说都是基尔霍恩从印度搜罗到的。这样的条件，在德国当时，是无与伦比的。

我决心既下，1936年春季开始的那一学期，我选了梵文。4月2日，我到高斯韦伯楼东方研究所去上第一课。这是一座非常古老的建筑。当年大数学家高斯和大物理学家韦伯（Weber）试验他们发明的电报，就在这座房子里，它因此名扬全球。楼下是埃及学研究室，巴比伦、亚述、阿拉伯文研究室。楼上是斯拉夫语研究室，波斯、土耳其语研究室和梵文研究室。梵文课就在研究室里上。这是瓦尔德施米特教授第一次上课，也是我第一次同他会面。他看起来非常年轻。他是柏林大学梵学大师海因里希·吕德斯（Heinrich Lüders）的学生，是研究新疆出土的梵文佛典残卷的专家，虽然年轻，已经在世界梵文学界颇有名声。可是选梵文课的却只有我一个学生，而且还是外国人。虽然只有一个学生，他仍然认真严肃地讲课，一直讲到四点才下课。这就是我梵文学习的开始。研究所有一个小图书室，册数不到一万，然而对一个初学者来说，却是应有尽有。最珍贵的是奥尔登堡的那一套上百册的德国和世界各国梵文学者寄给他的论文汇集，分门别类，装订成册，大小不等，语言各异。如果自己去搜集，那是无论如何也不会这样齐全的，因为有的杂志非常冷僻，到大图书馆都不一定能查到。在临街的一面墙上，在镜框里贴着德国梵文学家的照片，有三四十人之多。从中可见德国梵学之盛。这是德国学术界十分值得骄傲的地方。

我从此就天天到这个研究所来。

我从此就找到了我真正想走的道路。

两年生活

　　清华大学与德国学术交换处订的合同，规定学习期限为两年。我原来也只打算在德国住两年。在这期间，我的身份是学生。在德国十年中，这两年的学生生活可以算是一个阶段。

　　在这两年内，一般说来，生活是比较平静的，没有大风大浪，没有剧烈的震动。希特勒刚上台不几年，德国崇拜他如疯如狂。我认识一个女孩子，年轻貌美。有一次同她偶尔谈到希特勒，她脱口而出："如果我能同希特勒生一个孩子，是我莫大的光荣！"我真是大吃一惊，做梦也没有想到。我没有见过希特勒本人，只是常常从广播中听到他那疯狗的狂吠声。在德国人中，反对他的微乎其微。他手下那著名的两支队伍：SA（Sturm Abteilung，冲锋队）和SS（Schutz Staffel，党卫军），在街上随时可见。前者穿黄制服，我们称之为"黄狗"；后者着黑制服，我们称之为"黑狗"。这黄黑二狗从来没有跟我们中国学生找过麻烦。进商店，会见朋友，你喊你的"希特勒万岁！"我喊我的"早安"、"日安"、"晚安"，各行其是，互不侵犯，井水不犯河水，倒也能和平共处。我们同一般德国人从来不谈政治。

　　实际上，在当时，无论是在中国，还是在德国，都是处在大风暴的前夕。两年以后，情况就大大地改变了。

这一点我是有所察觉的，不过是无能为力，只好能过一天平静的日子，就过一天，苟全性命于乱世而已。

从表面上来看，市场还很繁荣，食品供应也极充足，限量制度还没有实行，只要有钱，什么都可以买到。我每天早晨在家里吃早点：小面包、牛奶、黄油、干奶酪，佐之以一壶红茶。然后到梵文研究所去，或上课，或学习。中午在外面饭馆里吃。吃完，仍然回到研究所，从来不懂什么睡午觉。下午也是或上课，或学习。晚上六点回家，房东老太太把他们中午吃的热饭菜留一份给我晚上吃。因此我就不必像德国人那样，晚饭只吃面包香肠喝茶了。

就这样，日子过得有条有理，满惬意的。

一到星期日，当时住在哥廷根的几个中国留学生：龙丕炎、田德望、王子昌、黄席棠、卢寿枬等就不约而同地到城外山下一片叫做"席勒草坪"的绿草地去会面。这片草地终年绿草如茵，周围古木参天，东面靠山，山上也是树木繁茂，大森林长宽各几十里。山中颇有一些名胜，比如俾斯麦塔，高踞山巅，登临一望，全城尽收眼底。此外还有几处咖啡馆和饭店。我们在席勒草坪会面以后，有时也到山中去游逛，午饭就在山中吃。见到中国人，能说中国话，真觉得其乐无穷。往往是在闲谈笑话中忘记了时间的流逝。等到注意到时间时，已是暝色四合，月出于东山之上了。

至于学习，我仍然是全力以赴。我虽然原定只能留两年，但我仍然作参加博士考试的准备。根据德国的规定，考博士必须读三个系：一个主系，两个副系。我的主系是梵文、巴利文等所谓印度学（Indologie），这是大局已定。关键是在两个副系上，然而这件事又是颇伤脑筋的。当年我在国内患"留学热"而留学一事还渺茫如蓬莱三山的时候，我已经立下大誓：决不写有关中国的博士论文。鲁迅先生说过，有的中国留学生在国外用老子与庄子谋得了博士头衔，令洋人大吃一惊；然而回国后讲的却是康德、黑格尔。我鄙薄这种博士，决不步他们的后尘。现在到了德国，无论主系和副系决不同中国学沾边。我听说，有一个学自然科学的留学生，想投机取巧，选了汉学作副系。在口试的时候，汉学教授问的第一个问题是：中国的杜甫与英国的莎士比亚，谁先谁后？中国文学史长达几千年，同屈原等比起来，杜甫是偏后的。而在英国则莎士比亚已算较古的文学家。这位留学生大概就受这种印象的影响，开口便说："杜甫在后。"汉学教授说："你落第了！下面的问题不需要再提了。"

谈到口试，我想在这里补充两个小例子，以见德国口试的情况，以及教授的权威。十九世纪末，德国医学泰斗微耳和（Virchow）有一次口试学生，他把一盘子猪肝摆在桌子上，问学生道："这是什么？"学生瞠目结舌，半天说不出话来。他哪里会想到教授会拿猪肝来呢。结果是口试落第。微耳和对他说："一个医学工作者一定要实事求是，眼前看到什么，就说是什么。连这点本领和勇气都没有，怎能当医生呢？"又一次，也是这位微耳和在口试，他指了指自己的衣服，问："这是什么颜色？"学生端详了一会，郑重答道："枢密顾问（德国成就卓著的教授的一种荣誉称号）先生！您的衣服曾经是褐色的。"微耳和大笑，立刻说："你及格了！"因为他不大注意穿着，一身衣服穿了十几年，原来的褐色变成黑色了。这两个例子虽小，但是意义却极大。它告诉我们，德国教授是怎样处心积虑地培养学生实事求是不受任何外来影响干扰的观察问题的能力。

回头来谈我的副系问题。我坚决不选汉学，这已是定不可移的了。那么选什么呢？我考虑过英国语言学和德国语言学。后来，又考虑过阿拉伯文。我还真下工夫学了一年阿拉伯文。后来，又觉得不妥，决定放弃。最后选定了英国语言学与斯拉夫语言学。但斯拉夫语言学，不能只学一门俄文。

我又加学了南斯拉夫文。从此天下大定。

斯拉夫语研究所也在高斯韦伯楼里面。从那以后，我每天到研究所来，学习一整天。主要精力当然是用到学习梵文和巴利文上。梵文班原先只有我一个学生。大概从第三学期开始，来了两个德国学生：一个是历史系学生，一个是一位乡村牧师。前者在我来哥廷根以前已经跟西克教授学习过几个学期。等到我第二学年开始时，他来参加，没有另外开班，就在一个班上。我最初对他真是肃然起敬，他是老学生了。然而，过了不久，我就发现，他学习颇为吃力。尽管他在中学时学过希腊文和拉丁文，又懂英文和法文，但是对付这个语法规则烦琐到匪夷所思的程度的梵文，他却束手无策。在课堂上，只要老师一问，他就眼睛发直、口发呆，嗫嗫嚅嚅，说不出话来。一直到第二次世界大战爆发，他被征从军，他始终没能征服梵文，用我的话来说，就是，他没有跳过龙门。

我自己学习梵文，也并非一帆风顺。这一种在现在世界上已知的语言中语法最复杂的古代语言，形态变化之丰富，同汉语截然相反。我当然会感到困难。但是，既然已经下定决心要学习，就必然要把它征服。在这两年内，我曾多次暗表决心：一定要跳过这个龙门。

章用一家

　　我上面屡次提到章用，对他的家世也做了一点简要的介绍，现在集中谈他的一家。

　　章士钊下台以后，夫妇俩带着三个儿子，到欧洲来留学，就定居在哥廷根。后来章士钊先回国，大儿子章可转赴意大利去就学，三儿子章因到英国去念书。只有二儿子章用留在哥廷根，陪伴母亲。我到哥廷根的时候，情况就是这样，母子在这里已经住了几年了。

　　他们租了一层楼，是在一座小洋楼的顶层，下面两层德国房东自己住。男房东一脸横肉，从来不见笑容，是一个令人见而生厌的人。他有一个退休的老母亲，看样子有七八十岁了，老态龙钟，路都走不全，孤身一人，住在二楼的一间小房子里。母子不在一起吃饭。我拜访章用时，有时候看到她的卧室门外地上摆着一份极其粗粝的饭菜，一点热气都没有。用中国话说就是"连狗都不吃的"。男房东确实养着一条大狼狗。他这条狗不但不吃这样的饭，据说非吃牛肉不行。牛肉吃多了，患了胃病，还要请狗大夫会诊。有一次，老太太病了，我到章家去，一连几天，看到同一份饭摆在房门口，清冷，寂寞，在等候着老太太享用。可惜这时候她大概连床都起不来了。

这是顺便提到的闲话，还是谈主题吧。

章老太太（我同龙丕炎管她叫"章伯母"）是英国留学生，英文蛮好的。她当孙中山的秘书，据说就是管英文的。她崇拜英国，到了五体投地的程度。英国人的傲慢与偏见，她样样俱全。对英文的崇拜，也决不下于英国人。英国人常以英文自傲。他们认为，口叼雪茄烟而能运用自如的语言，大千世界中只有英文。因此，在西方国家中，最不肯学外国语言的人，就是英国人。而其他国家的人则必须以学习英文为神圣职责。在这方面，章伯母是一个地地道道的英国人。她来德国几年，连一句"早安"、"晚安"都不会说。她每天必须出去买东西。无论有多大本领，多少偏见，她反正无法让德国店员都履行自己的神圣职责。无已，她就手持一本英德文小字典，想买什么东西，先找出英文，下面跟着就是德文，只需用手指头一指，店员就明白了。要买三个或者三斤，再伸出三个手指头。于是这一个买卖活动立即完成，不费吹灰之力，皆大欢喜。

她不肯说德国话，当然更不肯认德国字，德国的花体字母更成了她的眼中钉，这种字母与英法德等国通用的拉丁字母不同，认起来比较麻烦。法西斯锐意提倡花体字，以表示自己德意志超于一切的爱国主义。街名牌子多半改用了这种字母。因此，章伯母就遇到了更大的麻烦。再加上，她识别方向记忆街名的能力低到惊人的水平。在哥廷根住了几年，依然不辨东西南北。有几次出门，走路比较远了一点，结果是找不回家来。

章伯母就是这样一个人。她虽然已年逾花甲，但是却幼稚而单纯，似乎有点不失其赤子之心。在别的方面也有同样的表现，她出身名门大族，自己是留英学生，做过孙中山的秘书，嫁的丈夫又是北洋政府的总长，很自然地养成一种恶性发展的门第优越感。别人也许有这种优越感，但总是想方设法来掩蔽起来，也许还做出一点谦恭下士的伪装。章伯母不懂这一套，她认为自己是"官家"，我们都是"民家"，官民悬隔，有如天壤，泾渭分明，不容混淆。她一开口就是："我们官家如何如何，你们民家又如何如何。"态度坦率泰然，毫不忸怩。我们听了，最初是吃一大惊，继之是觉得可笑。有时候也来点恶作剧，故意提高了声音说："你们官家也是用筷子吃饭，用茶杯喝茶吗？"她丝毫也觉察不出我们的用心，继续"官家""民家"嚷嚷不休。在这方面，她已修炼得超凡入圣，我辈凡人实在是束手无策。

她儿子章用是很聪明的人，对自己母亲这种举动当然是看不惯的。他是一个沉默寡言的人，又是一个很孝顺的人。他从不打断母亲的话。但是从他那紧蹙的眉头来看，他是很不愉快的。他经常好像是在考虑什么问题，也许是数学问题，也许是什么别的东西。平日家居，大概不大同母亲闲聊。老太太独处危楼，举目无亲，没有任何德国朋友，没有人可以说话，一定是寂寞得难以忍耐。所以一见我们这些"民家"，便喜笑颜开，嘴里连连说着："我告诉你一件大事！"连气都喘不上来。她所说"大事"，都是屁大的小事。她刺刺不休，话总说不完。但是她一不读书，二不看报，可谈的话题实在有限。往往是三句话过后，就谈章士钊。谈章士钊同她结婚时的情景。章士钊当了大官，但是对待妻子，总以西方礼节为准。上汽车给她开车门，走路挽着她的胳臂，而且满嘴喊 Darling（亲爱的）不止。她自己如坐云端，认为自己是普天之下最幸福的妇女。但是，天有不测风云，有一天，她忽然发现真实情况完全不是这个样子。于是立刻从九天之上的云端坠了下来。适逢章士钊也下了台，于是夫妇同儿子们来到了哥廷根。

她谈的有关章士钊的情况，远远不止这一点。为了为贤者讳，我在这里就讲这一些。在将近两年的时间内，她讲丈夫的故事，不知讲了多少遍，有时候绘形绘声，讲得琐细生动之至。这对章用当然更是刺激。他虽然照常是沉默不语，然而眉头却蹙得更加厉害了。

就这样，章伯母欢迎我们到她家去，我自己也愿意去看一看这一位简单天真的老人。我的目的主要是去找章用，听他谈一些问题。他母亲说，我一去，章用就好像变了一个人，脸上有了笑容，话也多了起来。这时，老太太显然也高兴了起来，立刻拿点心，沏龙井茶，还多半要留我吃饭，嘴里一方面讲章士钊，一方面忙前忙后，忙得不可开交。我同章用谈论什么问题，也谈得兴致正浓。有几次，在这样谈话的间隙中，忽然听到楼外雷声如擂鼓。从楼顶上的小玻璃窗子里看出去，天空阴云翻滚，东面山上的丛林被乱云封住，迷濛成一片，颇感到大自然的威力。但是，我们谈兴不减，稍一注意，就听到大雨敲窗的声音。

这样美好的时光并不很长，可能只有1936年一个夏天。一转到1937年，章家的国内经济来源出了问题，无力供给在德、英、意三个国家的孩子读书和生活。他们决定，章用先回国去探听探听。章用走了以后，老太太孤身一人，留在哥廷根，等候儿子的消息。此时，我同龙丕炎就承担了照看老太太的责任。我们三个人每天在饭馆里一起吃午饭。每天见面时，老太太照例气喘吁吁地说："我告诉你一件大事！"我们知道，决没有什么大事。吃过午饭，送老太太回家，天天如此。后来，章用从国内来了信：经济问题无法解决，章用不能回来了，要老太太也立即回国。我们于是又帮她退房子，收拾东西，办护照，买车船票，忙成一团。就在这样的非常时期，老太太还并没有忘记自己的"官家"身份。她照了相，要我们帮她挑选"标准像"，回国后好送给新闻记者。

老太太终于走了，章用一家在哥廷根长达六七年的生活也终于结束了。章用在德国苦读了六七年，最终也没有能再回德国来，没有能取得博士学位。从此以后，我同他们母子都没有能再见面。

汉学研究所

　　章用一家走了，1937年到了，我的交换期满了，是我应该回国的时候了。然而，国内"七七"事变爆发，不久我的家乡山东济南就被日军占领，我断了退路，就同汉学研究所发生了关系。

　　这个所的历史，我不清楚，我从来也没有想去研究过。汉学虽然也属于东方学的范畴，但并不在高斯韦伯楼东方研究所内，而是在另外一个地方，在一座大楼里面。楼前有一个大草坪，盖满绿草，有许多株参天的古橡树。整个建筑显得古穆堂皇，颇有一点气派。一进楼门，有极其宽敞高大的过厅，楼梯也是极宽极高，是用木头建成的。这里不见什么人，但是打扫得也是油光锃亮。研究所在二楼，有七八间大房子，一间所长办公室，一间课堂，其余全是藏书室和阅览室。这里藏书之富颇令我吃惊。在这几间大房子里，书架从地板一直高达天花板，全整整齐齐地排满了书，中国书和日本出版的汉籍，占绝大多数，也有几架西文书。里面颇有一些珍贵的古本，我记得有几种明版的小说，即使放在国内图书馆中，也得算作善本书。其中是否有海内孤本，因为我对此道并非行家里手，不敢乱说。这些书是怎样到哥廷根来的，我也没有打听。可能有一些是在中国的传教士带回去的。

所长是古斯塔夫·哈隆（Custav Haloun）教授，是苏台德人，在感情上与其说他是德国人，毋宁说他是捷克人。他反对法西斯，自是意内事。我到哥廷根后不久，章用就带我来看过哈隆。在过去两年内，我们有一些来往，但不很密切。我交换期满的消息，传到了他的耳朵里，他主动跟我谈这个问题，问我愿意不愿意留下。我已是有家归不得，正愁没有办法。他的建议自然使我喜出望外，于是交换期一满，我立即受命为汉文讲师。原来我到汉学研究所来是做客，现在我也算是这里的主人了。

　　哈隆教授为人亲切和蔼，比我约长二十多岁。我到研究所后，我仍然是梵文研究所的博士生，我仍然天天到高斯韦伯楼去学习，我的据点仍然在梵文研究所。但是，既然当了讲师，就有授课的任务，授课地点就在汉学研究所内，我到这里来的机会就多了起来，同哈隆和他夫人见面的机会也就多了起来。我们终于成了无话不谈的知心朋友，也可以说是忘年交吧。哈隆虽然不会说中国话，但汉学的基础是十分雄厚的。他对中国古代文献，比如《老子》《庄子》之类，是有很高的造诣的。甲骨文尤其是他的拿手好戏，讲起来头头是道，颇有一些极其精辟的见解。他对古代西域史地钻研很深，他的名作《月氏考》，蜚声国际士林。他非常关心图书室的建设。闻名欧洲的哥廷根大学图书馆，不收藏汉文典籍。所有的汉文书都集中在汉学研究所内。购买汉文书籍的钱好像也由他来支配。我曾经替他写过不少的信，给中国北平琉璃厂和隆福寺的许多旧书店，订购中国古籍。中国古籍也确实源源不断地越过千山万水，寄到研究所内。我曾特别从国内订购虎皮宣，给这些线装书写好书签，贴在上面。结果是整架的蓝封套上都贴上了黄色小条，黄蓝相映，闪出了异样的光芒，给这个研究所增添了无量光彩。

　　因为哈隆教授在国际汉学界广有名声，他同许多国家的权威汉学家都有来往。又由于哥廷根大学汉学研究所藏书丰富，所以招徕了不少外国汉学家来这里看书。我个人在汉学研究所藏书室里就见到了一些世界知名的汉学家。留给我印象最深的是英国汉学家阿瑟·韦利（Arthur Waley），他以翻译中国古典诗歌蜚声世界。他翻译的唐诗竟然被收入著名的《牛津英国诗选》。这一部《诗选》有点像中国的《唐诗三百首》之类的选本，被选入的诗都是久有定评的不朽名作。韦利翻译的中国唐诗，居然能置身其间，其价值概可想见了，韦利在英国文学界的地位也一清二楚了。

我在这里还见到了德国汉学家奥托·冯·梅兴·黑尔芬（Otto von Mänchen Helfen）。他正在研究明朝的制漆工艺。有一天，他拿着一部本所的藏书，让我帮他翻译几段。我忘记了书名，只记得纸张印刷都异常古老，白色的宣纸已经变成了淡黄色，说不定就是明版书。我对制漆工艺毫无通解，勉强帮他翻译了一点，自己也不甚了了。但他却连连点头。他因为钻研已久，精于此道，所以一看就明白了。从那一次见面后，再没有见到他过。后来我在一本英国杂志上见到他的名字。此公大概久已移居新大陆，成了美籍德人了。

可能就在"七七"事变后一两年内，哈隆有一天突然告诉我，他要离开德国到英国剑桥大学，去任汉学教授了。他在德国多年郁郁不得志，大学显然也不重视他，我从没有见到他同什么人来往过。他每天一大早同夫人从家中来到研究所。夫人做点针线活，或看点闲书。他则伏案苦读，就这样一直到深夜才携手回家。在寂寞凄清中，夫妇俩相濡以沫，过的几乎是形单影只的生活。看到这情景，我心里充满了同情。临行前，我同田德望在市政府地下餐厅为他饯行。他以极其低沉的声调告诉我们，他在哥廷根这么多年，真正的朋友只有我们两个中国人！泪光在他眼里闪动。我此时似乎非常能理解他的心情。他被迫去国，丢下他惨淡经营的图书室，心里是什么滋味，难道还不值得我一洒同情之泪吗？后来，他从英国来信，约我到英国剑桥大学去任教。我回信应允。可是等到我于1946年回国后，亲老，家贫，子幼。我不忍心再离开他们了。我回信说明了情况，哈隆回信，表示理解。我再没有能见到他。他在好多年以前已经去世，岁数也不会太大。一直到现在，我每想到我这位真正的朋友，心内就悲痛不已。

第二次世界大战爆发

一转眼，时间已经到了1939年。

在这以前的两年内，德国的邻国，每年春天一次，秋天一次，患一种奇特的病，称之为"侵略狂"或者"迫害狂"都是可以的，我没有学过医，不敢乱说。到了此时，德国报纸和广播电台就连篇累牍地报道，德国的东西南北四邻中有一个邻居迫害德国人了，挑起争端了，进行挑衅了，说得声泪俱下，气贯长虹。德国人心激动起来了。全国沸腾了。但是接着来的是德国出兵镇压别人，占领了邻居的领土，他们把这种行动叫做"抵抗"，到邻居家里去"抵抗"。德国法西斯有一句名言："谎言说上一千遍，就变成了真理。"这就是他们新闻政策的灵魂。连我最初都有点相信，德国人不必说了。但是到了下半年，或者第二年的上半年，德国的某一个邻居又患病了，而且患的是同一种病，不由得我不起疑心。德国人聪明绝世，在政治上却幼稚天真如儿童。他们照例又激动起来了，全国又沸腾起来了。结果又有一个邻国倒了霉。

我预感到情况不妙，大有"山雨欲来风满楼"之势了。

事实证明，我的预感是正确的。

1939年9月1日，德国的东邻波兰犯了上面说的那种怪"病"，德国"被迫"出兵"抵抗",没有用很多的时间,波兰的"病"就完全治好了,全国被德军占领。如此接二连三,许多邻国的"病"都被德国治好,国土被他们占领。等到法国的马其诺防线被突破,德军进占巴黎以后,德国的四邻的"病"都已完全被法西斯治好了,我预感,德国又要寻找新的病人了。这个病人不是别的国家,只能是苏联。

事实证明,我的预感又不幸而言中了。

1941年6月22日,我早晨一起来,女房东就告诉我,德国同苏联已经开了火。我的日记上写道:"这一着早就料到,却没想到这样快。"这本来应该说是一件天大的事,但是德国人谁也不紧张。原因大概是,最近几年来,几乎每年两次出现这样的事,"司空见惯浑无事"了。我当然更不会紧张。前两天约好同德国朋友苹可斯(Pinks)和格洛斯(Gross)去郊游,照行不误。整整一天,我们乘车坐船,几次渡过小河,在旷野绿林中,步行了几十公里,唱歌,拉手风琴,野餐,玩了个不亦乐乎,尽欢而归,在灯火管制、街灯尽熄的情况下,在黑暗中摸索着走回了家。无论是对我,还是对德国朋友来说,今天早晨德苏宣战的消息,给我们没有留下任何印象。

第一次世界大战爆发时,我刚三岁,什么事情都不知道。后来读了一些关于这方面的书,看到战火蔓延之广,双方搏斗之激烈,伤亡人数之多,财产损失之重,我总想象,这样大的大事开始时一定是惊天地,泣鬼神,上至三十三天,下达十八层地狱,无不震动,无不惊恐,才合乎情理。现在,我竟有"幸"亲身经历了规模比第一次世界大战要大得多、时间要长得多、伤亡要重得多的第二次世界大战的开端。可是万万没有想到,这一出人类历史上罕见的大戏,开端竟是这样平淡无奇。事后追思,真颇有点失望不过瘾的感觉了。

然而怪事还在后面。

战争既已打响,不管人们多么淡漠,总希望听到进一步的消息:是前进了呢?是后退了呢?是相持不下呢?然而任何消息都没有。23日没有,24日没有,25日没有,26日没有,27日仍然没有。到了28日。我在日记中写道:"东战线的消息,一点都不肯定。我猜想,大概德军不十分得手。"隐含幸灾乐祸之意。然而,在整整沉默了一个礼拜之后,到了又一个礼拜日29日,广播却突如其来地活泼，一个早晨就播送了八个"特别广播"：德军已在苏联境内长驱直入，势如破竹，一个"特别广播"报告一个重大胜利。一直表现淡漠的德国人，震动起来了，他们如疯似的，山呼"万岁"。而我则气得内心暴跳如雷。一听特别广播，神经就极度紧张，浑身发抖，没有办法，就用双手堵住耳朵，心里数着一，二，三，四等等，数到一定的程度，心想广播恐已结束；然而一松手，广播喇叭怪叫如故。此时我心中热血沸腾，直冲脑海。晚上需要吃加倍的安眠药，才能勉强入睡。30日的日记里写道："住下去，恐怕不久就会进疯人院。"

我的失眠症从此进入严重的阶段了。

完成学业，尝试回国

精神是苦闷的，形势是严峻的；但是我的学业仍然照常进行。

在我选定的三个系里，学习都算是顺利。主系梵文和巴利文，第一学期，瓦尔德施米特教授讲梵文语法，第二学期就念梵文原著《那罗传》，接着读迦梨陀娑的《云使》等。从第五学期起，就进入真正的 Seminar（讨论班），读中国新疆吐鲁番出土的梵文佛经残卷，这是瓦尔德施米特教授的拿手好戏，他的老师 H.吕德斯（H.Lüders）和他自己都是这方面的权威。第六学期开始，他同我商量博士论文的题目，最后定为研究《大事》（*Mahāvastu*）偈陀部分的动词变化。我从此就在上课教课之余，利用一切可利用的时间，啃那厚厚的三大册《大事》。第二次世界大战爆发后不久，我的教授被征从军。已经退休的西克教授，以垂暮之年，出来代替他上课。西克教授真正是诲人不倦，第一次上课他就对我郑重宣布：他要把自己毕生最专长的学问，统统地毫无保留地全部传授给我，一个是《梨俱吠陀》，一个是印度古典语法《大疏》，一个是《十王子传》，最后是吐火罗文，他是读通了吐火罗文的世界大师。就这样，在瓦尔德施米特教授从军期间，我就一方面写论文，一方面跟西克教授上课。学习是顺利的。

一个副系是英国语言学，我也照常上课，这些课也都是顺利的。

专就博士论文而论，这是学位考试至关重要的一项工作。教授看学生的能力，也主要是通过论文。德国大学对论文要求十分严格，题目一般都不大，但必须有新东西，才能通过。有的中国留学生在德国已经待了六七年，学位始终拿不到，关键就在于论文。章用就是一个例子，一个姓叶的留学生也碰到了相同的命运。我的论文，题目定下来以后，我积极写作，到了1940年，已经基本写好。瓦尔德施米特从军期间，西克也对我加以指导。他回家休假，我就把论文送给他看。我自己不会打字，帮我打字的是迈耶（Meyer）家的大女儿伊姆加德（Irmgard），一位非常美丽的女孩子。这一年的秋天，我天天晚上到她家去。因为梵文字母拉丁文转写，符号很多，穿靴戴帽，我必须坐在旁边，才不致出错。9月13日，论文打完。事前已经得到瓦尔德施米特的同意。10月9日，把论文交给文学院长戴希格雷贝尔（Deichgräber）教授。德国规矩，院长安排口试的日期，而院长则由最年轻的正教授来担任。戴希格雷贝尔是希腊文、拉丁文教授，是刚被提升为正教授的。按规矩本应该三个系同时口试。但是瓦尔德施米特正值休假回家，不能久等，英文教授勒德尔（Roeder）却有病住院，在1940年12月23日口试时，只有梵文和斯拉夫语言学，英文以后再补。我这一天的日记是这样写的：

> 早晨五点就醒来。心里只是想到口试，再也睡不着。七点起来，吃过早点，又胡乱看了一阵书，心里极慌。
>
> 九点半到大学办公处去。走在路上，像待决的囚徒。十点多开始口试。Prof. Waldschmidt（瓦尔德施米特教授）先问，只有 Prof. Deichgräber（戴希格雷贝尔教授）坐在旁边。Prof. Braun（布劳恩教授）随后才去。主科进行得异常顺利。但当 Prof. Braun 开始问的时候，他让我预备的全没问到。我心里大慌。他的问题极简单，简直都是常识。但我还不能思维，颇呈慌张之像。
>
> 十二点下来，心里极难过。此时，及格不及格倒不成问题了。

我考试考了一辈子，没想到在这最后一次考试时，自己竟会这样慌张。第二天的日记：

> 心绪极乱。自己的论文不但 Prof. Sieg、Prof. Waldschmidt 认为极好，就连 Prof. Krause 也认为难得，满以为可以作一个很好的考试；但昨天俄文口试实在不佳。我所知道的他全不问，问的全非我所预备的。到现在想起来，心里还极难过。

这可以说是昨天情绪的余波。但是当天晚上：

> 七点前到 Prof. Waldschmidt 家去，他请我过节（羡林按：指圣诞节）。飘着雪花，但不冷。走在路上，心里只是想到昨天考试的结果，我一定要问他一问。一进门，他就向我恭喜，说我的论文是 Sehr gut（优），印度学（Indologie）Sehr gut，斯拉夫语言也是 Sehr gut。这实在出我意料，心里对 Prof. Braun 发生了无穷的感激。
>
> 他的儿子先拉提琴，随后吃饭。吃完把耶诞树上的蜡烛都点上，喝酒，吃点心，胡乱谈一气。十点半回家，心里仍然想到考试的事情。

到了第二年1941年2月19日，勒德尔教授病愈出院，补英文口试，瓦尔德施米特教授也参加了，我又得了一个 Sehr gut。连论文加口试，共得了四个 Sehr gut。我没有给中国人丢脸，可以告慰我亲爱的祖国，也可以告慰母亲在天之灵了。博士考试一幕就此结束。

至于我的博士论文，当时颇引起了一点轰动。轰动主要来自 Prof. Krause（克劳泽教授）。他是一位蜚声世界的比较语言学家，是一位非凡的人物，自幼双目失明，但有惊人的记忆力，过耳不忘，像照相机那样准确无误。他能掌握几十种古今的语言，北欧几种语言，他都能说。上课前，只需别人给他念一遍讲稿，他就能几乎是一字不差地讲上两个小时。他也跟西克教授学过吐火罗语，他的大著（《西吐火罗语语法》）被公认为能够跟西克、西格灵（Siegling）、舒尔策（Schulze）的吐火罗语语法媲美。他对我的博士论文中关于语尾-mathe 的一段附录，给予了极高的评价，因为据说在古希腊文中有类似的语尾，这种偶合对研究印欧语系比较语言学有突破性的意义。1941年1月14日我的日记中有下列一段话：

> Hartmann（哈特曼）去了。他先祝贺我的考试，又说：Prof. Krause 对我的论文赞不绝口，关于 Endung matha（动词语尾 matha）简直可以说是一个重要的发现。他立刻抄了出来，说不定从这里还可以得到有趣的发明。这些话伯恩克（Boehncke）小姐已经告诉过我。我虽然也觉得自己的论文并不坏，但并不以为有什么不得了。这样一来，自己也有点飘飘然起来了。

关于口试和论文，就写这样多。因为这是我留德十年中比较重要的问题，所以写多了。

我为什么非要取得一个博士学位不行呢？其中原因有的同一般人一样，有的则可能迥乎不同。中国近代许多大学者，比如王国维、梁启超、陈寅恪、郭沫若、鲁迅等等，都没有什么博士头衔，但都会在学术史上有地位的。这一点我是知道的。可这些人都是不平凡的天才，博士头衔对他们毫无用处。但我扪心自问，自己并不是这种人，我从不把自己估计过高，我甘愿当一个平凡的人，而一个平凡的人，如果没有金光闪闪的博士头衔，则在抢夺饭碗的搏斗中必然是个失败者。这可以说是动机之一，但是还有之二。我在国内时对某一些趾高气扬不可一世的留学生看不顺眼，窃以为他们也不过在外国炖了几年牛肉，一旦回国，在非留学生面前就摆起谱来了。但自己如果不也是留学生，则一表示不平，就会有人把自己看成一个吃不到葡萄而说葡萄酸的狐狸。我为了不当狐狸，必须出国，而且必须取得博士学位。这个动机，说起来十分可笑，然而却是真实的。多少年来，博士头衔就像一个幻影，飞翔在我的眼前，或近或远，或隐或显。有时候近在眼前，似乎一伸手就可以抓到。有时候又远在天边，可望而不可即。有时候熠熠闪光，有时候又晦暗不明。这使得我时而兴致淋漓，时而又垂头丧气。一个平凡人的心情，就是如此。

现在多年的夙愿终于实现了，我立即又想到自己的国和家。山川信美非吾土，漂泊天涯胡不归。适逢1942年德国政府承认了南京汉奸汪记政府，国民党政府的公使馆被迫撤离，撤到瑞士去。我经过仔细考虑，决定离开德国，先到瑞士去，从那里再设法回国。我的初中同班同学张天麟那时住在柏林，我想去找他，看看有没有办法可想。决心既下，就到我认识的师友家去辞行。大家当然都觉得很惋惜，我心里也充满了离情别绪。最难过的一关是我的女房东。此时男房东已经故去，儿子结了婚，住在另外一个城市里。我是她身边唯一的一个亲人，她是拿我当儿子来看待的。回忆起来她丈夫逝世的那一个深夜，是我跑到大街上去叩门找医生，回家后又伴她守尸的。如今我一旦离开，五间房子里只剩下她孤身一人，冷冷清清，戚戚惨惨，她如何能忍受得了！她一听到我要走的消息，立刻放声痛哭。我一想到相处七年，风雨同舟，一旦诀别，何日再见？也不禁热泪盈眶了。

到了柏林以后，才知道，到瑞士去并不那么容易。即便到了那里，也难以立即回国。看来只能留在德国了。此时战争已经持续了三年。虽然小的轰炸已经有了一些；但真正大规模的猛烈的轰炸，还没有开始。在柏林，除了食品短缺外，生活看上去还平平静静。大街上仍然是车水马龙，行人熙攘，脸上看不出什么惊慌的神色。我抽空去拜访了大教育心理学家施普兰格尔（E. Spranger）。又到普鲁士科学院去访问西克灵教授，他同西克教授共同读通了吐火罗文。我读他的书已经有些年头了，只是从未晤面。他看上去非常淳朴老实，木讷寡言。在战争声中仍然伏案苦读，是一个典型的德国学者。就这样，我在柏林住了几天，仍然回到了哥廷根，时间是1942年10月30日。

我一回到家，女房东仿佛凭空拣了一只金凤凰，喜出望外。我也仿佛有游子还家的感觉。回国既已无望，我只好随遇而安，丢掉一切不切实际的幻想，同德国共存亡，同女房东共休戚了。

我又恢复了七年来的刻板单调的生活。每天在家里吃过早点，就到高斯韦伯楼梵文研究所去，在那里一直工作到中午。午饭照例在外面饭馆子里吃。吃完仍然回到研究所。我现在已经不再是学生，办完了退学手续，专任教员了。我不需要再到处跑着去上课，只是有时到汉学研究所去给德国学生上课。主要精力用在自己读书和写作上。我继续钻研佛教混合梵语，沿着我的博士论文所开辟的道路前进。除了肚子饿和间或有的空袭外，生活极有规律，极为平静。研究所对面就是大学图书馆，我需要的大量的有时甚至极为稀奇古怪的参考书，这里几乎都有，真是一个理想的学习和写作的环境。因此，我的写作成果是极为可观的。在博士后的五年内，我写了几篇相当长的论文，刊登在哥廷根科学院院刊上，自谓每一篇都有新的创见；直到今天，已经过了将近半个世纪，还不断有人引用。这是我毕生学术生活的黄金时期，从那以后再没有过了。

日子虽然过得顺利，平静。但也不能说，一点波折都没有。德国法西斯政府承认了伪汪政府。这就影响到我们中国留学生的居留问题：护照到了期，到哪里去请求延长呢？这个护照算是哪一个国家的使馆签发的呢？这是一个事关重大又亟待解决的问题。我同张维等几个还留在哥廷根的中国留学生，严肃地商议了一下，决意到警察局去宣布自己为无国籍者。这在国际法上是可以允许的。所谓"无国籍者"就是对任何国家都没有任何义务，但同时也不受任何国家的保护。其中是有一点风险的，然而事已至此，只好走这一步了。从此我们就变成了像天空中的飞鸟一样的人，看上去非常自由自在，然而任何人都能伤害它。

事实上，并没有任何人伤害我们。在轰炸和饥饿的交相压迫下，我的日子过得还算是平静的。我每天又机械地走过那些我已经走了七年的街道，我熟悉每一座房子，熟悉每一棵树。即使闭上眼睛，我也决不会走错了路。但是，一到礼拜天，就来了我难过的日子。我仍然习惯于一大清早就到席勒草坪去，脚步不由自主地向那个方向转。席勒草坪风光如故，面貌未改，仍然是绿树四合，芳草含翠。但是，此时我却是形单影只，当年那几个每周必碰头的中国朋友，都已是天各一方，世事两茫茫了。

我感到凄清与孤独。

我的老师们

在德国老师中同我关系最密切的当然是我的 Doktor Vater（博士父亲）瓦尔德施米特教授。我同他初次会面的情景，我在上面已经讲了一点。他给我的第一个印象是，他非常年轻。他的年龄确实不算太大，同我见面时，大概还不到四十岁吧。他穿一身厚厚的西装，面孔是孩子似的面孔。我个人认为，他待人还是彬彬有礼的。德国教授多半都有点教授架子，这是他们的社会地位和经济地位所决定的，是不以人的意志为转移的。后来听说，在我以后的他的学生们都认为他很严厉。据说有一位女士把自己的博士论文递给他，他翻看了一会儿，一下子把论文摔到地下，忿怒地说道："Das ist aber alles Mist!（这全是垃圾，全是胡说八道）！"这位小姐从此耿耿于怀，最终离开了哥廷根。

我跟他学了十年，应该说，他从来没有对我发过脾气。他教学很有耐心，梵文语法抠得很细。不这样是不行的，一个字多一个字母或少一个字母，意义方面往往差别很大。我以后自己教学生，也学他的榜样，死抠语法。他的教学法是典型的德国式的。记得是德国十九世纪的伟大东方语言学家埃瓦尔德（Ewald）说过一句话："教语言比如教游泳，把学生带到游泳池旁，把他往水里一推，不是学会游泳，就是淹死，后者的可能是微乎其微的。"

瓦尔德施米特采用的就是这种教学法。第一二两堂，念一念字母。从第三堂起，就读练习；语法要自己去钻。我最初非常不习惯，准备一堂课，往往要用一天的时间。但是，一个学期四十多堂课，就读完了德国梵文学家施滕茨勒（Stenzler）的教科书，学习了全部异常复杂的梵文文法，还念了大量的从梵文原典中选出来的练习。

这个方法是十分成功的。

瓦尔德施米特教授的家庭，最初应该说是十分美满的。夫妇二人，一个上中学的十几岁的儿子。有一段时间，我帮助他翻译汉文佛典，常常到他家去，同他全家一同吃晚饭，然后工作到深夜。餐桌上没有什么人多讲话，安安静静。有一次他笑着对儿子说道："家里来了一个中国客人，你明天大概要在学校里吹嘘一番吧？"看来他家里的气氛是严肃有余，活泼不足。他夫人也是一个不大爱说话的人。

后来，大战一爆发，他自己被征从军，是一个什么军官。不久，他儿子也应征入伍。过了不太久，从1941年冬天起，东部战线胶着不进，相持不下，但战斗是异常激烈的。他们的儿子在北欧一个国家阵亡了。我现在已经忘记了，夫妇俩听到这个噩耗时反应如何。按理说，一个独生子幼年战死，他们的伤心可以想见。但是瓦尔德施米特教授是一个十分刚强的人，他在我面前从未表现出伤心的样子，他们夫妇也从未同我谈到此事。然而活泼不足的家庭气氛，从此更增添了寂寞冷清的成分，这是完全可以想象的了。

在瓦尔德施米特被征从军后的第一个冬天，他预订的大剧院的冬季演出票，没有退掉。他自己不能观看演出，于是就派我陪伴他夫人观看，每周一次。我吃过晚饭，就去接师母，陪她到剧院。演出有歌剧，有音乐会，有钢琴独奏，有小提琴独奏等等，演员都是外地或国外来的，都是赫赫有名的人物。剧场里灯火辉煌，灿如白昼；男士们服装笔挺，女士们珠光宝气，一片升平祥和气象。我不记得在演出时遇到空袭，因此不知道敌机飞临上空时场内的情况。但是散场后一走出大门，外面是完完全全地另一个世界，顶天立地的黑暗，由于灯火管制，不见一缕光线。我要在这任何东西都看不到的黑暗中，送师母摸索着走很长的路到山下她的家中。一个人在深夜回家时，万籁俱寂，走在宁静的长街上，只听到自己脚步的声音，跫然而喜。但此时正是乡愁最浓时。

我想到的第二位老师是西克（Sieg）教授。

他的家世，我并不清楚。到他家里，只见到老伴一人，是一个又瘦又小的慈祥的老人。子女或什么亲眷，从来没有见过。看来是一个非常孤寂清冷的家庭，尽管老夫妇情好极笃，相依为命。我见到他时，他已经早越过了古稀之年。他是我平生所遇到的中外各国的老师中对我最爱护、感情最深、期望最大的老师。一直到今天，只要一想到他，我的心立即剧烈地跳动，老泪立刻就流满全脸。他对我传授知识的情况，上面已经讲了一点，下面还要讲到。在这里我只讲我们师徒二人相互间感情深厚的一些情况。为了存真起见，我仍然把我当时的一些日记，一字不改地抄在下面：

1940年10月13日

昨天买了一张 Prof. Sieg 的相片，放在桌子上，对着自己。这位老先生我真不知道应该怎样感激他。他简直有父亲或者祖父一般的慈祥。我一看到他的相片，心里就生出无穷的勇气，觉得自己对梵文应该拼命研究下去，不然简直对不住他。

1941年2月1日

五点半出来，到 Prof. Sieg 家里去。他要替我交涉增薪，院长已答应。这真是意外的事。我真不知道应该怎样感谢这位老人家，他对我好得真是无微不至，我永远不会忘记！

原来他发现我生活太清苦，亲自找文学院长，要求增加我的薪水。其实我的薪水是足够用的，只因我枵腹买书，所以就显得清苦了。

1941年，我一度想设法离开德国回国。我在10月29日的日记里写道：

十一点半，Prof. Sieg 去上课。下了课后，我同他谈到我要离开德国，他立刻兴奋起来，脸也红了，说话也有点震颤了。他说，他预备将来替我找一个固定的位置，好让我继续在德国住下去，万没想到我居然想走。他劝我无论如何不要走，他要替我设法同 Rektor（大学校长）说，让我得到津贴，好出去休养一下。他简直要流泪的样子。我本来心里还有点迟疑，现在又动摇起来了。一离开德国，谁知道哪一年再能回来，能不能回来？这位像自己父亲一般替自己操心的老人十九是不能再见了。我本来容易动感情。现在更制不住自己，很想哭上一场。

像这样的情况，日记里还有一些，我不再抄录了。仅仅这三则，我觉得，已经完全能显示出我们之间的关系了。还有一些情况，我在下面谈吐火罗文的学习时再谈，这里暂且打住。

我想到的第三位老师是斯拉夫语言学教授布劳恩（Braun）。他父亲生前在莱比锡大学担任斯拉夫语言学教授，他可以说是家学渊源，能流利地说许多斯拉夫语。我见他时，他年纪还轻，还不是讲座教授。由于年龄关系，他也被征从军。但根本没有上过前线，只是担任翻译，是最高级的翻译。苏联一些高级将领被德军俘虏，希特勒等法西斯头子要亲自审讯，想从中挖取超级秘密。担任翻译的就是布劳恩教授，其任务之重要可想而知。他每逢休假回家的时候，总高兴同我闲聊他当翻译时的一些花絮，很多是德军和苏军内部最高领导层的真实情况。他几次对我说，苏军的大炮特别厉害，德国难望其项背。这是德国方面从来没有透露过的极端机密，给我留下了深刻的印象。

他的家庭十分和美。他有一位年轻的夫人，两个男孩子，大的叫安德烈亚斯，约有五六岁，小的叫斯蒂芬，只有两三岁。斯蒂芬对我特别友好，我一到他家，他就从远处飞跑过来，扑到我的怀里。他母亲教导我说："此时你应该抱住孩子，身子转上两三圈，小孩子最喜欢这玩意！"教授夫人很和气，好像有点愣头愣脑，说话直爽，但有时候没有谱儿。

布劳恩教授的家离我住的地方很近，走两三分钟就能走到。因此，我常到他家里去玩。他有一幅中国古代的刺绣，上面绣着五个大字：时有溪山兴。他要我翻译出来。从此他对汉文产生了兴趣，自己买了一本汉德字典，念唐诗。他把每一个字都查出来，居然也能讲出一些意思。我给他改正，并讲一些语法常识。对汉语的语法结构，他觉得既极怪而又极有理，同他所熟悉的印欧语系语言迥乎不同。他认为，汉语没有形态变化，也可能是优点，它能给读者以极大的联想自由，不像印欧语言那样被形态变化死死地捆住。

他是一个多才多艺的人，擅长油画。有一天，他忽然建议要给我画像。我自然应允了，于是有比较长的一段时间，我天天到他家里去，端端正正地坐在那里，当模特儿。画完了以后，他问我的意见。我对画不是内行，但是觉得画得很像我，因此就很满意了。在科学研究方面，他也表现了他的才艺。他的文章和专著都不算太多，他也不搞德国学派的拿手好戏：语言考据之学。用中国的术语来说，他擅长义理。他有一本讲十九世纪沙俄文学的书，就是专从义理方面着眼，把列·托尔斯泰和陀斯妥耶夫斯基列为两座高峰，而展开论述，极有独特的见解，思想深刻，观察细致，是一部不可多得的著作。可惜似乎没有引起多少注意。我都觉得有寂寞冷落之感。

总之，布劳恩教授在哥廷根大学是颇为不得志的。正教授没有份儿，哥廷根科学院院士更不沾边儿。有一度，他告诉我，斯特拉斯堡大学有一个正教授缺了人，他想去，而且把我也带了去。后来不知为什么，没有实现。一直到四十多年以后我重新访问西德时，我去看他，他才告诉我，他在哥廷根大学终于得到了一个正教授的讲座，他认为可以满意了。然而他已经老了，无复年轻时的潇洒英俊。我一进门他第一句话说是："你晚来了一点，她已经在月前去世了！"我知道他指的是谁，我感到非常悲痛。安德烈亚斯和斯蒂芬都长大了，不在身边。老人看来也是冷清寂寞的。在西方社会中，失掉了实用价值的老人，大多如此。我欲无言了。去年听德国来人说，他已经去世。我谨以心香一瓣，祝愿他永远安息！

我想到的第四位德国老师是冯·格林（Dr. von Grimm）博士。据说他是来自俄国的德国人，俄文等于是他的母语。在大学里，他是俄文讲师。大概是因为他从来没有发表过什么学术论文，所以连副教授的头衔都没有。在德国，不管你外语多么到家，只要没有学术著作，就不能成为教授。工龄长了，工资可能很高，名位却不能改变。这一点同中国是很不一样的。中国教授贬值，教授膨胀，由来久矣。这也算是中国的"特色"吧。反正冯·格林始终只是讲师。他教我俄文时已经白发苍苍，心里总好像是有一肚子气，终日郁郁寡欢。他只有一个老伴，他们就住在高斯韦伯楼的三楼上。屋子极为简陋。老太太好像终年有病，不大下楼。但心眼极好，听说我患了神经衰弱症，夜里盗汗，特意送给我一个鸡蛋，补养身体。要知道，当时一个鸡蛋抵得上一个元宝，在饿急了的时候，鸡蛋能吃，而元宝则不能。这一番情意，我异常感激。冯·格林博士还亲自找到大学医院的内科主任沃尔夫（Wolf）教授，请他给我检查。我到了医院，沃尔夫教授仔仔细细地检查过以后，告诉我，这只是神经衰弱，与肺病毫不相干。这一下子排除了我的一块心病，如获重生。这更增加了我对这两位孤苦伶仃的老人的感激。离开德国以后，没有能再见到他们，想他们早已离开人世了，却永远活在我的心中。

我回想起来的老师当然不限于以上四位，比如阿拉伯文教授冯·素顿（Von Soden），英文教授勒德尔（Roeder）和怀尔德（Wilde），哲学教授海泽（Heyse），艺术史教授菲茨图姆（Vitzhum）侯爵，德文教授麦伊（May），伊朗语教授欣茨（Hinz）等等，我都听过课或有过来往，他们待我亲切和蔼，我都永远不会忘记。我在这里就不一一叙述了。

学习吐火罗文

我在上面曾讲到偶然性，我也经常想到偶然性。一个人一生中不能没有偶然性，偶然性能给人招灾，也能给人造福。

我学习吐火罗文，就与偶然性有关。

说句老实话，我到哥廷根以前，没有听说过什么吐火罗文。到了哥廷根以后，读通了吐火罗文的大师西克就在眼前，我也还没有想到学习吐火罗文。原因其实是很简单的。我要学三个系，已经选了那么多课程，学了那么多语言，已经是超负荷了。我是有自知之明的（有时候我觉得过了头），我学外语的才能不能说一点都没有，但是决非语言天才。我不敢在超负荷上再超负荷。而且我还想到，我是中国人，到了外国，我就代表中国。我学习砸了锅，丢个人的脸是小事，丢国家的脸却是大事，决不能掉以轻心。因此，我随时警告自己：自己的摊子已经铺得够大了，决不能再扩大了。这就是我当时的想法。

但是，正如我在上面已经讲到的，第二次世界大战一爆发，瓦尔德施米特被征从军，西克出来代理他。老人家一定要把自己的拿手好戏统统传给我。他早已越过古稀之年。难道他不知道教书的辛苦吗？难道他不知道在家里颐养天年会更舒服吗？但又为什么这样自找苦吃呢？我猜想，除了个人感情因素之外，他是以学术为天下之公器，想把自己的绝学传授给我这个异域的青年，让印度学和吐火罗学在中国生根开花。难道这里面还有某一些极"左"的先生们所说的什么侵略的险恶用心吗？中国佛教史上有不少传法、传授衣钵的佳话，什么半夜里秘密传授，什么有其他弟子嫉妒，等等，我当时都没有碰到，大概是因为时移事迁今非昔比了吧。倒是最近我碰到了一件类似这样的事情。说来话长，不讲也罢。

总之，西克教授提出了要教我吐火罗文，丝毫没有征询意见的意味，他也不留给我任何考虑的余地。他提出了意见，立刻安排时间，马上就要上课。我真是深深地被感动了，除了感激之外，还能有什么话说呢？我下定决心，扩大自己的摊子，"舍命陪君子"了。

能够到哥廷根来跟这一位世界权威学习吐火罗文，是世界上许多学者的共同愿望。多少人因为得不到这样的机会而自怨自艾。我现在是近水楼台，是为许多人所艳羡的。这一点我是非常清楚的。我要是不学，实在是难以理解的。正在西克给我开课的时候，比利时的一位治赫梯文的专家沃尔特·古勿勒（Walter Couvreur）来到哥廷根，想从西克教授治吐火罗文。时机正好，于是一个吐火罗文特别班就开办起来了。大学的课程表上并没有这样一门课，而且只有两个学生，还都是外国人，真是一个特别班。可是西克并不马虎。以他那耄耋之年，每周有几次从城东的家中穿过全城，走到高斯韦伯楼来上课，精神矍铄，腰板挺直，不拿手杖，不戴眼镜，他本身简直就是一个奇迹。走这样远的路，却从来没有人陪他。他无儿无女，家里没有人陪，学校里当然更不管这些事。尊老的概念，在西方国家，几乎根本没有。西方社会是实用主义的社会。一个人对社会有用，他就有价值；一旦没用，价值立消。没有人认为其中有什么不妥之处。因此西克教授对自己的处境也就安之若素，处之泰然了。

吐火罗文残卷只有中国新疆才有。原来世界上没有人懂这种语言，是西克和西克灵在比较语言学家 W. 舒尔策（W. Schulze）帮助下，读通了的。他们三人合著的吐火罗语语法，蜚声全球士林，是这门新学问的经典著作。但是，这一部长达518页的煌煌巨著，却决非一般的入门之书，而是异常难读的。它就像是一片原始森林，艰险复杂，歧路极多，没有人引导，自己想钻进去，是极为困难的。读通这一种语言的大师，当然就是最理想的引路人。西克教吐火罗文，用的也是德国的传统方法，这一点我在上面已经谈到过。他根本不讲解语法，而是从直接读原文开始。我们一起头就读他同他的伙伴西克灵共同转写成拉丁字母、连同原卷影印本一起出版的吐火罗文残卷——西克经常称之为"精制品"（Prachtstuck）的《福力太子因缘经》。我们自己在下面翻读文法，查索引，译生词；到了课堂上，我同古勿勒轮流译成德文，西克加以纠正。这工作是异常艰苦的。原文残卷残缺不全，没有一页是完整的，连一行完整的都没有，虽然是"精制品"，也只是相对而言，这里缺几个字，那里缺几个音节。不补足就抠不出意思，而补足也只能是以意为之，不一定有很大的把握。结果是西克先生讲的多，我们讲的少。读贝叶残卷，补足所缺的单词儿或者音节，一整套做法，我就是在吐火罗文课堂上学到的。我学习的兴趣日益浓烈，每周两次上课，我不但不以为苦，有时候甚至有望穿秋水之感了。

不知道为什么原因，我回忆当时的情景，总是同积雪载途的漫长的冬天联系起来。有一天，下课以后，黄昏已经提前降临到人间，因为天阴，又由于灯火管制，大街上已经完全陷入一团黑暗中。我扶着老人走下楼梯，走出大门。十里长街积雪已深，阒无一人。周围静得令人发怵，脚下响起了我们踏雪的声音，眼中闪耀着积雪的银光。好像宇宙间就只剩下我们师徒二人。我怕老师摔倒，紧紧地扶住了他，就这样一直把他送到家。我生平可以回忆、值得回忆的事情，多如牛毛。但是这一件小事却牢牢地印在我的记忆里。每一回忆就感到一阵凄清中的温暖，成为我回忆的"保留节目"。然而至今已时移境迁，当时认为是细微小事，今生今世却决无可能重演了。

同这一件小事相联的，还有一件小事。哥廷根大学的教授们有一个颇为古老的传统：星期六下午，约上二三同好，到山上林中去散步，边走边谈，谈的也多半是学术问题；有时候也有争论，甚至争得面红耳赤。此时大自然的旖旎风光，在这些教授心目中早已不复存在了，他们关心的还是自己的学问。不管怎样，这些教授在林中漫游倦了，也许找一个咖啡馆，坐下喝点什么，吃点什么。然后兴尽回城。有一个星期六的下午，我在山下散步，逢巧遇到西克先生和其他几位教授正要上山。我连忙向他们致敬。西克先生立刻把我叫到眼前，向其他几位介绍说：“他刚通过博士论文答辩，是最优等。”言下颇有点得意之色。我真是既感且愧。我自己那一点学习成绩，实在是微不足道，然而老人竟这样赞誉，真使我不安了。中国唐诗中杨敬之诗：“平生不解藏人善，到处逢人说项斯。”“说项”传为美谈，不意于万里之外的异域见之。除了砥砺之外，我还有什么好说呢？

有一次，我发下宏愿大誓，要给老人增加点营养，给老人一点欢悦。要想做到这一点，只有从自己的少得可怜的食品分配中硬挤。我大概有一两个月没有吃奶油，忘记了是从哪里弄到的面粉和贵似金蛋的鸡蛋，以及一斤白糖，到一个最有名的糕点店里，请他们烤一个蛋糕。这无疑是一件极其贵重的礼物，我像捧着一个宝盒一样把蛋糕捧到老教授家里。这显然有点出他意料，他的双手有点颤抖，叫来了老伴，共同接了过去，连“谢谢”二字都说不出来了。这当然会在我腹中饥饿之火上又加上了一把火。然而我心里是愉快的，成为我一生最愉快的回忆之一。

等到美国兵攻入哥廷根以后，炮声一停，我就到西克先生家去看他。他的住房附近落了一颗炮弹，是美军从城西向城东放的。他的夫人告诉我，炮弹爆炸时，他正伏案读有关吐火罗文的书籍，窗子上的玻璃全被炸碎，玻璃片落满了一桌子，他奇迹般地竟然没有受任何一点伤。我听了以后，真不禁后怕起来了。然而对这一位把研读吐火罗文置于性命之上的老人，我的崇敬之情在内心里像大海波涛一样汹涌澎湃起来。西克先生的个人成就，德国学者的辉煌成就，难道是没有原因的吗？从这一件小事中我们可以学习多少东西呢？同其他一些有关西克先生的小事一样，这一件也使我毕生难忘。

我拉拉杂杂地回忆了一些我学习吐火罗文的情况。我把这归之于偶然性。这是对的，但还有点不够全面。偶然性往往与必然性相结合。在这里有没有必然性呢？不管怎样，我总是学了这一种语言，而且把学到的知识带回到中国。尽管我始终没有把吐火罗文当作主业，它只是我的副业，中间还由于种种原因我几乎有三十年没有搞，只是由于另外一个偶然性我才又重理旧业；但是，这一种语言的研究在中国毕竟算生了根，开花结果是必然的结果。一想到这一点，我对我这一位像祖父般的老师的怀念之情和感激之情，便油然而生。

反希特勒的人们

出国前夕，清华的一位老师告诫我说，德国是法西斯专政的国家，一定要谨言慎行，对政治不要随便发表意见。

这些语重心长的话，我忆念不忘。

到了德国以后，排犹高潮已经接近尾声。老百姓绝大多数拥护希特勒，至少表面上是这样。我看不出压迫老百姓的情况。舆论当然是统一的，"万众一心"。这不一定就是钳制的结果，老百姓有的是清清楚楚地拥护这一套，有的是糊里糊涂地拥护这一套，总之是拥护的。我上面曾经说到，我认识一个德国女孩子，她甚至想同希特勒生一个孩子。这是一个极端的例子。这话恐怕是出自内心的，但是不见得人人都是如此。至于德国人心里究竟是怎么想的，我这局外人就无从说起了。

希特勒的内政外交，我们可以存而不论；但是他那一套诬蔑中国人的理论，我们却不应该置之不理。他说，世界上只有他们所谓的"北方人"是文明的创造者，而中国人等则是文明的破坏者。这种胡说八道的谬论，引起了中国留学生的极大的忿怒。但是，我们是寄人篱下，只有敢怒而不敢言了。

在我认识的德国人中间，确实也有激烈地反对希特勒的人。不过人数极少极少，而且为了自己的安全起见，都隐忍不露。我同德国人在一起，不管是多么要好的朋友，我都严守"莫谈国事"的座右铭。日子一久，他们也都看出了这一点。有的就主动跟我谈希特勒，先是谈，后是骂，最后是破口大骂。给我印象最深的是一个退休的法官，岁数比我大一倍还要多。我原来并不认识他，是一个中国学生先认识的。这位中国学生来历诡秘，看来像是蓝衣社之类，我们都不大乐意同他往来。但他却认识了这样一个反希特勒的法官。他的主子是崇拜希特勒的，从这一点来看，他实在是一个"不肖"之徒。不管怎样，我们也就认识了这一位退休法官。希特勒的所作所为，他无不激烈反对。我没到他家里去过，他好像是一个孤苦伶仃的老汉。只有同我们在一起时，才敢讲几句心里话，发泄一下满腹的牢骚。我看，这就成了这一位表情严肃的老人的最大乐趣了。

另外一个反希特勒的德国朋友，是一位大学医科的学生。我原来也并不认识他，是龙丕炎先认识的。他年纪还轻，不过二十来岁，同我自己差不多。同那位法官正相反，他热情洋溢，精力充沛，黑头发，黑眉毛，透露出机警聪明。他的家世我也不清楚，我也不清楚他反对希特勒的背景。"反对希魔同路人，相逢何必曾相识。"有了这一条，我们就走到一起来了。

在德国人民中，在大学的圈子里，反对希特勒的人，一定还有。但是决不会太多。一般说起来，德国人在政治上并不敏感，而且有点迟钝。能认识这两个人，也就很不错了，我也很满足了。我们几个常在一起的中国学生，不常同他们往来。有时候，在星期天，我们相约到山上林中去散步。我们是醉翁之意不在酒，他们大概也一样。记得有几次在春天，风和日丽，林泛新绿，鸟语花香，寂静无人。我们坐在长椅上，在骀荡的春风中，大骂希特勒，也确实是人生一乐。林深人稀，不怕有人偷听，每个人都敢于放言高论，胸中郁垒，一朝涤尽。此时，虽然身边眼前美景如画，我们都视而不见了。

现在，法官恐怕早已逝世。从年龄上来看，医科学生还应活着。但是，哥城一别，从未通过音问，他的情况我完全茫然。可是我有时还会想到这一位异邦的朋友。人世变幻，盛会难再，不禁惘然了。

伯恩克一家

讲到反对希特勒的人，我不禁想到伯恩克一家。

所谓一家，只有母女二人。我先认识伯恩克小姐。原来我们可以算是同学，她年龄比我大几岁，是学习斯拉夫语言学的。我上面已经说过，斯拉夫语研究所也在高斯韦伯楼里面，同梵文研究所共占一层楼。一走进二楼大房间的门，中间是伊朗语研究所，向左转是梵文研究所，向右转是斯拉夫语研究所。我天天到研究所来，伯恩克小姐虽然不是天天来，但也常来。我们共同跟冯·格林博士学俄文，因此就认识了。她有时请我到她家里去吃茶，我也介绍了张维和陆士嘉同她认识。她家里只有一个老母亲，父亲已经去世，据说生前是一个什么学的教授，在德国属于高薪阶层。因此经济情况是相当好的，自己住一层楼，家里摆设既富丽堂皇，又古色古香。风闻伯恩克小姐的父亲是四分之一或六分之一犹太人，已经越过了被屠杀被迫害的临界线，所以才能安然住下去。但是，既然有这样一层瓜葛，他们对希特勒抱有强烈的反感。这也就成了我们能谈得来的基础。

伯恩克小姐是高材生，会的语言很多。专就斯拉夫语而言，她就会俄文、捷克文、南斯拉夫文等等。这是她的主系，并不令人吃惊。至于她的两个副系是什么，我忘记了；也许当时就不知道。总之是说不出来了。她比我高几年，学习又非常优秀；因为是女孩子，没有被征从军。对她来说，才能和时间都是绰绰有余的。但是到了我通过博士口试时，她依然是一个大学生。以她的才华和勤奋，似乎不应该这样子。然而竟是这样子，个中隐秘我不清楚。

这位小姐长得不是太美，脾气大概有点孤高。因此，同她来往的人非常少。她早过了及笄之年，从来不见她有过男朋友，她自己也似乎不以为意。母女二人，形影相依，感情极其深厚诚挚。有一次，我在山上林中，看到她母女二人散步，使我顿悟了一层道理。"散步"这两个字似乎只适用于中国人，对德国人则完全不适用。只见她们母女二人并肩站定，母右女左，挽起胳膊，然后同出左脚，好像是在演兵场上，有无形的人喊着口令，步伐整齐，不容紊乱，目光直视，刷刷刷地走上前去，速度是竞走的速度，只听得脚下鞋声击地，转瞬就消逝在密林深处了。这同中国人的悠闲自在，慢慢腾腾，简直是风马牛不相及。其中乐趣我百思不解。只能怪我自己缘分太浅了。

这个问题先存而不论。我们认识了以后，除了在研究所见面外，伯恩克小姐也间或约我同张维夫妇到她家去吃茶吃饭。她母亲个儿不高，满面慈祥，谈吐风雅，雍容大方。看来她是有很高的文化素养的。欧洲古典文化，无论是音乐、绘画，还是文学、艺术，老太太样样精通，谈起来头头是道，娓娓动听，令人怡情增兴，乐此不疲。下厨房做饭，老太太也是行家里手。小姐只能在旁边端端盘子，打打下手。当时正是食品极端缺少的时期，有人请客都自带粮票。即使是这样，"巧妇难为无米之炊"，请一次客，自己也得节省几天，让本来已经饥饿的肚子再加码忍受更难忍的饥饿。这一位老太太就是在这样的情况下，亲手烹制出一桌颇为像样子的饭菜的。她简直像是玩魔术，变戏法。我们简直都成了神话中人，坐在桌旁，一恍惚，热气腾腾的美味佳肴已经整整齐齐地摆在桌子上。大家可以想象，我们这几个沦入饥饿地狱里的饿鬼，是如何地狼吞虎咽了。这一餐饭就成了我毕生难忘的一餐。

但是，我认为，最让我兴奋狂喜的还不是精美的饭菜，而是开怀畅谈，共同痛骂希特勒等法西斯头子。她们母女二人对法西斯的一切倒行逆施，无不痛恨。正如我在上面讲到的那样，有这种想法的德国人，只能忍气吞声，把自己的想法深埋在心里，决不敢随意暴露。但是，一旦同我们在一起，她们就能够畅所欲言，一吐为快了。当时的日子，确实是非常难过的。张维、陆士嘉和我，我们几个中国人，除了忍受德国人普遍必须忍受的一切灾难之外，还有更多的灾难，我们还有家国之思。我的远处异域，生命朝不保夕。英美的飞机说不定什么时候一高兴下蛋，落在我们头上，则必将去见上帝或者阎王爷。肚子里饥肠辘辘，生命又没有安全感。我们虽然还不至于"此中日夕只以眼泪洗面"，但是精神决不会愉快，是可想而知的。在这样的情况下，只有到了伯恩克家里，我才能暂时忘忧，仿佛找到了一个沙漠绿洲，一个安全岛，一个桃花源，一个避秦乡。因此，我们往往不顾外面响起的空袭警报，尽兴畅谈，忘记了时间的流逝，一直谈到深夜，才蓦地想起：应该回家了。一走出大门，外面漆黑一团，寂静无声，抬眼四望，不见半缕灯光，宇宙间仿佛只剩下我一个人，我一个人仿佛变成了我佛如来，承担人世间所有的灾难。

我离开德国以后，在瑞士时，曾给她母女二人写过一封信。回国以后，没有再联系。前些日子，见到张维，他告诉我说，他同她们经常有联系。后来伯恩克小姐嫁了一个瑞典人，母女搬到北欧去住。母亲九十多岁于前年去世，女儿仍在瑞典。今生还能见到她吗？希望可以说是微乎其微了。悲夫！

优
胜
记
略

日子过得还不就这样平淡。借用鲁迅《阿 Q 正传》中的一个提法，我们也还有"优胜记略"。"我们"指的仍然是张维和我。

有一天，不知从哪里传来了消息说，车站附近有一个美军进城时幸逃轰炸的德军罐头食品存贮仓库，里面堆满了牛肉和白糖罐头。现在被打开了，法国俘虏兵在里面忙活着，不知道要干什么。为了满足好奇心，我同张维就赶到那里，想看个究竟。从远处就看到仓库大门外挤满了德国人，男女老幼都有。大门敞开着，有法国兵把守，没有哪个德国人敢向前走一步，只是站在那里围观，好像赶集一样。

我们俩走了走，瞅了瞅，前门实在是无隙可乘，便绕到了后门来。这里冷冷清清，一个人都没有。围墙非常低，还有缺口。我们一点也没犹豫，立即翻身过墙，走到院子里。里面库房林立，大都是平房，看样子像是临时修筑的简易房子，不准备长期使用的。院子里到处都撒满了大米、白糖。据说，在美国兵进城时，俄国和波兰的俘虏兵在这里曾抢掠过一次，米和糖就是他们撒的。现在是美国当局派法国兵来整顿秩序，制止俄波大兵的抢劫。我们在院子里遇到了一个法国人，他领我们上楼去，楼梯上也是白花花一片，不知是盐是糖。他领我们到一间存放牛肉罐头的屋子里，里面罐头堆得像山一般。我们大喜过望。我正准备往带来的皮包里面装的时候，忽然来了一个穿着破烂军服的法国兵。他问我是干什么的，我连忙拿出随身携带的护照，递给他看。他翻看了一下护照，翻到有法文的那一页，忽然发现没有我的签字，好像捞到了稻草，瞪大了眼睛质问我。我翻到有英文的那一页，我的签名赫然俱在，指给他看。他大概只懂法文，可是看到了我的签名，也就无话可说，把护照退还给我，示意我愿意拿什么，就拿什么；愿意拿多少，就拿多少，望望然后去之。我如释重负，把皮包塞满，怀里又抱满，跳出栅栏，走回家去。天热，路远，皮包又重，怀里抱着那些罐头，又不听调度，左滚右动。到家以后，已经汗流浃背了。

只是到了此时，我在喘息之余，才有余裕来检阅自己的战利品。我发现，抱回来的十几二十个罐头中，牛肉罐头居多数，也有一些白糖罐头。牛肉当然极佳，白糖亦殊不劣，在饥饿地狱里待久了的人，对他们来说，这一些无疑都是仙药醍醐，而且都是于无意中得之，其快乐概可想见了。我把这些东西分了分，女房东当然有一份，这不在话下。我的老师们和熟人都送去一份。在当时条件下，这简直比雪中送炭还要得人心，真是皆大欢喜了。

但是，我自己事后回想起来，却有一股抑制不住的后怕。在当时兵慌马乱、哥廷根根本没有政权的情况下，一切法律俱缺，一切道德准绳全无，我们贸然闯进令人羡煞的牛肉林中，法国兵手里是有枪的，我们懵然、木然；而他们却是清醒的。说不定哪一个兵一时心血来潮，一扳枪机，开上一枪，则后果如何不是一清二楚吗？我又焉得不后怕呢？

我的"优胜记略"就是如此。但愿这是我一生中唯一的一次，也是最后的一次。

留在德国的中国人

战争结束了，"座上客"当上了，苦难到头了，回国有望了，好像阴暗的天空里突然露出来了几缕阳光。

我们在哥廷根的中国留学生，商议了一下，决定到瑞士去，然后从那里回国。当时这是唯一的一条通向祖国的道路。

哥廷根是一座小城，中国留学生人数从来没有多过。有一段时间，好像只有我一个人，置身日耳曼人中间，连自己的黄皮肤都忘记了。战争爆发以后，那些大城被轰炸得很厉害，陆续有几个中国学生来到这里，实际上是来避难的。各人学的科目不同，兴趣爱好不同，合得来的就来往，不然就各扫门前雪，间或一聚而已。在这些人中，我同张维、陆士嘉夫妇，以及刘先志、滕菀君夫妇，最合得来，来往最多。商议一同到瑞士去的也就是我们几个人。

留下的几位中国学生，我同他们都不是很熟。有姓黄的学物理的两兄弟，是江西老表。还有姓程的也是学自然科学的两兄弟，好像是四川人。此外还有一个我在上面提到过的那一个姓张的神秘人物。此人从来也不是什么念书的人，我们都没有到他家里去过，不知道每天他的日子是怎样打发的。这几个人为什么还留下不走，我们从来也没有打听过。反正各有各的主意，各有各的想法，局外人是无需过问的。我们总之是要走了。我把我汉文讲师的位置让给了姓黄的哥哥。从此以后，同留在哥廷根的中国人再没有任何联系，"明日隔山岳，世事两茫茫"了。

我在这里又想到了哥廷根城以外的那一些中国人，不是留学生，而是一些小商贩，统称之为"青田商人"。顾名思义，就可以知道，他们是浙江青田人。浙江青田人怎样来到德国、来到欧洲的呢？我没有研究过他们的历史，只听说他们背后有一段苦难的历程。他们是刘伯温的老乡。可惜这一位上知天文下知地理神机妙算的半仙之人，没有想到青田这地方的风水竟是如此不佳。在旧社会的水深火热中土地所出养不活这里的人，人们被迫外出逃荒，背上一袋青田石雕刻的什么东西，沿途叫卖，有的竟横穿中国大地，经过中亚，走到西亚，然后转入欧洲。行程数万里，历经无数国家。当年这样来的华人，是要靠"重译"的。我们的青田老乡走这一条路，不知要吃多少苦头，经多少磨难。我实在说不出，甚至也想象不出。有的走海路，为了节省船费，让商人把自己锁在货箱里，再买通点关节，在大海中航行时，夜里偷偷打开，送点水和干粮，解解大小便，然后再锁起来。到了欧洲的马赛或什么地方登岸时，打开箱子，有的已经变成一具尸体。这是多么可怕可悲的情景！这一些幸存者到了目的地，就沿街叫卖，卖一些小东西，如领带之类，诡称是中国丝绸制成的。他们靠我们祖先能织绸的威名，糊口度日，虽然领带上明明写着欧洲厂家的名字。他们一无护照，二无人保护；转徙欧洲各国，弄到什么护照，就叫护照上写的名字。所以他们往往是今天姓张，明天姓王；居无定处，行无定名。这护照是世袭的，一个人走了或者死了，另一个人就继承。在欧洲穿越国境时，也不走海关，随便找一条小路穿过，据说也有被边防兵开枪打死的。这样辛辛苦苦，积攒下一点钱，想方设法，带回青田老家。这些人誓死不忘故国，在欧洲同吉卜赛人并驾齐驱。

我原来并不认识青田商人，只是常常听人谈到而已。可是有一天，我忽然接到附近一座较大的城市卡塞尔地方法院的一个通知，命令我于某月某日某时，到法院里出庭当翻译。不去，则课以罚款100马克；去，则奖以翻译费50马克。我啼笑皆非。然而我知道，德国人是很认真守法的，只好遵命前往。

到了才知道，被告就是青田商人。在法庭上，也须"重译"才行。被告不但不会说德国话，连中国普通话也不会说。于是又从他们中选出了一位能说普通话的，形成了一个翻译班子。审问才得以顺利进行。其实也没有什么了不起的事。这一位被告沿街叫卖，违反了德国规定。在货色和价钱方面又做了些手脚，一些德国爱管闲事的太太向法院告了状。有几个原告出了庭，指明了时间和地点，并且一致认为是那个人干的。那个人矢口否认，振振有词，说在德国人眼里，中国人长得都一样，有什么证据说一定是他呢？几个法官大眼瞪小眼，无词以对，扯了几句淡，就宣布退庭。一位警察告诉我说："你们这些老乡真让我们伤脑筋，我们真拿他们没有办法。我们是睁一只眼闭一只眼，没有人来告，我们就听之任之了，反正没有什么了不起的事。"我同他开玩笑，劝他两只眼都闭上。他听了大笑，同我握手而别。

我口袋里揣上了50马克，被一群青田商人簇拥着到了他们的住处。这是一间大房子，七八个人住在里面，基本都是地铺，谈不到什么设备，卫生条件更说不上，生活是非常简陋的。中国留学生一般都瞧不起他们，大使馆他们更视为一个衙门，除非万不得已，决不沾边。今天竟然有我这样一个留学生，而且还是大学里的讲师，忽然光临。他们简直像捧到一个金凤凰，热情招待我吃饭，我推辞了几次，想走，但是为他们的热情感动，只好留下。他们拿出了面包和酒，还有不知从哪里弄来的猪蹄子，用中国办法煨得稀烂，香气四溢。我已经几个月不知肉味了，开怀饱餐了一顿。他们绝口不谈法庭上的事。我偶一问到，他们说，这都是家常便饭，小事一端。同他们德国人还能说实话吗？我听了，心里不知是什么滋味。这一批青田商人背井离乡，在异域奔波，不知道有多少危险，有多少困难，辛辛苦苦弄点钱寄回家去。不少人客死异乡，即使幸存下来，也是十年八年甚至几十年回不了家。他们基本上都不识字，我没有办法同他们交流感情。看了他们木然又欣然的情景，我直想流泪。

这样见过一次面，真如萍水相逢，他们却把我当成了朋友。我回到哥廷根以后，常常接到他们寄来的东西。有一年，大概是在圣诞节前，他们从汉堡给我寄来了五十条高级领带。这玩意儿容易处理：分送师友。又有一年，仍然是在圣诞节前，他们给我了一大桶豆腐。在德国，只有汉堡有华人做豆腐。对欧洲人来说，豆腐是极为新奇的东西；嗜之者以为天下之绝；陌生者以为稀奇古怪。这一大桶豆腐落在我手里，真让我犯了难。一个人吃不了，而且我基本上不会烹调；送给别人，还需先作长篇大论的宣传鼓动工作，否则他们硬是不敢吃。处理的细节，我现在已经忘记了。总之，我对我这些淳朴温良又有点天真幼稚的青田朋友是非常感激的。

我上面已经说过，这些人的姓名是糊里糊涂的。我认识的几个人，我都不知道他们的真实姓名。姓名的更改完全以手中的那一份颇有问题的护照为转移。如今我要离开德国了，要离开他们了，不知道有多少老师好友需要我去回忆，我的记忆里塞得满满的，简直无法再容下什么人。然而我偏偏要想到这一些流落异域受苦受难的炎黄子孙，我的一群不知姓名的朋友。第二次世界大战我不知道他们是怎样度过的。他们现在还到处漂泊吗？今生今世，我恐怕再也无法听到他们的消息了。我遥望西天，内心在剧烈地颤抖。

别哥廷根

是我要走的时候了。

是我离开德国的时候了。

是我离开哥廷根的时候了。

我在这座小城里已经住了整整十年了。

中国古代俗语说：千里凉棚，没有不散的筵席。人的一生就是这个样子。当年佛祖规定，浮屠不三宿桑下。害怕和尚在一棵桑树下连住三宿，就会产生留恋之情。这对和尚的修行不利。我在哥廷根住了不是三宿，而是三宿的一千二百倍。留恋之情，焉能免掉？好在我是一个俗人，从来也没有想当和尚，不想修仙学道，不想涅槃，西天无分，东土有根。留恋就让它留恋吧！但是留恋毕竟是有限期的。我是一个有国有家有父母有妻子的人，是我要走的时候了。

回忆十年前我初来时，如果有人告诉我：你必须在这里住上五年，我一定会跳起来的：五年还了得呀！五年是一千八百多天呀！然而现在，不但过了五年，而且是五年的两倍。我一点也没有感觉到有什么了不得。正如我在本书开头时说的那样，宛如一场缥缈的春梦，十年就飞去了。现在，如果有人告诉我：你必须在这里再住上十年。我不但不会跳起来，而且会愉快地接受下来的。

然而我必须走了。

是我要走的时候了。

当时要想从德国回国，实际上只有一条路，就是通过瑞士，那里有国民党政府的公使馆。张维和我于是就到处打听到瑞士去的办法。经多方探询，听说哥廷根有一家瑞士人。我们连忙专程拜访，是一位家庭妇女模样的中年妇人，人很和气。但是，她告诉我们，入境签证她管不了；要办，只能到汉诺威（Hannover）去。张维和我于是又搭乘公共汽车，长驱百余公里，赶到了这一地区的首府汉诺威。

汉诺威是附近最大最古的历史名城。我久仰大名，只是从没有来过。今天来到这里，我真正大吃一惊：这还算是一座城市吗？尽管从远处看，仍然是高楼林立；但是，走近一看，却只见废墟。剩下没有倒的一些断壁颓垣，看上去就像是古罗马留下来的斗兽场。马路还是有的，不过也布满了大大小小的弹坑。汽车有的已经恢复了行驶，不过数目也不是太多。引起我们注意的是马路两旁人行道上的情况。德国高楼建筑的格局，各大城市几乎都是一模一样：不管楼高多少层，最下面总有一个地下室，是名副其实地建筑在地下的。这里不能住人。住在楼上的人每家分得一两间，在里面贮存德国人每天必吃的土豆，以及苹果、瓶装的草莓酱、煤球、劈柴之类的东西。从来没有想到还会有别的用途的。战争一爆发，最初德国老百姓轻信法西斯头子的吹嘘，认为英美飞机都是纸糊的，决不能飞越德国国境线这个雷池一步。大城市里根本没有修建真正的防空壕洞。后来，大出人们的意料，敌人纸糊的飞机变成钢铁的了，法西斯头子们的吹嘘变成了肥皂泡了。英美的炸弹就在自己头上爆炸，不得已就逃入地下室躲避空袭。这当然无济于事。英美的重磅炸弹有时候能穿透楼层，在地下室中向上爆炸。其结果可想而知。有时候分量稍轻的炸弹，在上面炸穿了一层两层或多一点层的楼房，就地爆炸。地下室幸免于难，然而结果却更可怕。上面的被炸的楼房倒塌下来，把地下室严密盖住。活在里面的人，呼天天不应，叫地地不灵，这是什么滋味，我没有亲身经历，不愿瞎说。然而谁想到这一点，会不不寒而栗呢？最初大概还会有自己的亲人费上九牛二虎的力量，费上不知多少天的努力，把地下室中受难者亲属的尸体挖掘出来，弄到墓地里去埋掉。可是时间一久，轰炸一频繁，原来在外面的亲属说不定自己也被埋在什么地方的地下室，等待别人去挖尸体了。他们哪有可能来挖别人的尸体呢？但是，到了上坟的日子，幸存下来的少数人又不甘不给亲人扫墓，而亲人的墓地就是地下室。于是马路两旁高楼断壁之下的地下室外垃圾堆旁，就摆满了原来应该摆在墓地上的花圈。我们来到汉诺威看到的就是这些花圈，这种景象在哥廷根是看不到的。最初我是大惑不解。了解了原因以后，我又感到十分吃惊，感到可怕，感到悲哀。据说地窖里的老鼠，由于饱餐人肉，营养过分丰富，长到一尺多长。德国这样一个优秀伟大的民族，竟落到这个下场。我心里酸甜苦辣，万感交集，真想到什么地方去痛哭一场。

汉诺威的情况就是这个样子。这当然是狂轰滥炸时"铺地毯"的结果。但是，即使是地毯，也难免有点空隙。在这样的空隙中还幸存下少数大楼，里面还有房间勉强可以办公。于是在城里无房可住的人，晚上回到城外乡镇中的临时住处，白天就进城来办公。瑞士的驻汉诺威的代办处也设在这样一座楼房里。我们穿过无数的断壁残垣，找到办事处。因为我没有收到瑞士方面的正式邀请和批准，办事处说无法给我签发入境证。我算是空跑一趟。然而我却不但不后悔，而且还有点高兴；我于无意中得到一个机会，亲眼看一看所谓轰炸究竟真实情况如何。不然的话，我白白在德国住了十年，也自命经历过轰炸。哥廷根那一点轰炸，同汉诺威比起来，真如小巫见大巫。如没能看到真正的轰炸，将会抱恨终生了。

汉诺威是这样，其他比汉诺威更大的城市，比如柏林之类，被炸的情况略可推知。我后来听说，在柏林，一座大楼上面几层被炸倒以后，塌了下来，把地下室严严实实地埋了起来。地下室中有人在黑暗中赤手扒碎砖石，走运扒通了墙壁，爬到邻居的尚没有被炸的地下室中，钻了出来，重见天日。然而十个指头的上半截都已磨掉，血肉模糊了。没有这样走运的，则是扒而无成，只有呼叫。外面的人明明听到叫声，然而堆积如山的砖瓦碎石，一时无法清除。只能忍心听下去，最初叫声还高，后来则逐渐微弱，几天之后，一片寂静，结果可知。亲人们心里是什么滋味，他们是受到什么折磨，人们能想下去吗？有过这样一场经历，不入疯人院，则入医院。这样惨绝人寰的悲剧是号称"万物之灵"的人类自己亲手酿成的。难道不是这样的吗？

听到这些情况以后，我自然而然地就想到了原来的柏林，十年前和三年前我到过的柏林。十年前不必说了，就是在三年前，柏林是个什么样子呀！当时战争虽然已经爆发，柏林也已有过空袭，但是还没有被"铺地毯"，市面上仍然是繁华的，人们熙攘往来，还颇有一点劲头。然而转瞬之间，就几乎变成了一片废墟。这变化真是太大了。现在让我来描述这一个今昔对比的变化，我本非江郎，谈不到才尽，不过现在更加窘迫而已。在苦思冥想之余，我想出了一个偷巧的办法：我想借用中国古代词赋大家的文章，从中选出两段，一表盛，一表衰，来做今昔对比。时隔将近两千年，地距超过数万里，情况当然是完全不一样的。然而气氛则是完全一致的，我现在迫切需要的正是描述这种气氛。借古人的生花妙笔，抒我今日盛衰之感怀。能想出这样移花接木的绝妙方法，我自己非常得意，不知是哪一路神仙在冥中点化，使我获得"顿悟"，我真想五体投地虔诚膜拜了。是否有文抄公的嫌疑呢？不，决不。我是付出了劳动的，是我把旧酒装在新瓶中的，我是偷之无愧的。

下面先抄一段左太冲《蜀都赋》：

> 亚以少城，接乎其西。市廛所会，万商之渊。列隧百重，罗肆巨千。贿货山积，纤丽星繁。都人士女，袨服靓妆。贾贸墆鬻，舛错纵横。异物崛诡，奇于八方。

上面列举了一些奇货。从这短短的几句引文里，也可以看出蜀都的繁华。这种繁华的气氛，同柏林留给我的印象是完全符合的。

我再从鲍明远的《芜城赋》里引一段：

> 观基扃之固护，将万祀而一君。出入三代，五百余载，竟瓜剖而豆分。泽葵依井，荒葛罥途。坛罗虺蜮，阶斗麏鼯。……通池既已夷，峻隅又已颓。直视千里外，唯见起黄埃。凝思寂听，心伤已摧。

这里写的是一座芜城，实际上鲍照是有所寄托的。被炸得一塌糊涂的柏林，从表面上来看，与此不大相同。然而人们从中得到的感受又何其相似！法西斯头子们何尝不想"万祀而一君"。然而结果如何呢？所谓"第三帝国"被"瓜剖而豆分"了。现在人们在柏林看到的是断壁颓垣，"直视千里外，唯见起黄埃"了。据德国朋友告诉我，不用说重建，就是清除现在的垃圾也要用上五十年的时间。德国人"凝思寂听，心伤已摧"，不是很自然的吗？我自己在德国住了这么多年，看到眼前这种情况，我心里是什么滋味，也就概可想见了。

然而是我要走的时候了。

是我离开德国的时候了。

是我离开哥廷根的时候了。

我的真正的故乡向我这游子招手了。

一想到要走，我的离情别绪立刻就逗上心头。我常对人说，哥廷根仿佛是我的第二故乡。我在这里住了十年，时间之长，仅次于济南和北京。这里的每一座建筑，每一条街，甚至一草一木，十年来和我同甘共苦，共同度过了将近四千个日日夜夜。我本来就喜欢它们的，现在一旦要离别，更觉得它们可亲可爱了。哥廷根是个小城，全城每一个角落似乎都留下了我的足迹，我仿佛踩过每一粒石头子，不知道有多少商店我曾出出进进过。看到街上的每一个人都似曾相识。古城墙上高大的橡树，席勒草坪中芊绵的绿草，俾斯麦塔高耸入云的尖顶，大森林中惊逃的小鹿，初春从雪中探头出来的雪钟，晚秋群山顶上斑斓的红叶，等等，这许许多多纷然杂陈的东西，无不牵动我的情思。至于那一所古老的大学和我那一些尊敬的老师，更让我觉得难舍难分。最后但不是最小，还有我的女房东，现在也只得分手了。十年相处，多少风晨月夕，多少难以忘怀的往事，"当时只道是寻常"，现在却是可想而不可即，非常非常不寻常了。

然而我必须走了。

我那真正的故乡向我招手了。

我忽然想起了唐代诗人刘皂的《旅次朔方》那一首诗：

客舍并州数十霜，

归心日夜忆咸阳。

无端又渡桑乾水，

却望并州是故乡。

别了，我的第二故乡哥廷根！

别了，德国！

什么时候我再能见到你们呢？

1935年8月31日

预备今天起程——早晨早起来，先访吴宓，稍谈即出。又同梅生、乔冠华访 Reicher，人很诚恳，替我们写了封介绍信。又访冯友兰辞行。访梅校长，要给 Bitner（比特纳）的信。因为今天是礼拜六，还要赶着进城，兑钱，找 Bitner，心里忙乱得一塌糊涂，生平还没有这样紧张过。

十点乘小汽车同乔进城，先到六国饭店买车票，又到德华银行汇 registrieren Mark，一汇汇了一点多钟，才出来到俄国大使馆。Bitner 先生不肯签，后来终于签了。又到哈德门里去换美金、日金，三点多才回到公寓收拾行李。访虎文，访露薇，访梅生。

五点到车站，吃了东西。八点一刻开车——要离开祖国远行，临行时应该有动于衷，然而我却坦然。坐的二等睡车，上车大睡。

1935年9月14日

早晨四点入德国境，气象立刻不同，一切都是那样干净有秩序，真不得了。八点到柏林，街道之干净又不能不令人惊奇。

在 Charlottenburg（夏洛滕堡）下车，清华同学赵九章来接。下车就到 Kant Strasse（康德大街），Peter's Pension（彼得公寓）。

在中国饭馆天津饭店吃了饭，饭颇不坏，唯太贵。

过午汪殿华同他的德国爱人来访，随他出去交涉车票，又随他到 Tiergarten（动物园）去划船。德国小孩真可爱，有一个小孩十二岁，也在划船，我同他攀谈起来，非常有趣。

又到南京饭店去吃饭，遇到许多中国人。晚上回来大睡。

1935年9月19日

早晨访乔，同敦一同到中国大使馆去签到。出大使馆到柏林大学，因为昨天汪告诉我，不要听 Ober kursus（高级班）课程，最好是 unter kursus（中级）课程，我今天去改，好歹用七拼八凑的德文，把 Kursus（课程）改好了。出来后游旧书摊，柏林旧书真便宜得要命。我买了一部 Biekchorosky 的 *Goethe*（《歌德》），只用三个半马克，而且是精装。还有一部 *Deutsche Dichtung*（《德国诗歌》）。

吃过午饭，同王耕（新认识的）、王竹溪、赵九章到乔处闲谈。本来预备三点去上课，但谈话把时间忘记了。两点半才出发，到大学时已三点，只好不上。又去逛旧书摊，真太丰富了，我买了一本 Scherer（舍雷尔）的《德国文学史》，两个马克。

归途遇雨。

我前天把表送去修理，昨天同乔找错了地方。但他居然认为是他自己的票，表当然拿不到。今天又去，仍然找不到。过午又去，他才说票恐怕不是他的。我只好去找汪，他陪我去过的那个铺子，一拿就拿出来。我不禁好笑，初到一个地方，什么怪事都有，我想写一篇文章名曰《表的喜剧》。

晚上访乔。

1935年9月30日

早晨起来，因为表坏了，不知道什么时候，但因为想到大学去要证明书交给 Polizei（警察），所以就去找敦。他已经出去了。我自己不愿意走这样远的路，只把表修理好了，就又回来了。回来仍然读文法，十一点半访乔，同去吃饭。饭后在乔处小睡，同去上课。

晚上在家读 *Das Studium in Deutschland*（《留学德国》）和 Strong Verbs（强动词）。现在要记的单字太多了，大有如入山阴道上应接不暇之势。

我预备先把日常用的多记几个。

1935年10月1日

离开北平整一个月了。这一个月，恐怕是我过去所有的月中的最丰富的一个，我看过了许多以前没见过的事情，走过以前没有走过的地方，遇到了以前梦遇不到的事情。

早晨起来，先访乔，同赴柏大，等敦同去学术交换处（Akademischer Austauschdienst）。但一直等到十一点却不见踪影。本来约好在这儿等，真是岂有此理。我们只好冒雨到交换处去。敦却先在，同另外一郭可大谈话。我们想见 Fritsch（弗里奇），他有事不能见。我们只领到十月的津贴一百二十马克。归途同乔在 Savizug platz（萨维尼广场）下车，到 Polizei（警察局）去交 Bescheinigung（证明书），他却要我明天再去，真他妈的浑蛋。

在 Maus 吃过饭，同到乔处小憩，过午一同到大学去上课。

走了一天路，晚上回来颇乏，洗了一个澡，睡了觉。今天也总算是很丰富的一天。

1935年10月7日

早晨读了一课文法，头有点晕，精神不好，不知为什么。

十二点访乔，同去吃饭，又同去上课。归途一出大学照例要在旧书摊边消磨一会儿时光，今天又看到许多令人心爱的书。

回家吃过晚饭，不知为什么我现在竟这样好吃东西，而且又吃得这样多，尤其我一想到自己的晚餐简直有无上的乐趣——把衣服脱掉，领带解开，把几块冷面包，抹上糖酱，慢慢地咀嚼，把一天的劳顿都抛到九霄去外，此乐不足为外人道。

晚上看 *Das Studium in Deutschland*（《留学德国》）。

今天天色阴沉，不知在什么时候又下了一点雨。

1935年10月9日

Dr. Rochall（罗哈尔博士）今天让我们去参观 N.S. Volkswohlfahrt（内务部国家社会福利组织），但因为今天委实不愿意出门，决意不去了。

早晨读文法，十一点访汪殿华，同他谈了谈，说到我要到 Göttingen（哥廷根），他说他隔壁一位乐先生就要到 Göttingen 去，他已经在那里住了一年。我听了真出乎意料之外，大喜，请他介绍我们谈一谈。他拿给我一册课程表看，里面东西真多，有古代文学系，俄国、英国、东方各种语言系。汪劝我读希腊文和拉丁文，同我的意思不谋而合，更大喜。在归途又把自己的路径想了想，先读希腊、拉丁文，然后进一步弄文字学、音韵学，然后回国再进一步弄中国文字学，同时还可以翻译希腊、拉丁名著给中国。

访乔，同去吃饭，饭后到他那里稍睡，四点回家，读德文。

晚上读 *Das Studium*（《留学德国》）。

想到以后 Göttingen 的生活，不禁怡然——自己处在一个小城里，没有什么人找，下课后拿一册希腊文或拉丁文慢慢读着，仔细尝一尝寂寞的滋味，岂不大妙吗？

1935年10月30日

早晨把《三百年学术史》读完了，觉得只是许多材料，系统方面却没有。九点半乔来访，同去和 Richall 辞行，稍谈即出，又到大使馆去改通讯处。

回到乔处，到分号吃过饭，又回到乔处。不久马来，于是又闲聊起来，一直聊到四点才到学生会看报，遇到汪静如。本来应该到他那里去，现在不必了。

六点半到天津饭店，因为今天清华同学开欢迎欢送会，到的人不如上次多，吃了一个（此处是外文，原稿无法识别），各自走路，毫无意味。

同马、赵回到乔处已经九点，又开起座谈会来。从骂人起，一直谈到中国文人的气节，谈到十二点才分手，可说痛快淋漓之至。这是在柏林最后的一夜，最后一次畅谈，我仍然说，在柏林愚妄氛围中，能得到这样的谈友，也真算不坏了。

走上归途的时候，想到明天就要离开柏林，心中颇有说不出的情绪，有点恋恋不舍，其实又何必呢？柏林同 Göttingen（哥廷根）同样是异乡，自己既然命定了是个漂泊者，从一个异乡到另外一个异乡，还有什么区别呢？

1935年11月6日

一天天色都是非常阴沉的，虽然没下雨，但路上却总是水——也或者下了点雨，但我不知道。

早晨起来就读希腊文，但读了一早晨还读不到两页，而且这两页也还终于没弄清楚，简直不知道他说的是什么，大有丈二的和尚摸不着头脑的趋势。

没到 Göttingen（哥廷根）来以前，我自己曾想过，在这两年之内，读完一个博士，同时还再读好希腊文和拉丁文。以后渐渐地觉得不可能，于是退一步想，只想把希腊文同拉丁文读好，现在看来，连读好这两种文字都成了困难问题了——不切实际的梦总归是骗人的。

午饭前出去散了散步，仍然走的同前几天一样的路，我真喜欢这寂寞的小径。

饭后睡了一觉，起来又读希腊文，越读越弄不清楚，大有望洋兴叹之感。英文有一句俗语说：It is Greek to me.（一窍不通），我现在才知道这句话的妙处了。

五点去访乐季纯，不在，又算散了一次步。

晚上仍读希腊文。

自己在这里，满眼是外国人，简直像在一个荒岛上。又因吃东西总不对口味，我真想家，我什么时候再回到我的故乡去呢？

我平常是最不注意吃东西的，然而现在却也受不了了。

我现在每天午饭只吃两片面包同牛油，晚饭由房东太太给弄点煎 Kartoffel（土豆），还不难吃。在吃饭方面，我生平没受过这样的窘，生平也没花过这样多的钱，虽然同其他在德国的学生比起来，已经少到不能再少了。

1935年11月14日

几天来没有这样好的天气了。阳光从窗子里射进来，照得屋里通明。

今天开始彻底实行自己定的功课表。早晨先读文法，把习题翻译了。

十点半去上课。Wilde（怀尔德）讲英国语言史用幻灯非常有意思。Neumann（纽曼）仍然听不很懂，他说得既快，又不清楚，音调还与别人不同。

回家吃饭后，稍睡，起来读读本。一直读到四点才又读文学史。

六点章俊之来访。谈得仍然很痛快，谈话仍然是关于印度、阿拉伯、回教与中国文化的往来，中国究竟受了它们多少影响，这题目颇有意思，可是，研究起来就绝非一个人可以成功的。

他带给我两本拉丁文法，大体看了看，觉得仍然是很难，因为第一先不会拼音。但无论怎样，我势必学好拉丁文同希腊文。我又做了一个梦，倘若能延长两年，我将以全力治古代文学，替中国学术开一个新纪录。

1935年11月27日

今天一天没课。

早晨起来已经不早了。吃过了东西，立刻就开始读文法，把翻译习题做了。

十一点半出去散步。仍然到山上树林里去，但走的路却改变了。从北边小路上去，在山腰中向南走，这路我还是第一次走。一个人也没有，我自己踏着满地的落叶向前走去。四周静得有点古怪。我一直走到除了向上走以外再没有路可走，于是我就走上去。这条路非常有趣，两旁是密密层层的树林，中间一条高低起伏的小径，一直引上去，看不到究竟通到什么地方去，再向上看，就是山顶。我走了一段，就转回来向下走去，又沿了原来的路下了山。

回家吃过饭后，读读本。天仍然阴得厉害，不久屋里已经黑得一塌糊涂，只好停下来坐对着窗户发呆，看窗外的夜色渐渐织上一切。

晚上写了几封信以后，就开始读拉丁文。但心终究沉不下，因为我又想到没有写完的文章。文章我终于非写不可，但总是写不出来，岂不苦人？

1935年12月12日

天仍阴沉，到德国快三个月了，没有十天好天。

早晨读了几页文法，做了点翻译习题。十一点去上课，先到邮局送了一个包裹、稿纸，到了 Seminar Gebäude（研究班大楼），在教室里坐了一会儿，有一个德国学生告诉我说 Wilde（怀尔德）今天不来，我于是就到 Auditorium（大讲堂）去。

下了课走回家的路上阳光忽然从灰色云堆里透出来，虽然停留了不到一分钟，但我已经觉得难能可贵了。

过午读读本，把音字温习了一遍，到德国时间虽然不长，但单字至少记住了有两千。据 Höhm（霍姆）说，德国普通人说话用不到一千字，但为什么我记住了这许多单字，还是不能讲话呢？

黄昏的时候，出去稍微散了散步。回来吃过饭就读拉丁文。心忽然又想到许多别的事情，搅乱得很。我又想到，我将来回国究竟以什么做终身研究的对象。我现在已经走上研究德国文学和古典文学的路，其实大可以走下去，但我总不能忘情于中国的东西，我总想在德国学一样东西回国后就可以应用到研究中国国学上，但学什么呢？回国以后又要研究什么呢？我不能回答。一直到现在还没决定研究什么，这无疑是天大的一个笑话，自己兴趣太不专，太容易变动，将来恐怕一事无成，自己要注意。

1935年12月25日

今天是圣诞正节，但却看不出有什么热闹的景象。外国的节日同中国的比起来真太乏味了。

今天又是怪天气，阴当然是阴的。但却奇怪地暖，同昨天一比最少要差二十度，街上的雪全化了，在屋里坐着觉得炉子里的火总太旺。

早晨读了点文法。十一点仍然出去散步，在山上走了一趟，觉得没有什么意思。

过午，也许因为屋里太热的原因，头有点晕，睡了一觉起来，精神更萎靡，书也读不下去，出去走了走，虽然觉得舒畅，然而地上满是雪水，一塌糊涂，不愿意再多走，只好再转回来。

晚饭房东太太送给我一盘鹅肉。这是德国的风俗，Weihnachten（圣诞节）家家吃鹅，这是德国最有名的菜，吃着果然不坏。

八点访章俊之。他约我今天去，到了，龙先生已先在。桌上点了蜡烛，摆了糖果，我们坐下吃着谈起来，从国事谈起，一直谈到德国留学界的情形。到哥廷根来的休假的教授，真是丑相毕露，可为中国学术界一叹。十一点半才回家。

1935年12月31日

这是今年最后的一天了，在异国过年这还是第一次。外国过年实在没有什么味道，更使我想到小时候在国内过年时候的情景。

早晨天是阴沉的，但不时也有阳光从云彩里露出来。读了点文法就出去散步，仍然走到前几天去过的地方，手里拿了生字本，一方面念，一方面看着眼前的景致。不久就下起雨来，我躲在冬青树下面避了一会儿，又走回来。

过午读报，本来想念点书，但不论怎样也沉不下心，终于还是看报，一看看了一过午，只勉强读了点读本。

晚上章俊之母亲约了去吃饭，因为今天是除夕，我七点钟去，龙先生已先在。饭在自己家里做，龙先生亲自下手。煮鹌鹑肉，下挂面，吃得非常丰富。吃完了又点起蜡烛，围着桌子谈起来。在暗淡摇曳的烛光中，谈着国内的事情，这情景非常有意味，有诗意。我永远忘不掉那印象。回家已经十一点，德国的年太不像年了，我觉得无名的怅惘。

1936年1月12日

今天是星期日。天公还相当地作美，上午居然出了一阵太阳，天气也温和。

昨晚一躺倒，脑筋里又异常兴奋，觉得恐怕又要失眠。一想到头一晚失眠的痛苦，自己心里极焦急，真要失眠下去，自己非自杀不可。但不久就睡着，而且一宿无梦，睡得异常舒服，所以早晨精神非常好，起来就读读本。

十一点章俊之来访，送我一本 *Faust*（《浮士德》）。我们一同出去散步，走上山，走过 Kaiser-Wilhelm-Park（威廉园），转向山后，树林没有人，没有声音，有松鼠在树上跑。路是黑的，地面给叶子盖了是黄的，树又是绿的。我们一直谈着吴宓的诗。

我同他一同到饭铺去吃饭，这是到哥廷根后第一次到饭铺去吃饭。但却遇到什么Eintopf（大锅菜节），出一马克，只吃七十分尼钱的饭。

饭后又随他同他母亲到他家去，吃了点点心同茶，谈了半天话。不久陈康白同他的太太去了，我坐了一会儿就回来，已经四点多了，借了一本Sanskrit Literature（梵语文学）的历史。

读了点读本，又读《红楼梦》。我预备只要有感触就用笔批在书上，将来再看也非常有意思。

1936年1月23日

因为同章先生约好，今天早晨早去检查身体。睡也没能睡好，就起来了。外面还很黑，正落着很大的雪。

八点半章先生来约我，我们同去找医生，雪还在下着。医生又让人请走了，我们只好坐等。说九点回来，一直等到九点半还没见到他的影子。好歹快十点了，才回来。

我看样子就知道他是个流氓，满脸漆黑，鼻孔特别大，鼻子像鹰，心里非常不愉快。他只听了听肺，敲了敲腿，用手扒了扒眼，就算检查完了，连五分钟也没用。这样检查，肺病第三期也检不出来。德国也有这样荒唐医生，还不知治死多少人哩！回家吃过早点就去上课。下了课吃饭。太阳出来了。

过午因为精神有点萎靡，又睡了一觉。起来到外面走了走，雪不知道从什么时候起又下起来了。

今天是旧历除夕，这是我在海外过的第一个旧历年。现在写日记的时候正十点钟，把中国同德国相差的八小时加上，在故乡这时候已经是早上六点钟了。我能想象到家里祭天祭祖的情形，我眼着闪动着一串串的幻影，我仿佛看到各屋里都点着灯，天井里也点着蜡，在薄暗中蜡烛的光愈显得暗淡，天上说不定还有翻着白眼的星星。我又仿佛能看到，祭祖先的桌子上摆了供，也点了辉煌的蜡烛，香烟在各处缭绕成圈，成线，袅袅地晃动。这是一幅含有无量温情的画。然而我自己却孤独地在这遥远的海天外一角小楼里忍受孤独的袭击！当我写完日记睡觉的时候，正是故乡的人们到处跑着拜年，说"见面发财"的时候，我希望能得到一个从故乡飘来的美的梦。

1936年2月10日

今天天晴了，出了很好的阳光，但比昨天还要冷。鼻塞声重，人很难过。早晨背了许多单字。精神终于支持不起来。

十一点半去上课，路上满是雪，非常滑。随时有摔倒的危险。

下了课吃过饭，走出饭馆的时候，冷风吹到脸上有如刀割，吹得我浑身战栗，觉得比早晨要冷几倍，而且是今冬第一次觉得冷。是因为自己身上不舒服吗？还是真这样冷呢？

急忙赶回家来，渴望能在温暖的屋里静静地休息一会。看了一会儿报，睡了一觉，起来身上并不难过，只是嗓子里仿佛想出烟似的，而且鼻子里也流鼻涕。不敢在窗前坐了，拿了书挨近火炉来读。晚上听房东说，温度是零下二十度，真冷得惊人。

晚上读了点梵文。房东拿给我一张报纸，上面有一段讲中国的文章，称为das sparsamste Volk der Welt（世界上最经济的人），居然没有说什么坏话，也不容易。

1936年3月1日

转眼又一个月了。过了年觉得才一会儿，然而已经是三月一日了。

今天是星期日，天气太好了，没有风，出着很好的太阳，照得满街通明。说是到哥廷根以后的第一个好天气，也不为过。

早晨只读了一课文法，背了几个单字。因为今天乐先生走，我十点半便到车站去，预备送他。到了才十一点，离火车开还差不多有一点钟，来得实在太早了。等了半天，才见章伯母去，不久章俊之同汤坚去了。合着照了一张像，车便开了。有一个女子送一个男子走，车开的时候，她竟哭起来了。

直接到饭馆去，临来的时候，在 Goethe Allee（歌德巷）我看到 Grimm

（格林）兄弟住的房子，回来又看了看。吃过饭，一直同龙先生到他家，他请我们今天吃茶，章母同章，李国桢，不久又去了一位陈先生，是 Genn（光恩）的博士。我们便谈起来，上下古今，无所不至，极痛快，淋漓之至，出来的时候已经五点多了。

晚上觉得头有点痛，精神颇疲惫，只读了一页梵文。

1936年3月21日

又是极好的天气。

夜里睡得颇宁帖，所以起来精神也特别好，读了一早晨书：先是念单字，又看文法，又把听诗人读诗的时候领到的介绍诗人作品思想的小纸片拿出来念了一遍，因为上面都是从各大报纸杂志上抄下来的评语，对了解诗人有极大的帮助。自己既然想对现代德国文学研究一下，材料实在不大容易得到，自己去找原来的报纸又办不到，所以只好看他们抄下来的了。

吃饭去的时候，外面简直像夏天。年轻的女孩子们都穿上半截袖的白衬衫，结着黑领结，领带，大概这是一个 mode（时尚）。回家的路上看到两个年轻的女人在一块走路，一个穿了白衬衫，一个却穿了皮上衣。我简直想笑，冬天夏天的衣裳同时穿起来，穿白衬衫其实有点太早，但为了时髦不惜挨冻，穿皮上衣未免太热，但有一件皮上衣只好穿出来摆摆阔，也就顾不得热。这就是人！

过午念 L. F. Barthel（巴特尔）论 Binding（宾丁）的一篇文章，又读了 Blunck（卜龙克）一首诗：*Hamann in London*（《哈曼在伦敦》）。

晚上随便看了点书。

1936年4月5日

太阳又出来了，天气非常好，但极冷。

今天是德国 Konfirmation（做礼拜）的日子，又是星期日，早晨我站在窗子前面看到街上走过许多穿大礼服戴高帽子的先生，还有许多十五六岁的孩子，也都穿了新的藏青衣服，手里拿了一本书（当然是《圣经》），大概都是到礼拜堂去 Konfirmation 的。高帽子在阳光里直闪光，非常有趣。

我念了一早晨文法就去吃饭。我以为外面有这样好的阳光，一定不会很冷，然而竟不然，风从北面吹来，非常冷。

吃完了饭，到章家去，刚坐下龙先生就去了。于是吃茶吃点心闲扯，一扯扯到五点才回家。

屋里没有火，冷得一塌糊涂，在屋里也只好把大衣披上。好歹等到房东回来才给弄了火，然而已经冻得不亦乐乎了。

晚上念读本。又把梵文温习了温习，只有我一个人就让教授费那样大的力量，我总得对得住他才行。

1936年4月23日

早晨下雪，当然是阴天了。北风吹得倍儿带劲，冷，又是当然的了。

早晨起来就念梵文。念到十点，到 Aula（行政中心）秘书处去，预备领 Scheck（支票）。然而一位职员告诉我，说并没有什么 Scheck。好歹头发有点秃的职员告诉我说，大概在 Universitätsrat（大学）那里。心里颇不高兴，Kees（谢斯）既然说在秘书处哪会又在别处呢？但也只好去问一下，居然问到，心里高兴可知。立刻到银行把钱领出来，否则就要断炊了。

Wilde（怀尔德）开 Shakespeare（莎士比亚）会没上课。下了 Neumann（纽曼）（的课）就去吃饭，吃了饭就到 Gauss-Weber Haus（高斯韦伯楼），在 Seminar（研究室）里念梵文。屋里太热，本来梵文就复杂，头脑清楚的时候还记不住；又才吃过饭，精神容易倦怠，再加上屋里的热气，把记住的一点也想不起来了。好歹开开窗子，吹进点冷风，才吹清醒了点。下了课又到 Auditorium（大讲堂）上了两堂。回家吃过饭，仍讲梵文。洗了一个澡，又是睡的时候了。

1936年5月6日

从昨天起，是真正五月的天气了。五月是德国最好的时候，今天我才领略到阳光带了无量的温热到大地上，满目是白的红的花。人一天都倦倦的，然在这"倦倦的"却又似乎有无限的意味，使人的身体仿佛融化了似的舒服。

一天没有课。早晨念了点梵文，又把 Alma M. Karlin（卡林）的 *Einsame Weltreise*（《孤独的世界旅行》）写到中国的一部分翻出来念了念。

十二点钟到邮局买了点邮票。到 Gauss-Weber Haus（高斯韦伯楼）去找 Prof. Kees（谢斯教授）。他又在上课，于是只好等，等到一点才见到，我的目的在领钱，然而又领不到，让我明天到 Aula（行政中心）去拿。

吃过饭后回家。天气有点热。念了一过午梵文。黄昏的时候，天忽然阴起来，而且还吹风，不久就听到雷声，又看到电光，竟然下起雨来了。

晚上仍然念梵文。国内不知道是什么时候了，恐怕院子里的海棠花早已经开败了。今年是第一次辜负了故国的春光。

1936年6月21日

今天是星期日，是夏天的第一天，在中国也是夏至。从今天起，天就渐渐短了。

比昨天似乎还热。早晨照例起得晚一点。

起来就念梵文。太阳直射到屋里来，满屋里热烘烘的。精神总不能很清醒，工作也因而就不能很紧张。

十二点多去吃饭。太阳直照到长长的街上，没有什么人走路。吃完回家的路上，陪章太太到 Stadt-Park（城市公园）去，参加 Ausstellung（展览），是什么 Deutsche Wohn Kultur（德国家居装饰）。在一个大厅里，用木板隔作许多小房间，每间里面都摆了床、桌子、橱子之类的东西，标着价钱，是商人来作宣传的。一切器具，甚至连桌子上都放的茶壶都非常简朴，这是老希提倡节俭的意思。走了一圈，又绕上楼去走了走，觉得颇有意思。

出来又绕着水池子走了一转，池里的水颇清，有许多鹅鸭之类的在里面浮来浮去。

又从 Friedhof（墓地）旁边绕过去，才回家。太阳威力颇大，地都晒软了。过午，仍然念梵文。黄昏的时间，打开窗子，立刻吹进冷风，飘飘欲仙。晚上也是梵文，盼着会有雨在夜里下下来。

1936年7月29日

醒了的时候，天阴得颇黑，不久就有了太阳，但立刻又给云彩遮住。

念梵文，念到 Allgemeine Tempora（一般时态），以前因为没有做关于这部分的习题，是书上没有，所以没有看。现在是第一次看，又逢到许多怪东西。

十二点前章伯母来找，拿给我两封信看，一封是章俊之的，一封是她sister（姐姐）的，里面大半都是讲的家务。

看完信同她一同出去吃饭。吃完回家的路上，又陪她买了两张旧邮票，才走回家来。

正在念梵文的时候，外面下起雨来，而且隐隐还有雷声，不久就又停了。

吃完晚饭，站在窗子前面看街上的小孩跑来跑去，一抹夕阳静卧在对面的楼顶上。

晚上仍然念梵文。天气很冷，大有深秋意味。

1936年8月1日

去年冬天我离开的家，到现在一转眼已经一年了。在这一年内，自己经历了无数的折磨，家里当然也有了很大的变动。人生聚散，我早已无动于衷。所以在海外漂泊，我也并没有多少所谓相思之类的东西。但我并不是达观，正相反，我却是极悲观的。因为悲观，我看空了一切，觉得人生反正不过是这么回事。在家在外于我都没有什么挂碍了。

又是阴天，夜里居然睡得很好。起来就念梵文。

十二点过去吃饭的路上碰到章伯母，于是同她到市场上一转，买了点小菜，才同去吃饭。雨濛濛地下着。

吃完回家睡了一觉，起来仍然念梵文。

黄昏的时候，到 Deppmüller（德普米勒）去了一趟，想买一本书送章伯母，但没买到，让我下星期再去。

晚上念梵文，有秋夜的意味。

1936年9月17日

天气仍好。唯改了南风，所以已经不像前几天那样冷。

早晨心情很坏，章伯母已经走了，徐也定最近到英国去。同他们我都没有什么话可说，对徐更谈不到有什么交情。但他们一走，我就觉得仿佛从我心里拿去了什么东西，有点惘惘然似的。我自己太容易动感情了。但在这万里遥遥的异域，在一切人轻蔑中生活的我，容易动感情，也是难怪的事了。

念了一早晨梵文。十二点多出去吃饭。龙说今天晚上请我们吃饭，于是吃过饭辞掉房东晚饭，就又回到龙处。不久徐也去了，我们就又上了山。坐在凳子上吃葡萄。又从 Kehr（凯汉弗）绕了一圈，才下山。回到龙处，自己做饭。一闻到中国饭的香气就垂涎欲滴。

吃过晚饭又喝茶闲谈，九点才回家。又看了半天报，才睡。

1936年10月1日

这个月似乎过得更快。不知不觉时间就过去了。这样看来，在外国住上几年，也不算一回事。倘若津贴领不到，明年此时，我不就已经回到国内了吗？阴天，窗子玻璃上没有水汽，大概并不怎样冷。但静静地坐着，终于还似乎有点不能支持。只好再围上毡子。

背梵文单字，念梵文文法，又念德文文法。把报上载的 *Der Soldat von Heisterbusch* 今天的一段看完了。正在有趣的地方。但从今天起，房东改订了别的报，这小说恐怕再看不到了，除非出单行本。

十二点一刻去吃饭，不久章伯母同龙也去了。她说是明天回来，却于昨天夜里回来了。她的话简直讲不完。只好陪她到她家，她一方面告诉我意大利旅行的情况，一方面把买的东西拿给我看。我自己也真想到意大利去一趟，看看 Pompeii（庞贝）和火山。

五点才回家。念 *Der Tod in Venedig*（《威尼斯之死》）。文字虽然写得好，但句子太长。我恐怕从里面学不了什么东西。

晚上又念梵文单字和文法。屋里太冷，直想早早地爬上床。

1936年10月29日

才想来的时候，天阴得非常黑，但不久就晴了开来，于是有几个礼拜来不曾有的好天气。

背梵文单字，念梵文。十二点出去，先到秘书处，交了 Meldeschein（登记表）同 Studienbuch（课程登记薄）就去吃饭。

吃完同石沿着 Nicholacsbergweg（尼古拉斯路）走上去，太阳照耀在远山的顶上，有风，但不冷，颇有点像春天的天气。

回家弄了一会儿邮票，又念 Pischel（皮舍尔）。四点龙来找，同去看章伯母。喝茶，吃花生。五点多才出来。又陪她到邮局去，我同龙便各自绕道回家。

回家，写了一封信给大千。忽然又想到梵文里的 Bindevokal（元音）的问题，头几天刚看过，现在再想起来，又忘了一半了。于是又找出文法来查一查。

晚上念梵文文法，终于还是弄不清楚。

1936年11月28日

起来一拉窗幔，外面正下着雪，这是今年第一次雪，但并不怎么大，对面的屋顶上微微有点白。

不冷，也没有风，雪下得不带劲，不久就停了下来。

在家做由德译梵的练习，十点半出去到 Gauss-Weber Haus（高斯韦伯楼）去，预备借一点书。图书室里一个人也没有，正好一个人清清净净地做一点工作。

带了一个本子，预备把全 Seminar（研究室）的书，都抄了下来，将来可能的话，自己也照买一份，今天就开始抄。

抄到十二点半，去吃饭，吃完回家，抄由德译梵的练习，外面天色仍然阴沉得很，虽然没有下雪。

五点，龙来找，同去访章伯母，谈到六点半，她要留我们吃晚饭，我于是又赶回家，告诉了房东，才又转回去。

吃完晚饭，又东扯西谈，谈到七点多才回家。精神觉得非常好。抄了半天梵文练习，十一点才睡。

1936年12月22日

从今天起放两个礼拜的年假，圣诞节假，虽然想到 Seminar（研究室）里去，但是也去不成了。

今天天气同昨天一样好，一天都有很好的太阳，不过却相当的冷。

早晨念了点 Bühler（比勒），但心总忘不掉《法国大革命史》，只好拿过来看。

十二点出去到山上去散步，太阳照到身上非常暖，不过地上有的地方冻化了觉得有点不大好走，只在山下面树林子里有太阳的地方走了走，又坐下来把《法国大革命史》看了点，就回家。

回到家吃了两片面包，又看《法国革命史》，一直看到眼睛发酸，龙来找，谈了半天。房东又送茶同点心进来给我们吃。六点一同出去，到 Deppmüller（德普米勒）换了一本书，又到 Uon & Lanz 买了一盒可可糖，预备送给房东作为圣诞节礼。在 Ratshaus（市政厅）前面转了转，因为圣诞节的缘故，Ratshaus 前面摆满了摊子，简直有点像中国的庙会。卖香肠的倒有七八家，火油气漫弥全场，另有一种风味。

回家吃过晚饭，又看《法国大革命史》。

赴瑞士

我于1945年10月6日离开哥廷根，乘吉普车奔赴瑞士。

哪里来的车呢？我在这里要追溯一下这一段故事。我在上面几次提到德国的交通已经完全被破坏，想到瑞士去，必须自己找车。我同张维于是又想到"盟军"。此时美国驻军还有一部分留在哥廷根，但是市政管理已经移交给英国。我们就去找所谓军政府，见到英军上尉沃特金斯（Watkins），他非常客气，答应帮忙。我们定好10月6日起程。到了这一天，来了一辆车，司机是一个法国人，一位美军少校陪我们去。据他自己说，他是想借这个机会去游一游瑞士。美国官兵只有在服役一定期间以后，才有权利到瑞士去逛，机会是并不很容易得到的。这位少校不想放弃这个机会，于是就同我们同行了。

离开哥廷根的共有六个中国人：张维一家三人，刘先志一家二人，加上我一人。

我们经过了一些紧张激动的场面，在车上安顿好，车子立即开动，驶上了举世闻名的国家高速公路。我回头看了哥廷根一眼，一句现成的唐诗立即从我嘴里流出："客树回看成故乡。"哥廷根的烟树入目清新。但是汽车越开越快，终于变成了一团模糊的阴影，完全消逝不见了。

我此时心里面已经完全没有余裕来酝酿离情别绪，公路两旁的青山绿水吸引住了我的全部注意力。德国全国树木茂密，此时正是金秋天气。虽经过六年的战火，但山林树木并没有受到损失，依然葱郁茂盛。我以前在哥廷根每年都看到的斑烂繁复的秋林景色，如今依然呈现在我眼前，只不过随着汽车的行进而时时变换，让人看了怡情悦目。然而一旦进入一个比较大一点的城市，则又是一片断壁颓垣，让人看了伤心惨目。这种一会儿高兴一会儿又伤心的心情，如大海波涛，腾涌不定。我又信口吟出了两句诗：

> 无情最是原上树
> 依旧红霞染霜天

从中可见我的心情之一斑。

因为我们离开哥廷根时已经快到中午了。我们的车子开到法兰克福时，天已经晚下来了，我们只能在这里住宿。也许陪我们的那位美军少校一开始就打算在这里过夜的，因为这里是全德美军总部所在地，食宿条件都非常有利。我们住在一家专门为美国军官预备的旅馆里，名字叫四季旅馆。旅馆里管事的美国人非常和气，给我们安排了一顿多少年来没有吃过的丰盛的晚餐，大快朵颐。要知道，此时我们都是无钱阶级，美国钞票我们没有，德国钞票好像已经作废，我们是身无分文，而竟受到如此的优待，真不能不由衷地感激。美国人好动成性，活泼有余，沉稳不足。这旅馆里也并不安静。然而我们的心情是愉快的，过了一个非常舒适的夜晚。

第二天一大早，我们就上车出发。我现在把1945年10月7日的日记抄在下面：

> 八点多开车，顺着 Reichsautobahn（国家公路）向南开。路上没经过多少城市，连乡村都很少。因为这条汽车路大半取直线。在 Mannheim（曼海姆）城里走迷了路，绕了半天弯子，才又开出城去。这座大城也只剩了断瓦残垣。从 Heidelberg（海德堡）旁边绕过，只看到远处一片青山。走进法国占领区，第一个令人注意的地

方就是汽车渐渐少了。法国兵里面的真正法国人很少，大半是黑人，也有黄人。黄昏时候，到了德瑞边境。通过法国检查处，以为一帆风顺。到了瑞士边境，因为入境证成问题，交涉了半天，又回到德国 Lönach（勒纳赫），在一个专为法国军官预备的旅馆里住下。

这就是我在德国境内最后一天的情况。满以为"一帆风顺"，实际上却是一帆不顺，在边境上搁了浅，进退两难，我们心里之焦急，可以想见。

第二天早晨，我们又回到瑞士边境，同中国驻瑞士使馆以及我的初中同学张天麟通了电话。反正我们已经来到这里，义无反顾，想反顾也是不可能的。我们虽无釜可破，无舟可沉，也只能以破釜沉舟的精神，背水一战，再没有第二条出路了。我们总算走运，瑞士方面来了通知，放我们入境。我们这一群中国人当然兴高采烈。但是陪我们来的美国少校和给我们开车的法国司机，却无法进入瑞士。我们真觉得十分抱歉，觉得非常对不起他们。但又无能为力，只有把我们随身携带的一些中国小玩意儿送给他们，作为纪念，希望今后能长相思、不相忘。我们自知这也不过是欺人之谈。人生相逢，有时真像是浮萍与流水，稍纵即逝。我们同这一位美国朋友和法国朋友，相聚不过两天，分手时颇有依依难舍之感，他们的面影会常留在我们的记忆中。

我们终于告别了德国，进入了瑞士。

同使馆的斗争

南京政府在瑞士设有公使馆。当时最高级的驻外代表机构好像就是公使馆。因为瑞士地处欧洲中心地带，又没有被卷入世界大战，所以这里的公使馆俨然就成了欧洲的外交代表。南京政府争取留学生回国，也就以瑞士作为集中地点。他们派来此地的外交人员级别也似乎特别高。驻瑞士使馆的武官曾一度是蒋介石手下的所谓"十三太保"之一，后来成为台湾"海军总司令"的显要人物。

我们在瑞士打交道的就是这个公使馆。

我们于10月9日到了瑞士，当晚就坐火车赶到弗里堡。第二天又回到伯尔尼，晚上参加了使馆举行的所谓庆祝双十节的宴会，到的留学生相当多，济济一堂，来自欧洲的许多国家，大有"八方风雨会中州"之势。我在饥饿地狱里已经待了不少年头，乍吃这样精美的中国饭菜，准备狼吞虎咽，大大地干它一场。然而德国医生告诉过我，人们饿久了，一旦得到充足的食物，自己会失掉饱的感觉。德国第一次世界大战以后就有不少人这样撑死的。我记住了这些话，随时警惕，不敢畅所欲吃，然而已经解馋不少了。

从这以后，我住在弗里堡，不常到使馆里去。但是逐渐从老留学生嘴里知道了使馆内部的一些情况。内部人员之间有矛盾，在国民党内部派系复杂的情况下，这是完全不可避免的。但是，使馆又与留学生有矛盾。详情不得而知，只听说有一次一些留学生到使馆里去闹，可能主要也是由于经济问题。大概闹得异常厉害，连电话线都剪断了。使馆里一位秘书之类的官员，从楼上拿着手枪往下跑，连瑞士警察也被召唤来了。由于国际惯例，中国使馆是属于中国的，瑞士人不能随便进去。因此请来的警察只能待在馆外作壁上观，好像中国旧小说里常讲到的情况。这场搏斗胜败如何，我没有兴趣去仔细打听。但是却对我们产生了影响：我们于必要时何不也来仿效一下呢？

这样的时机果然来了，起因也是经济问题。使馆里有一位参赞原是留德学生，对我们刚从德国来的几位学生特别表示好感。他大概同公使有点矛盾，唯恐天下不乱，总想看公使的笑话。有一天他偷偷告诉我们，南京政府又汇来了几十万美元，专用作救济留欧学生之用，怂恿我们赶快去要钱。我们年少气盛，而且美元也决不会扎手，于是就到使馆去了。最初我们还是非常有礼貌的，讲话措词也很注意。但是，一旦谈到了我们去的主要目的：要钱。那位公使脸上就露出了许多怪物相，一味支吾，含糊其词。我在1945年11月17日的日记上写了我对他的印象："这位公使是琉璃蛋，不成问题，恐怕已经长出腿来了。虎文说他说话不用大脑。我说他难得糊涂。"这应该说不是好印象。他一支吾，我们就来了火气。我们直截了当地告诉他，国内已经汇来了美元，这一点我们完全知道，瞒也瞒不住。此时，他脸上勃然变色，似乎有点出汗的样子，他下意识地拉开抽屉，斜着眼睛向里面瞧。我猜想，抽屉里不是藏的美钞，就是藏的账本。不管他瞧的是什么，都挽救不了他的困境。最后，他答应给我们美元。但有一个要求，希望我们不要告诉别的留学生，不要张扬。我们点头称是，拿了美钞，一走出使馆，我们逢人便说。这是一种什么心理呢？当时没有仔细分析。说是唯恐天下不乱吧，有点过分。恐怕只是想搞一点小小的恶作剧，不让那位公使太舒服了，如此而已。

在瑞士期间，我听了很多使馆的故事或者传说。有人告诉我，在一个瑞士人举办的什么会上，中国公使被邀参加并且讲话。按外交惯例，他应该用中文发言，让译员翻译成德语或者法语，二者都是瑞士国语。但是，我们的公使大人，大概想露一手，亲自用德文讲话。如果讲得好，讲得得体，也未可厚非。可是他没有准备好的讲稿，德语又蹩脚。这样必然会出洋相的。特别是他在讲话中总是说"das，das，das"。瑞士人莫名其妙，大为惊愕。中国人士最初也是丈二和尚摸不着头脑，后来恍然顿悟：我们公使大人是在把中国讲话时一时想不起要讲什么话只好连声说："这个，这个，这个……"翻译成了德文。这样的顿悟，西方人士是无论如何也不会有的。中国人有福了。

我还听人说，在使馆的一次招待会上，有一位使馆里的什么官员，同我们一样，鼻梁儿不高，却偏喜欢学西方高鼻梁儿人士，戴卡鼻单面眼镜，大概认为这样才有风度。无奈上帝给中国人创造了低鼻梁儿，卡鼻眼镜很难卡得住。于是这一位外交官只好皱起眉头，才能勉强把眼镜保留在鼻梁儿上。稍一疏忽，脸上一想露笑容，眼镜立即从鼻梁儿上滑落。就这样，整个晚上，这一位自命有风度的外交官，皱着眉头，进退应对于穿笔挺的燕尾服的男士们和浑身珠光宝气的女士们之间。真是难为了他！无独有偶，在同一个招待会上，我们的武官，大概是什么少将之类，把自己得到的一枚勋章别在军服的胸前，以显示威风。但是，这一枚小小的勋章偏不听话，偏要捣蛋，总把背面翻转向前。这当然会减少威风的分量，是我们的武官决不能允许的。于是，整个晚上，他就老注意这枚勋章，它一露出背面，他总要把它翻转过来。我个人没有这个眼福，我没有亲眼看到这一幕精彩的表演。你试闭眼想上一想：在一个庄严隆重的外交招待会上，作为主人的官员和武官，一个紧皱眉头，一个不停地翻转勋章，这是一种什么样的景象，你能不哑然失笑吗？

其余的传言还很多，我不再讲述了。

我们与之打交道的就是这样一个使馆。我真是大开了眼界，增长了见识。最重要的是，我们从中获得一个非常宝贵的经验：对付南京派出来的外交官，硬比软更有效。我们交涉从瑞士到法国去的用费和交通工具时，我们就应用了这个经验，而且取得了成功。

从瑞士到法国马赛

我们要求使馆：我们人乘坐火车，而我们的行李则用载重汽车从瑞士运到法国马赛。我们的条件一一实现。但是，我们的行李并不太多，装上载重几十吨重的大汽车，连一层都没有摆满，从远处看，几乎看不到上面有行李。空荡荡的，滑稽可笑。

然而我们却管不了那样多。行李一装上车，我们就逍遥自在，乘火车到日内瓦玩了几天，然后又上火车，驶向法国。时间是1946年2月2日，在过境的时候，海关检查颇严，因为当时从瑞士偷运手表到法国去，是极为赚钱的勾当。我们随身携带的几只箱子，如果一一打开，慢慢腾腾地检查，则"俟河之清，人寿几何"？连火车恐怕都要耽误了。我们中间的一个人，在紧张忙乱中，糊里糊涂地从口袋里摸出了一个瑞士法郎硬币，只是一个法郎，不值几个钱。我正大吃一惊地等待检查员发火的时候，然而却出现了奇迹，那个检查员把那个瑞士法郎放入自己的口袋，在我们所有的箱子上用粉笔画了一些"鬼画符"，我们就通过了。

我是第一次到法国来，当然是耳目为之一新。到了终点站马赛，我更注意到，这里街上的情景同瑞士完全不同。法国这个国家种族歧视比英美要轻得多。我在德国十年，没看见过一个德国妇女同一个黑人挽着臂在街上走路的。在法西斯统治下，那是绝对不可能的。到了瑞士，也没有见过。现在来到马赛，到处可以看到一对对的黑白夫妇，手挽手地在大街上溜达。我的精神一恍惚，满街都是梨花与黑炭的影像，黑白极其分明，我真是大开眼界了。法国人则是"司空见惯浑无事"，怡然自得。

我在这里生平第一次见海。我常嘲笑自己：一个生在山东半岛上、留洋十年而没有见过海的人，我恐怕是独一份儿了。现在我终于洗刷掉这个嘲笑，心里异常兴奋。而大海那种波涛汹涌、浑茫无际的形象，确使我振奋不已。"乾坤日夜浮"是杜甫描写洞庭湖的诗句。这位大诗人大概也没有见过海，否则他会把这样雄浑的诗句保留给大海的。

我们拿着美军在德国哥廷根开给我们的证明文件，到此地管理因战争而抛乡离井的人们的办事处去交涉。他们立刻给我们安排了住处，是一个大仓库，虽简陋但洁净，饭食也还可以。最让我们高兴的是，管理人员全是德国战俘，在说话方面再也不会发生 Demain deux jours 那样的笑话了。

但是，我们不能满足。我们要去找此地的南京派来的总领事馆。我们同这一批人打交道，已经有了瑞士的经验：硬比软强。我们如法炮制，果然神效非凡。我们离开了大仓库，搬进了一个旅馆。我们要求乘船回国，而且一定要头等舱。总领事条条答应，皆大欢喜。我们在马赛从1946年2月2日住到2月8日。事情办妥了，心情轻松了。我们天天到海边上去玩，在大街上买橘子，吃小馆，逍遥自在，快活似神仙。

船上生活

我们终于在2月8日晚上上了船。船名叫 Nea Hellas，排水量一万七千吨，在当时算是很大的船。据说，这艘巨轮是英国所有，被法国租来运送法军到越南去镇压当地的老百姓的。所以，船上的管理和驾驶人员全是英国人，而乘客则几乎全是法国兵，穿便衣的乘客微乎其微，八名中国人在其中竟占了很大的比例。我们分住在两个房间里，里面的设备不能说是豪华，但是整洁、舒适，我们都很满意。船上的饭是非常丰富而美好的，我在日记里多次讲到这一点。总之，上船以后，一切都比较顺利。

但是也曾碰到过不顺利的事情。有一天，我们在最高层的甲板上观望海景。一位英国船员忽然走向我们，告诉我们说，只有头等舱的旅客才能走上最高层。我们大吃一惊，仿佛当头挨了一棒："驻马赛的中国总领事亲口答应我们买头等舱的船票的！"因为当时战争才结束不久，一切都未就绪，这一条船又是运兵的船，从船票上看不出等次。我们自认为是头等舱乘客，实际上并不是。马赛斗争我们自认为是胜利者，焉知那一位总领事是老狐狸，他轻而易举地就把我们这些"胜利者"蒙骗了。我们又气又笑，笑自己的幼稚，吃一堑，长一智，我们又增加了一番阅历。但是，为了中国人的面子，最高层我们决不能不上。我们自己要掏钱改为头等舱，目的就为了争这一口气，我们到船长办公室去交涉。不知道是哪里来的灵感，那位船长一笑，不要我们补钱，特批准我们能上最高层甲板，皆大欢喜。从此顺顺利利地在船上过了将近一个月。

但是，在顺利中也不会没有小小的麻烦。英国人是一个诚实严肃的民族，有过多的保守性，讲究礼节。到船上餐厅里去吃饭，特别是晚饭，必须穿上燕尾服。我们是一群穷学生，衣足蔽体而已，哪里来的什么这尾那尾的服装。但是规定又必须遵守，我们没有办法，又跑了去找船长。他允许我们，只需穿着整洁，打好领带，穿好皮鞋，就可以进餐厅了。我们感激他这一番盛情，"舍命陪君子"，尽上最大的努力打扮自己。最初，因为天气还不太热，穿上笔挺的西装，把天花板上的通气孔尽量转向自己，笔直地坐在餐桌前，喝汤不出声，刀叉不碰响，正正经经，规规矩矩，吃完一顿饭，已经是汗流浃背，筋疲力尽了，回到房间，连忙洗澡。这样忍耐了一些时候，船一进入红海，天气热得无法形容，穿着衬衫，不走不动，还是大汗直流，再想"舍命"也似乎无命可舍了。我们简直视餐厅为畏途，不敢进去吃饭。我们于是同餐厅交涉，改在房中用餐，这个小小的磨难才算克服。

船上当然不全是磨难，令人愉快的事情还是很多很多的。首先是冷眼旁观船上的法国兵。船上究竟有多少法国兵，我并不清楚，大概总有几千人，而且男女都有，当然女兵在数目上远远少于男兵。法国人是一个愉快喜欢交际的民族。有人说，他们把心托在自己手上，随时随地交给对方。同他们打交道不像德国人和英国人那样难。一见面，说不上三句话，似乎就成了老朋友，船上年轻的男女法国兵都是这样。他们和她们都热情活泼，逗人喜爱。他们之间，搂搂抱抱，打打闹闹，没有人觉得奇怪。只有在晚上，我们有时候会感到有点不方便。我们在甲板上散步，想让海风吹上一吹，饱览大海的夜景，这无疑也是一种难得的福气。可是在比较黑暗的角落里，有时候不小心会踩上躺在甲板上的人，不是一个，而是两个，当然是一男一女。此时，我们实在觉得非常抱歉，非常尴尬。而被踩者却大方得很，他们毫不在意，照躺不误。我们只好加速迈步，逃回自己的房间。房间内灯火通明，外面在甲板上黑暗中的遭遇，好像一下子消逝，只剩下零零碎碎的回忆的片断了。

我认识了一位法国青年军官，不知道他的军阶。瘦癯的身材，清瘦的面孔，一副和气的模样。他能说英语，我们就有了共同的语言。我们经常在甲板上碰头，交谈，一起散步，谈到各式各样的问题，彼此没有戒心，可以说是无话不谈。他常常用轻蔑的口吻讽刺法国军队，说官比兵多，大官比小官多。对晚上我们碰到的情况，他并不隐讳，但也并不赞成。就这样，我们在二十多天内，仿佛成了非常要好的朋友，他真仿佛把托在手掌上的心交给我了，我感到非常愉快。

至于法国兵同英国船员之间的关系，我看是非常融洽的。他们怎样接触，我没有看到，不敢瞎说。我亲眼看到的事情也有一些，其中给我印象最深的是法国兵与英国管理人员之间的拳击比赛。这种比赛几乎都放在晚上，在晚饭后，在轮船最前端的甲板上，摆下了战场，离船舷只有一两米远。船舷下面几十米的深处，浪花翻腾，汹涌澎湃之声洋洋乎盈耳。海水深碧，浩渺难测，里面鱼龙水怪正在潜伏，它们听到了船上的人声，看到了反映在海面上的灯影，大惊失色，愈潜愈深了。船上则灯火通明，人声鼎沸。英法两国的棒小伙子正在挥拳对击，龙腾虎跃，各不示弱。此时轮船仍然破浪前进，片刻不停。我们离开大陆百里千里，在一望无际的大海上，似乎是一个独立的小世界。我仿佛置身于一个童话或神话中，恍惚间又仿佛是在梦中，此情此景，无论如何也不像是在人间了。

我们的船还在红海里行驶。为什么叫"红海"呢？过去也曾有过这样的疑问，但是没有得到答案。这一次的航行却于无意中把答案送给了我。2月19日的日记中有这样一段话：

今天天气真热，汗流不止。吃过午饭，想休息一会儿，但热得躺不下。到最高层甲板上去看，远处一片红浪，像一条血线。海水本来是黑绿的，只有这一条特别红，浪冲也冲不破。大概这就是"红海"名字的来源。我们今天也看到飞鱼。

我想，能亲眼看到这一条红线，是并不容易的。千里航程中只有几米宽不知有多长的一条红线，看到它是要有一点运气的。如果我不适逢此时走上最高层甲板，是不会看到的。我自认为是一个极有运气的人，简直有点飘飘然了。

另外一件事证明我们全船的人都是有运气的。当时第二次世界大战刚刚结束，海上的水雷还没有来得及清除多少，从地中海经过红海到印度洋，到处都是这样。我们这一艘船又是最早从欧洲开往亚洲的极少数的船之一。在我们这一条船之前，已经有几条船触雷沉没了。这情况我们最初虽然并不完全知道，但也有所感觉。为什么一开船我们就被集合到甲板上，戴上救生圈，排班演习呢？为什么我的日记中记载着天天要到甲板上去"站班"呢？其中必有原因。过马六甲海峡以后，一天早晨，船长告诉大家，夜里他一夜没有合眼，这里是水雷危险区，他生怕出什么问题。现在好了，最危险的地区已经抛在后面了。从此以后，他可以安心睡觉了。我们听了，都有点后怕。但是，后怕是幸福的；危险过了以后，才能有后怕，这是尽人皆知的常识。

我们感到很幸福。

在洋溢着幸福感时，我们到了目的地：西贡。

从西贡到香港

我们于1946年4月19日离开西贡，登上了一艘开往香港的船。

这一条船相当小，不过一千多吨，还不到 Nea Hellas 的十分之一。设备也比较简陋。我们住的是头等舱，但里面并不豪华。至于二等舱、三等舱，以至于统舱，那就更不必说了。

我们的运气也不好，开船的第二天，就遇上了大风，是不是台风？我忘记了，反正风力大到了可怕的程度。我们这一条小船被吹得像海上的浮萍，随浪上下，一会儿仿佛吹上了三十三天，一会儿又仿佛吹下了十八层地狱。但见巨浪涛天，狂风如吼；波涛里面真如有鱼龙水怪翻腾滚动，瞬息万变。仿佛孙大圣正用那一根定海神针搅动龙宫，以致全海抖动。我本来就有晕船的毛病，现在更是呕吐不止，不但不能吃东西，而且胃里原有的那一点储备，也完完全全吐了出来，最后吐出来的只是绿颜色的水。我在舱里待不住了，因为随时都要吐。我干脆走到甲板上，把脑袋放在船舷上，全身躺在那里，吐起来方便。此时我神志还比较清楚，但见船上的桅杆上下摆动，有九十度的幅度。海水当然打上了甲板，但我顾不得那样多了，只是昏昏沉沉地半闭着眼，躺着不动。这场风暴延续了两天。船长说，有一夜，轮船开足了马力，破浪前进，但是一整夜，寸步未动。马力催进一步，暴风打退一步。二者相抵，等于原地踏步了。

风暴过后，我已经两天多滴水未进了。船上特别准备了鸡肉粥。当我喝完一碗粥的时候，觉得其味香美，异乎寻常，燕窝鱼翅难比其美，仙药醍醐庶几近之。这是我生平吃的最香最美的一碗粥，至今记忆犹新。此时，晴空万里，丽日中天，海平如镜，水波不兴。飞鱼在水面上飞驰，像飞鸟一样。远望一片混茫，不见岛屿，离陆地就更远更远了。我真是顾而乐之，简直想手舞足蹈了。

我们的船于4月25日到了香港。南京政府在这里有一个外交特派员，相当于驻其他国家的公使或者大使。负责接待我们的就是这个特派员公署。他们派人到码头上去接我们，把我们送到一家客栈里。这家客栈设备极其简陋，根本没有像样的房间，同内地的鸡毛小店差不多。分给我们两间极小的房子，门外是一个长筒子房间，可以叫做一个"厅"吧，大约有二三十平方米，没有床，只有地铺，住着二三十个客人，有的像是小商贩，有的则是失业者。有人身上长疮，似乎是梅毒一类的东西。这些人根本不懂什么礼貌，也没有任何公德心，大声喧哗，随口吐痰，抽劣质香烟，把屋子弄得乌烟瘴气。香港地少人多，寸土寸金。能够找到这样一个住处，也就不容易了。因为我们要等到上海去的船，只能在这样的地方暂住了。

我久仰香港大名，从来没有来过。这次初到，颇有一点新奇之感，然而给我的印象却并不美妙。我在欧洲住了十年多，瑞士、法国、德国等国的大世面，我都见过，亲身经历过。四十年代中叶的香港同今天的香港，有相同的地方，就是地少人多，但是不相同的地方却一目了然：那时的香港颇有点土气，没有一点文化的气息，找一个书店都异常困难。走在那几条大街上，街上的行人摩肩接踵，熙熙攘攘。头顶上那些鸽子窝似的房子中闹声极大，打麻将洗牌之声，有如悬河泻水，雷鸣般地倾泻下来；又像是暴风骤雨，扫过辽阔的大原。让我感觉到，自己确确实实是在人间，不容有任何幻想。在当时的香港这个人间里，自然景观，除了海景和夜景以外，几乎没有什么可看的。因为是山城，同重庆一样，一到夜里，万灯齐明，高高低低，上上下下，或大或小，或圆或方，有如天上的星星，并辉争光，使人们觉得，这样一个人间还是蛮可爱的。

在这样一个人间里，斗争也是不可避免的。同在瑞士、马赛和西贡一样，这里斗争的对象也是外交代表。我们去见外交特派员郭德华，商谈到上海去的问题。同在西贡一样，船期难定，这就需要特派员大力支持。我们走进他那宽敞明亮的大办公室。他坐在巨大的办公桌后面，威仪俨然，戴着玳瑁框的眼镜，留着小胡子，面团团如富家翁，在那里摆起架子，召见我们。我们一看，心里全明白了。俗话说"不打不成相识"，看样子需要给他一点颜色看。他不站起来，我们也没有在指定的椅子上就座，而是一屁股坐到他的办公桌上。立竿见影，他立刻站起身来，脸上也有了笑容。这样一来，乘船的问题就迎刃而解了。

我们心里一块石头落了地，在香港玩了几天，拜访了一些朋友，等候开船的日期。

在香港同南京政府的外交人员进行了"最后的斗争"以后，船票终于拿到手了。我们于1946年5月13日上了开往上海的船，走上了回到祖国怀抱的最后的历程。

本章节选自：《留德十年》（1988年3月1日至4月11日初稿，1991年1月13日至5月11日二稿，1991年5月11日写毕）；《留德日记》（1935年1月1日～1936年12月31日）。

——编者注

第四章

梦萦未名湖

　　将近四十年来，我一直住在燕园中、未名湖畔，我那记忆的丝缕
用不着再挂在未名湖上。然而，那些被铲除的可爱的花草时来入梦。
我那些本来应该投闲置散的回忆的丝缕又派上了用场。它挂在苍翠繁
茂的爬山虎上，芳香四溢的丁香花上，红绿皆肥的西府海棠上，葳蕤
茂密的藤萝花上。这样一来，我就同那些离开母校的校友一样，也梦
萦未名湖了。

回到祖国

　　我于1946年春夏之交，经法国马赛和越南西贡，回到祖国。先在上海和南京住了一个夏天和半个秋天。当时解放战争正在激烈进行，津浦铁路中断，我有家难归。当时我已经由恩师陈寅恪先生介绍，北大校长胡适之先生、代理校长傅斯年先生和文学院院长汤锡予（用彤）先生接受，来北大任教。在上海和南京住的时候，我一点儿收入都没有。我在上海卖了一块从瑞士带回来的自动化的 Omega 金表。这在当时国内是十分珍贵、万分难得的宝物。但因为受了点儿骗，只卖了十两黄金。我将此钱的一部分换成了法币，寄回济南家中。家中经济早已破产，靠摆小摊，卖炒花生、香烟、最便宜的糖果之类的东西，勉强糊口。对于此事，我内疚于心久矣。只是阻于战火，被困异域。家中盼我归来，如大旱之望云霓。现在终于历尽千辛万苦回来了，我焉能不首先想到家庭！家中的双亲——叔父和婶母，妻、儿正在嗷嗷待哺哩。剩下的金子就供我在南京和上海吃饭之用。住宿，在上海是睡在克家家中的榻榻米上；在南京是睡在长之国立编译馆的办公桌上，白天在台城、玄武湖等处游荡。我出不起旅馆费，我还没有上任，根本拿不到工资。

　　在这样的情况下，我无书可读，无处可读。我是多么盼望能够有一张哪怕是极其简陋的书桌啊！除了写过几篇短文外，一个夏天，一事无成。一个人的生命是有限的。古人说："一寸光阴一寸金，寸金难买寸光阴。"我自己常常说，浪费时间，等于自杀。然而，我处在那种环境下，又有什么办法呢？我真成了"坐宫"中的杨四郎。

我于1946年深秋从上海乘船北上，先到秦皇岛，再转火车，到了一别十一年的故都北京。从山海关到北京的铁路由美军武装守护，尚能通车。到车站去迎接我们的有阴法鲁教授等老朋友。汽车经过长安街，于时黄昏已过，路灯惨黄，落叶满地，一片凄凉。我想到了一句唐诗："落叶满长安"，这诗句中说的"长安"，指的是"长安城"，今天的"西安"。我的"长安"是北京东西长安街。游子归来，古城依旧，而岁月流逝，青春难再。心中思绪万端，悲喜交集。一转瞬间，却又感到仿佛自己昨天才离开这里。叹人生之无常，嗟命运之渺茫。过去十一年的海外经历，在脑海中层层涌现。我们终于到了北大的红楼。我暂时被安排在这里住下。

按北大当时的规定，国外归来的留学生，不管拿到什么学位，最高只能定为副教授。清华大学没有副教授这个职称，与之相当的是专任讲师。至少要等上几年，看你的教书成绩和学术水平，如够格，即升为正教授。我能进入北大，已感莫大光荣，焉敢再巴蛇吞象有什么非分之想！第二天，我以副教授的身份晋谒汤用彤先生。汤先生是佛学大师，他的那一部巨著《汉魏两晋南北朝佛教史》，集义理、辞章、考据于一体，蜚声宇内，至今仍是此道楷模，无能望其项背者。他的大名我仰之久矣。在我的想象中，他应该是一位面容清癯、身躯瘦长的老者；然而实际上却恰恰相反。他身着灰布长衫，圆口布鞋，面目祥和，严而不威，给我留下了十分深刻的印象。暗想在他领导下工作是一种幸福。过了至多一个星期，他告诉我，学校决定任我为正教授，兼文学院东方语言文学系的系主任。这实在是大大地出我意料。要说不高兴，那是过分矫情；要说自己感到真正够格，那也很难说。我感愧有加，觉得对我是一种鼓励。不管怎样，副教授时期之短，总可以算是一个记录吧。

思想斗争

　　我在这里讲的"思想斗争"，不是后来我们所理解的那一套废话，而是有关我的学术研究的。我曾多次提到，在印度学领域内，我的兴趣主要在印度古代及中世佛典梵文上，特别是在"混合梵文"上。对此我的博士论文以及我在哥廷根写的几篇论文可以为证。然而做这样的工作需要大量专业的专著和杂志。哥廷根大学图书馆和梵文研究所图书室是具备这个条件的。在哥廷根十年，我写论文用了上千种专著和杂志，只有一次哥廷根缺书而不得不向普鲁士国家图书馆去借，可见其收藏之富。反观我国，虽然典籍之富甲天下，然而，谈到印度学的书刊，则几乎是一片沙漠。这个问题，我在离开欧洲时已经想到了。我的所谓"思想斗争"就是围绕着这个问题而开始萌动的。

　　我虽少无大志，但一旦由于天赐良机而决心走上学术研究的道路，就像是过河卒子，只能勇往向前，义无反顾。可是我要搞的工作，不是写诗，写小说，只要有灵感就行，我是需要资料的，而在当时来说，只有欧洲有。而我现在又必须回国，顾彼失此，顾此失彼，"我之进退，实为狼狈"。正像哈姆莱特一样，摆在我眼前的是：走呢，还是不走？That is a question。在激烈的思想斗争之余，想到祖国在灾难中，在空前的灾难中，我又是亲老、家贫、子幼。

如果不回去，我就是一个毫无良心的、失掉了人性的人。如果回去，则我的学术前途将付诸东流。最后我想出了一个折中的方案：先接受由 G.Haloun 先生介绍的英国剑桥大学的聘约，等到回国后把家庭问题处理妥善了以后，再返回欧洲，从事我的学术研究。这实在是在万般无奈的情况下想出来的一个办法。

一回到祖国，特别是在1947年暑假乘飞机返回已经离开十二年的济南以后，看到了家庭中的真实情况，比我想象的还要严重得多，我立即忍痛决定，不再返回欧洲。我不是一个失掉天良的人，我为人子、为人夫、为人父的责任，必须承担起来。我写信给 Haloun 教授，告诉了他我的决定，他回信表示理解和惋惜。有关欧洲的"思想斗争"，就这样结束了。

然而新的"思想斗争"又随之而起。我既然下定决心，终生从事研究工作，我的处境已如京剧戏言中所说的："马行在夹道内，难以回马。"研究必有对象，可是我最心爱的对象印度古代混合梵文已经渺如海上三山，可望而不可即了。新的对象在哪里呢？我的兴趣一向驳杂，对好多学问，我都有兴趣。这更增加了选择的困难。只因有了困难，才产生了"思想斗争"。这个掂一掂，那个称一称，久久不能决定。我必须考虑两个条件：一个是不能离开印度，一个是国内现成的资料不够充足。离开了印度，则我十年所学都成了无用之物。资料不够充足，研究仍会遇到困难。我的考虑或者我的"思想斗争"，都必须围绕着这两个条件转。当时我初到一个新的环境中，对时间的珍惜远远比不上现在。"斗争"没有结果，就暂时先放一放吧。

终于找到了学术上的出路

当时北大文学院和法学院的办公室都在沙滩红楼后面的北楼，校长办公室则在孑民纪念堂前的东厢房内，西厢房是秘书长办公室。所谓"秘书长"，主要任务同今天的总务长差不多，处理全校的一切行政事务。秘书长以外，还有一位教务长，主管全校的教学工作。没有什么副校长。全校有六个学院：文、理、法、农、工、医。这样庞大的机构，管理人员并不多，不像现在大学范围内有些嘴损的人所说的：校长一走廊，处长一讲堂，科长一操场。我无意宣扬旧时代有多少优点，但是，上面这个事实确实值得我们深思。

北大图书馆就在北楼前面，专门给了我一间研究室。我能够从书库中把我所用的书的一部分提出来，放在我的研究室中。我了解到，这都是出于文学院院长汤锡予先生和图书馆馆长毛子水先生的厚爱。现在我在日本和韩国还能见到这情况，中国的大学，至少是在北大，则是不见了。这样做，对一个教授的研究工作，有极大的方便。汤先生还特别指派了一个研究生马理女士做我的助手，帮我整理书籍。马理是已故北大国文系主任马裕藻教授的女儿，赫赫有名的马珏的妹妹。

北大图书馆藏书甲大学的天下，但是，有关我那专门研究范围的书，却如凤毛麟角。全国第一大图书馆北京图书馆，比较起来，稍有优越之处；但是，除了并不完整的巴利文藏经和寥寥几本梵文书外，其他重要的梵文典籍一概不见，燕京大学图书馆是注意收藏东方典籍的。可是这情况是1952年院系调整后才知道的，新中国成立前，我毫无所知。即使燕大收藏印度古代典籍稍多，但是同欧洲和日本的图书馆比较起来，真如小巫见大巫，根本不可能同日而语。

在这样的情况下，我真如虎落平川、龙困沙滩，纵有一身武艺，却无用武之地。我虽对古代印度语言的研究恋恋难舍，却是一筹莫展。我搞了一些翻译工作，翻译了马克思论印度的几篇论文，翻译了德国女作家安娜·西格斯的短篇小说。我还翻译了恩格斯用英文写成的《英国工人阶级状况》，只完成了一本粗糙的译稿，后来由中共中央马列著作翻译局拿了去整理出版，收入《马克思恩格斯全集》中。这些工作都不是我真正兴趣之所在，不过略示一下我是一个闲不住的人而已。

这远远不能满足我那种闲不住的心情。当时的东方语言文学系，教员不过五人，学生人数更少。如果召开全系大会的话，在我那只有十几平方米的系主任办公室里就绰绰有余。我开了一班梵文，学生只有三人。其余的蒙文、藏文和阿拉伯文，一个学生也没有。我"政务"清闲，天天同一位系秘书在办公室里对面枯坐，既感到极不舒服，又感到百无聊赖。当时文学院中任何形式的会都没有，学校也差不多，有一个教授会，不过给大家提供见面闲聊的机会，一点儿作用也不起的。

汤用彤先生正开一门新课《魏晋玄学》。我对汤先生的道德文章极为仰慕。他的著作虽已读过，但是，我在清华从未听过他的课，极以为憾。何况魏晋玄学的研究，先生也是海内第一人。课堂就在三楼上，我当然不会放过。于是征求了汤先生的同意，我每堂必到。上课并没有讲义，他用口讲，我用笔记，而且尽量记得详细完整。他讲了一年，我一堂课也没有缺过。汤先生与胡适之先生不同，不是口若悬河的人。但是，他讲得细密、周到，丝丝入扣，时有精辟的见解，如石破天惊，令人豁然开朗。我的笔记至今还保存着，只是"只在此室中，书深不知处"了。此外，我因为感到自己中国音韵学的知识欠缺，周祖谟先生适开此课，课堂也在三楼上，我也得到了周先生的同意去旁听。周先生比我年轻几岁，当时可能还不是正教授。别人觉得奇怪，我则处之泰然。一个系主任教授随班听课，北大恐尚未有过，但是，这有什么关系呢？能者为师。在学问上论资排辈，为我所不取。

然而我心中最大的疙瘩还没有解开：旧业搞不成了，我何去何从？在哥廷根大学汉学研究所图书室阅书时，因为觉得有兴趣，曾随手从《大藏经》中，从那一大套笔记丛刊中，抄录了一些有关中印关系史和德国人称之为"比较文学史"（Vergleichende Literatur-geschichte）的资料。当时我还并没有想毕生从事中印关系史和比较文学史的研究工作，虽然在下意识中觉得这件工作也是十分有意义的，非常值得去做的。回国以后，尽管中国图书馆中关于印度和比较文学史的书籍极为匮乏，但是，中国典籍则浩瀚无量。倘若研究中印文化关系史和比较文学史，至少中国这一边的资料是取之不尽、用之不竭的，而且这个课题至少还同印度沾边，不致十年负笈，前功尽弃。我反复思考，掂斤播两，觉得这真是一个极为灵妙的主意。虽然我心中始终没有忘记印度古代语言的研究，但目前也只能顺应时势，有多大碗吃多少饭了。

我终于找到了学术上的出路。

眼前充满光明

1949年迎来了解放。当时我同北大绝大多数的教授一样，眼前一下子充满了光明，心情振奋，无与伦比。我觉得，如果把自己的一生分为两段或者两部分的话，现在是新的一段的开始。当时我只有三十八岁，还算不上中年，涉世未深，幻想特多，接受新鲜事物，并无困难。

我本来是一个性格内向的人，最怕同人交际；又是一个上不得台面的人。在大庭广众中、在盛大的宴会或招待会中，处在衣装整洁、珠光宝气的男女社交家或什么交际花包围之中，浑身紧张，局促不安，恨不得找一个缝钻入地中。看见有一些人应对进退，如鱼得水，真让我羡煞。但是命运或者机遇却偏偏把我推到了行政工作的舞台上；又把我推进了社会活动的中心，甚至国际活动的领域。

人民政府一派人来接管北大，我就成了忙人。一方面，处理系里的工作。有一段时间，由于国家外交需要东方语言的人才，东语系成为全校最大的系。教员人数增加了十倍，学生人数增加了二百多倍，由三四人扩涨到了八百人。我作为系主任，其工作之繁忙紧张，概可想见。另一方面，我又参加了教授会的筹备组织工作，并进一步参加了教职员联合会的筹备组织工作。看来党组织的意图是成立全校的工会。但是，到了筹建教职员联合会这个阶段，遇到了巨大的阻力：北大工人反对同教职员联合。当时"工人阶级必须领导一切"的口号喊得震天价响。教职员被认为是资产阶级的，哪里能同工人平起平坐呢？这样一来，岂不是颠倒了领导者与被领导者的地位？这哪里能行！在工人们眼中，这样就是黄钟毁弃，瓦釜雷鸣，是绝对不行的。幸而我国当时的最高领导人之一及时发了话："大学教授不是工人，而是工人阶级。"有了"上头"的指示，工人不敢再顶。北大工会终于成立起来了。我在这一段过程中是活跃分子。我担任过北大工会组织部长、秘书长、沙滩分会主席，出城以后又担任过工会主席。为此我在"文化大革命"中还多被批斗了许多次。这是对我非圣无德行为的惩罚，罪有应得，怪不得别人。此是后话，暂且不谈了。

陷入会议的漩涡

当时北大常常请一些革命老前辈到沙滩民主广场来做报告，对我们进行教育。陈毅元帅就曾来过，受到全校师生极其热烈的欢迎。其次给我留下印象最深刻的是周扬同志的报告。记得不是在民主广场，而是在一个礼堂中，他极有风趣地说："国民党的税多，共产党的会多。"他这一句话，从许多人口中都听到过，确实反映了实际情况。一直到今天，半个世纪快要过去了，情况一点儿没有改变。有许多次领导号召精简会议，然而收效极微。暂时收敛，立即膨胀，成为一个极难治疗的顽症。

学校秩序还没有十分安定，中央领导立即决定，在全国范围内开展"三反"、"五反"、思想改造运动。

大家都知道，运动一来，首先就是开会：大会、小会、大会套小会，总而言之是会、会、会，会开得你筋疲力尽，一塌糊涂。在北大，在奉行极"左"路线的年代，思想改造，教授几乎是人人过关。自我检查，群众评议。这种自我检查，俗名叫"洗澡"。"洗澡"有"大盆"、"中盆"、"小盆"之别。校一级领导，以及少数同国民党关系比较亲密的教授们，自然必须是"大盆"。换言之，就是召开全校大会，向全校师生做自我检查。

检查得深刻才能过关。深刻与否，全由群众决定。一次过不了关，再来第二次、第三次，一直检查到声泪俱下，打动了群众的心，这个"澡"才算洗完。有一位就在自己的检查稿上加上旁注："哭！再哭！"成为一时的"美谈"。

我，作为一个知识分子，当然是"有罪"的。可惜罪孽还不够深重，地位也不够高，只能凑合着洗一个"中盆"。检查两次就通过了。我检查稿上没有注上"哭！"我也没有真哭，这样通过，算是顺利的了。

自己洗完了"澡"以后，真颇觉得神清气爽，心中极为振奋。我现在已经取得了资格，可以参加领导东语系的思想改造运动了；后来甚至于成了文、法两个学院的领导小组组长。秘书或副组长是法学院院长秘书余叔通同志，他曾是地下党员，是掌握实权的人物。这样一来，我当然更加忙碌了，表现出来就是开会越来越多了。白天开会，晚上开会，天天开会。

我真正陷入了会议的漩涡里了。

开了三四十年的会以后，我曾对人说过：我现在的专业是开会，专门化也是开会。可惜大学里没有开设"开会学"这一门课，如果开的话，我是最理想的主讲教授。我对开会真正下了工夫，费了时间。从上到下，从里到外，从大到小，从长到短，从校内到校外，从国内到国外，形式不同，内容各异，我都能应付裕如，如鱼在水，提其纲而挈其领，钩其要而探其玄，理论和实践，都达到了极高的水平。如果教委和国务院学位委员会批准建立"开会学"博士点，我相信，我将是第一个合格的"博导"。

梦萦未名湖

北京大学正在庆祝九十周岁华诞。对一个人来说，九十周岁是一个很长的时期，就是所谓的耄耋之年。自古以来，能够活到这个年龄的只有极少数人。但是，对一个大学来说，九十周年也许只是幼儿园阶段。北京大学肯定还要存在下去的，二百年，三百年，一千年，甚至更长的时期。同这样长的时间相比，九十周年难道还不就是幼儿园阶段吗？

我们的校史，还有另外一种计算方法，那就是从汉代的太学算起。这绝非我的发明创造，国外不乏此例。这样一来，我们的校史就要延伸到两千来年，要居世界第一了。就算是两千来年吧，我们的北大还要照样存在下去的。也许三千年，四千年，谁又敢说不行呢？同将来的历史比较起来，活了两千年也只能算是如日中天，我们的学校远远没有达到耄耋之年。

一个大学的历史存在于什么地方呢？在书面的记载里，在建筑的实物上，当然是的。但是，它同样也存在于人们的记忆中。相对而言，存在于人们的记忆中，时间是有限的，但它毕竟是存在。而且这个存在更具体、更生动、更动人心魄。在过去九十年中，从北京大学毕业的人数无法统计，每个人都有自己对母校的回忆。在这些人中，有许多在中国近代史上非常显赫的名字。离开这些人，中国近代史的写法恐怕就要改变。这当然只是极少数人。其他绝大多数的人，尽管知名度不尽相同，也都在自己的工作岗位上，对祖国的建设事业做出了自己的贡献。他们个人的情况错综复杂，他们的工作岗位五花八门。但是，我相信，有一点却是共同的：他们都没有忘记自己的母校北京大学。母校像是一块大磁铁吸住了他们的心。让他们那记忆的丝缕永远同母校挂在一起，挂在巍峨的红楼上面，挂在未名湖的湖光塔影上面，挂在燕园的四时不同的景光上面：春天的桃杏藤萝，夏天的绿叶红荷，秋天的红叶黄花，冬天的青松瑞雪，甚至临湖轩的修篁，红湖岸边的古松，夜晚大图书馆的灯影，红茵上飘动的琅琅书声，所有这一切无不挂上校友们回忆的丝缕，他们的梦永远萦绕在未名湖畔。《沙恭达罗》里面有一首著名的诗：

> 你无论走得多么远也不会走出了我的心，
> 黄昏时刻的树影拖得再长也离不开树根。

北大校友们不完全就是这个样子吗？

至于我自己，我七十多年来的一生（我只是说到目前为止，并不想就要作结论），除了当过一年高中国文教员，在国外工作了几年以外，唯一的工作岗位就是北京大学，到现在已经四十多年了，占了我一生的一半还要多。我于1946年深秋回到故都，学校派人到车站去接。汽车行驶在十里长街上，凄风苦雨，街头昏黄，我真有点悲从中来。我离开故都已经十几年了，身处万里以外的异域，作为一个海外游子经常给描绘重逢的欢悦情景。谁又能想到，重逢竟是这般凄苦？我心头不由自主地涌出了两句诗："西风凋碧树，落叶满长安（长安街也）。"我心头有一个比深秋更深秋的深秋。

到了学校以后，我被安置在红楼三层楼上。在日寇占领时期，红楼驻有日寇的宪兵队，地下室就是行刑杀人的地方，传说里面有鬼叫声。我从来不相信有什么鬼神。但是，在当时，整个红楼上下五层，寥寥落落，只住着四五个人，再加电灯不明，在楼道的薄暗处真仿佛有鬼影飘忽。走过长长的楼道，听到自己的脚音回荡，颇疑非置身人间了。

但是，我怕的不是真鬼，而是假鬼，这就是决不承认自己是魔鬼的国民党特务，以及由他们纠集来的当打手的天桥的地痞流氓。当时国民党反动派正处在垂死挣扎阶段。号称北平解放区的北大的民主广场成了他们的眼中钉，肉中刺。红楼又是民主广场的屏障，于是就成了他们进攻的目标。他们白天派流氓到红楼附近来捣乱，晚上还想伺机进攻。住在红楼的人逐渐多起来了。大家都提高警惕，注意动静。我记得有几次甚至想用椅子堵塞红楼主要通道，防备坏蛋冲进来。这样紧张的气氛颇延续了一段时间。

延续了一段时间，恶魔们终于也没能闯进红楼，而北平却解放了。我于此时真正是耳目为之一新。这件事把我的一生明显地分成了两个阶段。从此以后，我的回忆也截然分成了两个阶段：一段是魑魅横行，黑云压城；一段是魑魅现形，天日重明。两者有天渊之别，云泥之分。北大不久就迁至城外有名的燕园中，我当然也随学校迁来，一住就住了将近四十年。我的记忆的丝缕会挂在红楼上面，会挂在截然不同的两个世界上，这是不言而喻的。

一住就是四十年，天天面对未名湖的湖光塔影。难道我还能有什么回忆的丝缕要挂在湖光塔影上面吗？别人认为没有，我自己也认为没有。我住房的窗子正面对未名湖畔的宝塔。一抬头，就能看到高耸的塔尖直刺蔚蓝的天空。层楼栉比，绿树历历，这一切都是活生生的现实，一睁眼，就明明白白能够看到，哪里还用去回忆呢？

然而，世事多变。正如世界上没有一条完全平坦笔直的道路一样，我脚下的道路也不可能是完全平坦笔直的。在魑魅现形，天日重明之后，新生的魑魅魍魉仍然可能出现。我在美丽的燕园中，同一些真正善良的人们在一起，又经历了一场群魔乱舞、黑云压城的特大暴风骤雨。这在中国人民的历史上是空前的（我但愿它也能绝后）！我同一些善良正直的人们被关了起来，一关就是八九个月。但是，终于又像"凤凰涅槃"一般，活了下来。遗憾的是，燕园中许多美好的东西遭到了破坏。许多楼房外面墙上的"爬山虎"，那些有一二百年寿命的丁香花，在北京城颇有一点名气的西府海棠，繁荣茂盛了三四百年的藤萝，都坚决、彻底、干净、全部地被消灭了。为什么世间一些美好的花草树木也竟像人一样成了"反革命"，成了十恶不赦的罪犯呢？我百思不得其解。

我自己总算侥幸活下来了。但是，这一些为人们所深深喜爱的花草树木，却再也不能见到了。如果它们也有灵魂的话，（我希望它们有！）这灵魂也决不会离开美丽的燕园。月白风清之夜，它们也会流连于未名湖畔湖光塔影中吧！如果它们能回忆的话，它们回忆的丝缕也会挂在未名湖上吧！可惜我不是活神仙，起死无方，回生乏术。它们消逝了，永远消逝了。这里用得上一句旧剧的戏词："要相会，除非是梦里团圆。"

　　到了今天，这场噩梦早已消逝得无影无踪。我又经历了一次魑魅现形、天日重明的局面。我上面说到，将近四十年来，我一直住在燕园中、未名湖畔，我那记忆的丝缕用不着再挂在未名湖上。然而，那些被铲除的可爱的花草时来入梦。我那些本来应该投闲置散的回忆的丝缕又派上了用场。它挂在苍翠繁茂的爬山虎上，芳香四溢的丁香花上，红绿皆肥的西府海棠上，葳蕤茂密的藤萝花上。这样一来，我就同那些离开母校的校友一样，也梦萦未名湖了。

　　尽管我们目前还有这样那样的困难，但是我们未来的道路将会越走越宽广。我们今天回忆过去，决不仅仅是发思古之幽情。我们回忆过去是为了未来。愿普天之下的北大校友：国内的、海外的、男的、女的、老的、少的，什么时候也不要割断你们对母校的回忆的丝缕，愿你们永远梦萦未名湖，愿我们大家在十年以后都来庆祝母校的百岁华诞。"但愿人长久，千里共婵娟！"

《牛棚杂忆》节选

从社教运动谈起

六十年代前半，在全国范围内又掀起了一场惊心动魄的叫做"社会主义教育运动"的运动。北大又大大地折腾了一番。规律仍然是：这场运动你整我，下次运动我整你。混战了一阵，然后平静下来，又都奉命到农村去搞社会主义教育运动。

我于1965年秋天，开完了"国际饭店会议"以后，奉命到了京郊南口村，担任这个村的社教队的副队长，分工管整党工作。这是一个小小的山村。在铁道修建以前，是口内外的交通要道。据当地的老百姓告诉我，当年这里十分繁华，大街上店铺林立，每天晚上卧在大街上的骆驼多达几百头，酒馆里面划拳行令之声通宵达旦。铁路一修，情况立变，现在已是今非昔比。全村到处可见断壁颓垣，一片荒凉寂寞，当年盛况只残留在老年人的记忆中了。

村里社教运动进行的情况，我不想在这里谈。我只谈与"文化大革命"有关的一些情况。这一场"史无前例"的所谓"革命"，来头是很大很大的。这是尽人皆知的事实，用不着我再去细说。它实际上是在1965年冬天开始的，正是我在南口村的时候。这时候，姚文元写了一篇文章：《评新编历史剧〈海瑞罢官〉》，点起了"革命"的烽火。这一篇文章鼓其如簧之舌，歪曲事实，满篇邪理。它据说也是颇有来头的。姚文元不过是拿着鸡毛当令箭出台献艺的小丑而已。我读到这篇文章就是在南口村。我脑袋里一向缺少政治细胞，虽然解放后几乎天天学习政治，怎奈我天生愚钝，时时刻刻讲阶级斗争，然而我却偏偏忽略阶级斗争。我从文章中一点也没有体会出阶级斗争的味道。我一点也没有感觉出这就是"山雨欲来风满楼"，这就是大风暴将要来临的信号。我只把它当做一篇平常的文章来看待。兼之我又有肚子里藏不住话的缺点（优点？），看完了以后，我就信口开河，大发议论，毫无顾忌。我到处扬言：我根本看不出《海瑞罢官》会同彭德怀有什么瓜葛。我还说，"三家村"里的三位村长我都认识，有的还可以说是朋友。我同吴晗三十年代初在清华是同学。1946年，我回到北平以后，还曾应他的邀请到清华向学生做过一次报告，在他家里住过一宿。如此等等，说个没完。我哪里知道，说者无心，听者有意。同我一起来南口村搞社教运动的有我的一位高足，出身贫农兼烈属，平常对我毕恭毕敬，我内定他为我的"接班人"。就是这一个我的"心腹"，把我说的话都记在心中，等待秋后算账，脸上依然是笑眯眯的。后来，到了"文化大革命"中，我自己跳出来反对北大那一位臭名远扬的"老佛爷"，被关进牛棚。我的这一位高足看到时机已到，正好落井下石，图得自己捞上一顶小小的乌纱帽，把此时记住的我说的话，竹筒倒豆子，再加上一点歪曲，倾盆倒到了我的头上，把我"打"成了"三家村的小伙计"！我顺便说一句，这一位有一百个理由能成为无产阶级接班人的贫农兼烈属的子弟，已经溜到欧洲一个小国当洋奴去了。时间是毫不留情的，它真使人在自己制造的镜子里照见自己的真相！

　　闲言少叙，书归正传。我仍然读姚文元的文章。姚文元在这篇文章中使用的深文周纳的逻辑，扑风捉影莫须有的推理，给以后在整个"文化大革命"中给人罗织罪名，树立了一个极坏的样板。这一套荒谬绝伦的东西是否就是姚文元个人的发明创造，我看未必。他可能也是从来头很大的人那里剽窃来的。无论如何，这一种歪风影响之恶劣，流毒之深远，实在是罄竹难"数"。它把青年一代的逻辑思维完全搞混乱了。流风所及，至今未息。

还有一件小事，我必须在这里讲一讲。我们在南口村的社教工作队，不是来自一个单位。除了北大以外，还有人来自中央广播电台，来自警察总队等单位。根据上面的规定，我们一律便衣，不对人讲自己的单位。内部情况只有我们自己明白。我们这一伙来自四面八方的杂牌军队，尽管过去并不认识，但是萍水相逢，大家都能够团结协作，感情异常融洽。公安总队来了一位姓陈的同志，他是老公安，年纪还不大，但已有十年的党龄。他有丰富的公安经验，人也非常随和。我们相处得非常好，几乎是无话不谈。但是，有一件小事却引起了我的注意：他收到无论什么信，看完之后，总是以火焚之。这同我的习惯正相反。我有一个好坏难明的习惯：我不但保留了所有的来信，而且连一张小小的收条等等微末不足道的东西，都精心保留起来。我这个习惯的心理基础是什么呢？我说不清楚，从来也没有去研究过。看了陈的行径，我自然大惑不解。特别是过旧历年的时候，公安总队给他寄来了一张铅印的贺年卡片。这本是官样文章，没有什么重要意义。但是陈连这样一张贺年卡片也不放过，而且一定要用火烧掉，不是撕掉。我实在沉不住气了，便开始了这样的谈话：

　　"你为什么要烧掉呢？"

　　"不留痕迹。"

　　"撕掉丢在茅坑里不就行了吗？"

　　"不行！仍然可能留下痕迹。"

　　"你过分小心了。"

　　"不是，干我们这一行的深知其中的利害。一个人说不定什么时候就会碰到点子上。一碰上，你就吃不了得兜着走。"

　　我大吃一惊，这真是闻所未闻。我自己心里估量：我也会碰到点子上的。我身上毛病不少，小辫子也有的是。有人来抓，并不困难。但是，我自信，我从不反党，反社会主义；我也没有加入任何反动组织，"反革命"这一顶帽子无论如何也是扣不到我头上来的。心里乐滋滋的，没有再想下去。岂知陈的话真是经验之谈，是从无数事实中提炼出来的真理。过了没有多久，我自己一跳出来反对北大那一位"老佛爷"，就被扣上了"反革命"的帽子。我曾胡诌了两句诗："廿年一觉燕园梦，赢得反党反社名。"这是后话，这里就先不谈了。

一九六六年六月四日

南口村虽然是一个僻远的山村，风景秀丽，居民和善。但是也决非世外桃源。我们来这里是搞阶级斗争的。虽然极"左"的那一套年年讲、月月讲、念念不忘阶级斗争，我并不同意。但是，南口村，正如别的地方一样，决不是没有问题的，搞一点"阶级斗争"看来也是必要的。我们哪里想到，在我们在这里搞阶级斗争的同时，全国范围内已经涌起了一场阶级斗争的狂风暴雨。这一场风暴的中心是北京，而北京的中心是北京大学。

这一点我们最初是不知道的。我们僻处京郊，埋头社教，对世事距离好像比较远，对大自然好像是更为接近。1966年的春天，同过去任何一个春天一样，姗姗来迟。山村春来迟，是正常的现象。但是，桃花、杏花、梨花都终于陆续绽开了菁葵，一片粉红雪白，相映成趣，春意盎然了。我们的活动，从表面上来看，一切照常，一切平静。然而从报纸上来的消息，从外面传进来的消息，知道一场大的运动正逼近我们。北京大学一向是政治运动的得风气之先的地方。此时我们虽然不在学校，情形不十分清楚；但是那里正像暴风骤雨前浓云密布那样，也正在酝酿着什么，我们心里是有底的。只不过是因为身居郊外，暂时还能得到一点宁静而已。

五月来临，外面的风声越来越紧。中央接二连三地发出一些文件，什么"5．16通知"之类。事情本来已经十分清楚；但是，我上面已经说到，我脑袋里最缺少政治细胞，缺少阶级斗争那一根弦。我仍然我行我素，在南口村和照的阳光中，在繁花如锦的环境里，懵然成为井中之蛙，从来没有把这一场暴风雨同自己的命运联系起来。

此时城里的燕园恐怕完全是另一番景象。从城里回来的人中得知学校里已经开了锅。两派（或者说不清多少派）之间争辩不休，开始出现了打人的现象。据说中央派某某大员到北大去，连夜召开大会，想煞住这一股不讲法制、胡作非为的歪风。听说，在短时间内起了一些作用。但是，过了没有几天，到了5月25日，那位"老佛爷"纠集了哲学系的几个人，贴出了一张大字报："宋硕、陆平、彭珮云要干什么？"立即引起了两派人的辩论，有的人赞成，有的人反对。听说在大饭厅附近，争辩的人围成了圈子，高声嚷嚷，通宵达旦。不知道有多少圈子，也说不清有多少人参加。好像是一块巨石击破了北大这块水中天，这里乱了套了。

这一张大字报的详细内容，我们不清楚。但是，我们立刻就感觉到，这是校内社教运动的继续和发展。在我上面提到的所谓"国际饭店会议"上，反陆平的一派打了一个败仗，挨了点整。按照我们最近多少年来的运动规律，这一次是被整者又崛起，准备整别人了。

到了6月1日，忽然听到中央广播电台播出了那一张大字报，还附上了什么人的赞美之辞，说这是一张什么"马列主义大字报"。我没有时间，也没有水平去推敲研究：为什么一张大字报竟会是"马列主义的"？一直到今天，我仍然没能进化到能理解其中的奥义。反正马列主义就是马列主义，这好像钉子钉在案板上，铁定无疑了。我们南口村的人当然也议论这一张大字报；可是并没有形成了壁垒森严的两派，只不过泛泛一谈而已。此时校园内的消息不断地陆陆续续地传了过来，对我们的心情似乎没有产生多大干扰，我们实在是不了解真实情况，身处山中，好像听到从远处传来的轻雷，不见雨点，与己无干，仍然"社教"不已，心中还颇有一点怡然自得的情趣。

北大东语系在南口村参加社教的师生有七八人之多，其中有总支书记，有系主任，那就是我。按照上面的规定，我们都是被整的对象，因为我们都是"当权派"。所有的当权派，除了最高层的少数几个天之骄子以外，几乎都是走资本主义道路的（神秘莫测的中国语言把它缩简为"走资派"）。在南口村，东语系的走资派和一般教员和学生，相处得非常融洽。因此，我们这两位走资派"难得糊涂"，宛如睡在甜甜蜜蜜的梦中，一点也没有意识到，自己正走在悬崖边上，下临无地，只等有人从背后一推，立即能堕入深涧。而个别推我们的人此时正毕恭毕敬地围绕在我们身边，摇着秀美的小尾巴，活像一只哈巴狗。

没有想到——其实，如果我们政治嗅觉灵敏的话，是应该想到的——，6月4日，我们忽然接到学校里不知什么人的命令：立即返校，参加革命。我们带的东西本来不多，一无书籍，二无细软，几床被褥，一个脸盆，顺手一卷，立即成行，挤上了学校派去的大汽车。住了七八个月的南口村，现在要拜拜了。"客树回看成故乡",要说一点留恋都没有,那不是实情。心头也确实漾起了一缕离情别绪。但是,此时有点兵荒马乱的味道,顾不得细细咀嚼了。别人心里想什么,我不清楚。我们那一位总支书记,政治细胞比我多,阶级斗争的经验比我丰富。他沉默不语,也许有点什么预感。但是此时谁也不知道自己的前途是什么样子。我虽然心里也有点没底儿,有点嘀咕,我也没有时间考虑太多太多。以前从南口村请假回家时,心里总是兴高采烈的;但是这一次回家,却好像是走向一个 terra incognita(未知的土地)了。

一个多小时以后,我们到了燕园。我原来下意识地期望,会有东语系的教员和学生来迎接我们,热烈地握手,深情地寒暄,我们毕竟还是总支书记和系主任,还没有什么人罢我们的官嘛。然而,一进校门,我就大吃一惊:这哪里还是我们前不久才离开的燕园呀!这简直是一个大庙会。校内林荫大道上,横七竖八,停满了大小汽车。自行车更是多如过江之鲫。房前树下,角角落落,只要有点空隙,就要挤满了自行车。真是洋洋大观,宛如自行车的海洋。至于校内的人和外面来的人,更是不计其数。万头攒动,人声鼎沸。以大饭厅为中心,人们成队成团,拥拥挤挤,真好像是针插不进,水泼不入。我们的车一进校门,就寸步难行。我们只好下车步行,好像是几点水珠汇入大海的波涛中,连一点水花都泛不起来了。什么迎接,什么握手,什么寒暄,简直都是想入非非,都到爪哇国去了。

据说从6月1日起,天天如此。到北大来朝拜第一张"马列主义大字报"的人,像潮水般涌进燕园。在"马列主义"信徒们眼中,北大是极其神圣,极其令人向往的圣地,超过了麦加,超过了耶路撒冷,超过了西天灵鹫峰雷音寺。一次朝拜,可以涤除身体上和灵魂中的一切污浊,一切罪孽。来的人每天有七八万十几万甚至几十万。先是附近学校里的人来,然后是远一点的学校里的人来,最后是外地许多大学里的人,不远千里,不远万里,风尘仆仆地赶了来。本地的市民当然是当仁不让,也挤了进来凑热闹,夹在里面起哄。这比逛天桥要开心多了。除了人以外,墙上,地上,树上,还布满了大小字报,内容是一边倒,都是拥护"第一张马列主义的大字报"的。人的海洋,大字报的海洋,五光十色,喧声直上九天。

我在目瞪口呆之余，也挤进了人群。虽然没有迎接，没有欢迎；但也没有怒斥，没有批斗，没有拳打，没有脚踢。我以一个自由人的身份，混入人海中，暂且逍遥一番。一同回来的那一位总支书记，处境却不美妙。一下车，他就被革命小将"接"走，或者"劫"走。接到不知道什么地方去了。他是钦定的"走资派"，罪有应得。从此以后，在长达几年的时间内，我就没有再见到他。我在外文楼外的大墙上，看到了一大批给他贴的大字报，称他为"牧羊书记"，极尽诬蔑、造谣、无中生有、人身攻击之能事。说他是"陆平的黑班底"，保皇派，走资本主义道路的骁将，急先锋。陆平的日子当然更为难过。他是马列主义大字报上点了名的人，是祸首罪魁，是钦犯。他的详细情况，我不清楚。我只知道，他被"革命"群众揪了出来，日夜不停地批斗，每天能斗上四十八小时。批斗的场所一般就在他住的地方。他被簇拥着站在短墙头上，下面群众高呼口号，高声谩骂。主持批斗的人罗织罪名，信口开河。此时群情"激昂"，"义愤"填膺。对陆平的批斗一时成为北大最吸引人的景观。不管什么人，只要到北大来，必然来参观一番。而且每个人都有权把陆平从屋子里揪出来批斗，好像旧日戏园子里点名角的戏一样。

　　我自己怎样呢？我虽然已经意识到，自己是泥菩萨过江，自身难保；但是还没有人来"接"我，我还能住在家里，我还有行动自由。有人给我贴了大字报，这是应有之义，毫不足怪。幸而大字报也还不多。有一天，我到东语系学生住的四十楼去看大字报。有一张是给我贴的，内容是批判我的一篇相当流行的散文：《春满燕园》。在贴大字报的"小将"们心中，春天就象征资本主义；歌颂春天，就是歌颂资本主义。我当时实在是大惑不解：为什么古今中外的人士无不欢迎的象征生命昭苏的明媚的春天会单单是资本主义的象征呢？以后十几年中，我仍然不解；一直到今天，这对我仍然是一团迷雾。我的木脑袋不开窍，看来今生无望了。我上面说到，姚文元的那一篇批判《海瑞罢官》的臭文，深文周纳，说了许多歪理。后来批判"三家村"的《燕山夜话》等著作，在原来的基础上又有了发展。看来这一套手法是有来头的，至少是经过什么人批准了的。后来流毒无穷，什么"利用小说反党"等等一系列的"理论"依次出笼，滔滔者天下皆是矣。我的政治水平，并不比别人高。我也是虔诚信神的人。但是，有一点我是清楚的：我文章里的春天同资本主义毫不相干。我是真心实意地歌颂祖国的春天的。因此，我看了那一张大字报，心里真是觉得憋气，不由自主地哼了一声。这一哼连半秒钟都没有用上，孰料这一哼竟像我在南口村谈姚文元的文章一样，被什么隐藏在我身后的人录了下来（当时还没有录音机，是用心眼录下来的）。到了后来，我一跳出来反对他们那一位"老佛爷"，就成了打向我的一颗重型炮弹。

反正我此时还是一个自由人，可以到处逍遥。这时的燕园比起6月4日来，其热闹程度又大大地增加了。那时候，许多边远的省份，受到了千山万水的阻隔，没有能赶到北京来，朝拜北大这一块"圣地"。现在都赶来了。燕园在平常日子看上去还是比较辽阔的。但是，在这"八方风雨会燕园"的日子里，却显得极其窄狭，极其渺小。山边树丛，角角落落，到处都挤满了人。我这渺小的人，更像是大海中一滴水，太仓中一粒米了。

据我的观察，这一阶段，斗争的矛头是指向所谓"走资派"的。什么叫"走资派"呢？上至中央人民政府，下至一个小小的科室，只要有一个头头，他必然就是"走资派"。于是走资派无所不在，滔滔者天下皆是矣。我政治觉悟奇低，我在当时一直到以后相当长的时间内，我总是虔心敬神，拥护"文化大革命"的。但是，每一个单位必有一个"走资派"，我却无论如何也不能理解。每一个大小头头都成了"走资派"，我们工作中的成绩是怎样来的呢？反正我这个道理没有地方可讲，没有人可讲。既然上头认为是这样，"革命小将"也认为是这样，那就只有这样了。革命不是请客吃饭嘛，我还有什么话可说呢？可怜我们虔诚地学习了十几年唯物论和辩证法，到头来成了泡影。唯物主义者应该讲实事求是。当前的所作所为，是哪一门的实事求是呢？我迷惑不解。

革命小将也决不可轻视。他们有用之不竭的创造力。北大的"走资派"在脖子上被挂上了大木牌，上面写着这个"走资派"的名字。这个天才的发明就出自北大小将们之手。就像巴黎领导世界时装的新潮流一样，当时的北大确实是领导着全国"文化大革命"的新潮流。脖子上挂木牌这一个新生事物一经出现，立即传遍了全国。而且在某一些地方还有了新的发展。挂木牌的钢丝愈来愈细，木牌的面积则愈来愈大，分量愈来愈重。地心吸力把钢丝吸入"犯人"的肉中，以致鲜血直流。在这方面北大落后了，流血的场面我还没有看到过。但是"批斗"的场面我却看了不少。如果是在屋中，则"走资派"站在讲台上，低头挂牌。"革命"群众坐在椅子上。如果是在室外，则"走资派"站在椅子上，墙头上，石头上，反正是高一点的地方，以便示众，当然是要低头挂牌。我没有见到过批斗程序，但批斗程序看来还是有的。首先总是先念语录，然后大喊一声："把某某走资派押上来！"于是"走资派"就被两个或多个戴红袖章的青年学生把手臂扭到背后，按住脑袋，押上了审判台。此时群众口号震天，还连呼"什么万岁！"主要发言人走上前去发言进行批斗。发言历数被批斗者的罪状，几乎是百分之百的造谣诬蔑，最后一定要上纲上到惊人的高度：反党，反社会主义，反伟大领袖。反正他说什么都是真理，说什么都是法律。革命群众手中的帽子一大摞，愿意给"犯人"戴什么，就戴什么，还要问"犯人"承认不承认，稍一迟疑，立即拳打脚踢，必至"犯人"鼻青脸肿而后已。这种批斗起什么作用呢？我说不清。是想震慑"犯人"吗？我说不清。参加或参观批斗的人，有的认真严肃，满脸正义；有的也嘻嘻哈哈。来自五湖四海的到北大来取经朝圣的人们，有的也乘机发泄一下迫害狂，结果皆大欢喜，人民大众开心之日果然来到了。这种"先进"的经验被取走，转瞬之间，流溢全国。至于后来流行的"坐喷气式"，当时还没有见到。这是谁的发明创造呢？没有人研究过，好像至今也还没有人站出来申请专利。

在北大东语系，此时的批斗对象，一个是我上面谈到的总支书记。帽子是现成的：走资派。一个是和我同行的老教授。帽子也是现成的：反动学术权威，另外还加上了一顶：历史反革命。给他们二人贴的大字报都很多，批斗也激烈而且野蛮。对总支书记的批斗我只见过一次，是在一个专门为贴大字报而搭起的席棚前面。席棚上贴的都是关于他的大字报，历数"罪状"，什么"牧羊书记"之类的人身攻击。他站在棚前，低头弯腰。我不记得他脖子上挂着木牌，只在胸前糊上了一张白纸，上面写着他的名字，上面用朱笔画了一个叉。这是从司法部门学来的，也许是从旧小说中学来的。一个犯人被绑赴刑场砍头时，背上就插着一个木牌，写着犯人的名字，上面画着红叉。此时书记也享受了这种待遇。批斗当然是激烈的，口号也是响亮的。批斗仪式结束以后，给他背上贴上一张大字报，勒令"滚回家去！"大字报不许撕下来，否则就要罪上加罪。

对那位教授的首次批斗是在外文楼上大会议室中。楼道里，从一层起直到二层，都贴满了大字报。还有不少幅漫画，画着这位教授手执钢刀，朱齿獠牙，点点鲜血从刀口上流了下来，想借此说明他杀人之多。一霎时，楼内血光闪闪，杀气腾腾。这样的气氛对一个根本不准发言的老人进行所谓"批斗"，其激烈程度概可想见了。结果是参加批斗的青年学生群情激昂，真话与假话并举，吐沫与骂声齐飞，空气中溢满了火药味。一只字纸篓扣到了老教授头上。不知道是哪一位小将把整瓶蓝墨水泼到了他的身上，他的衣服变成了斑剥陆离的美国军服。老先生就是在这样的情况下被勒令"滚蛋"走回家中去的。

到了6月18日，不知道是哪一位"天才"忽发奇想，要在这一天大规模地"斗鬼"。地址选在学生宿舍二十九楼东侧一个颇高的台阶上。这一天我没有敢去参观。因为我还是有一点自知之明的。我这样一座泥菩萨最好是少出头露面，把尾巴夹紧一点。我坐在家中，听到南边人声鼎沸，口号震天。后来听人说，截止到那时被揪出来的"鬼"，要一一斗上一遍，扬人民之雄风，振革命之天声。每一个"鬼"被押上高台，喊上一阵口号，然后一脚把"鬼"端下台去。"鬼"们被摔得晕头转向，从地上泥土中爬起来，一瘸一拐，逃回家去。连六七十岁的老教授和躺在床上的病人，只要被戴上"鬼"的帽子，也毫无例外地被拖去批斗。他们无法走路，就用抬筐抬去，躺在"斗鬼"台上，挨上一顿臭骂，临了也是一脚端下高台，再用抬筐抬回家去。听说那一夜，整个燕园里到处打人，到处骂人，称别人为牛鬼蛇神的真正的牛鬼蛇神疯狂肆虐，灭绝人性。

从此以后，每年到了6月18日，必然要"斗鬼"。我可万万没有想到，两年后的这一天，我也成了"鬼"，被大斗而特斗。躬与其盛，千载难遇。

抄家

1967年11月30日深夜。我服了安眠药正在沉睡，忽然听到门外有汽车声，接着是一阵异常激烈的打门声。连忙披衣起来，门开处闯进来大汉六七条，都是东语系的学生，都是女头领的铁杆信徒，人人手持大木棒，威风凛凛，面如寒霜。我知道发生了什么事，我早有思想准备，因此我并不吃惊。俗话说："英雄不吃眼前亏"。我决非英雄，眼前亏却是不愿意吃的。我毫无抵抗之意，他们的大棒可惜无用武之地了。这叫做"革命行动"，我天天听到叫嚷"革命无罪，造反有理！"我知道这话是有来头的。我只感到，这实在是一桩非常离奇古怪的事情。什么"革命"，什么"造反"，谁一听都明白；但是却没有人真正懂得是什么意思。什么样的坏事，什么样的罪恶行为，都能在"革命"、"造反"等堂而皇之的伟大的名词掩护下，在光天化日之下公然去干。我自己也是一个非常离奇古怪的人物，我要拼命维护什么人的"革命路线"，现在革命革到自己头上来了。然而我却丝毫也不清醒，仍然要维护这一条革命路线。

我没有来得及穿衣服，就被赶到厨房里去。我那年近古稀的婶母和我的老伴，也被赶到那里，一家三人做了楚囚。此时正是深夜风寒，厨房里吹着刺骨的过堂风，"全家都在风声里"，人人浑身打战。两位老妇人心里想些什么，我不得而知。我们被禁止说话，大棒的影子就在我们眼前晃。我此时脑筋还是清楚的。我并没有想到什么人道主义，因为人道主义早已批倒批臭，谁提人道主义，谁就是"修正主义分子"。一直到今天，我还是不明白，难道人就不许有一点人性，讲一点人道吗？中国八千年的哲学史上有性善、性恶之争，迄今仍是众说纷纭莫衷一是。我原来是相信性善说的，我相信，恻隐之心人皆有之的。从被抄家的一刻起，我改变了信仰，改宗性恶说。"人性本恶，其善者人为也。"从抄家的行动来看，你能说这些人的性还是善的吗？你能说他们所具有的不是兽性吗？今天社会风气，稍有良知者都不能不为之担忧。始作俑者究竟是谁呢？这种不良的社会风气究竟是从什么时候开始的呢？

这话扯得太远了。有些想法决不是被抄家时有的，而是后来陆续出现的。我当时既不敢顽强抵抗，也不卑躬屈膝请求高抬贵手。同禽兽打交道是不能讲人话谈人情的。我只是蜷缩在厨房里冰冷的洋灰地上，冷眼旁观，倾耳细听。我很奇怪，杀鸡焉用牛刀？对付三个手无寸铁的老人，何必这样惊师动众！只派一个小伙子来，就绰绰有余了。然而只是站厨房门口的就是两个彪形大汉，其中一个是姓谷的朝鲜语科的学生。过去师生，今朝敌我。我知道，我们的性命就掌握在他们手中。当时打死人是可以不受法律制裁的。他们的木棒中，他们的长矛中，就出法律。

我的眼睛看不到外面的情况，但耳朵是能听到的。这些小将究竟年纪还小，旧社会土匪绑票时，是把被绑的人眼睛上贴上膏药，耳朵里灌上灶油的。我这为师的没有把这一套东西教给自己的学生，是我的失职。由于失职，今天我得到了点好处：我还能听到外面的情况。外面的情况并不美妙。只听到我一大一小两间屋子里乒乒作响，声震屋瓦。我此时仿佛得到了佛经上所说的天眼通，透过几层墙壁，就能看到"小将们"正在挪动床桌，翻箱倒柜。他们所向无前，顺我者昌，逆我者亡。他们愿意砸烂什么，就砸烂什么；他们愿意踢碎什么，就踢碎什么。遇到锁着的东西，他们把开启的手段一律简化，不用钥匙，而用斧凿。管你书箱衣箱，管你木柜铁柜，喀嚓一声，铁断木飞。我多年来省吃俭用，积累了一些小古董，小摆设，都灌注着我的心血；来之不易，又多有纪念意义。在他们眼中，却视若草芥；手下无情，顷刻被毁。看来对抄家这一行，他们已经非常熟练，这是"文化大革命"中集中强化实践的结果。他们手足麻利，"横扫千军如卷席"。然而我的心在流血。

楼上横扫完毕，一位姓王的学泰语的学生找我来要楼下的钥匙。原来他到我家来过，知道我书都藏在楼下。我搬过来以后，住在楼上。学校有关单位，怕书籍过多过重，可能把楼压坏，劝我把书移到楼下车库里去。车库原来准备放自行车的。如果全楼只有几辆车的话，车库是够用的。但是自行车激剧增加，车库反而失去作用，空在那里。于是征求全楼同意，我把楼上的书搬了进去。小将们深谋远虑，涓滴不漏。他伸手向我要钥匙，我知道他是内行，敬谨从命。车库里我心爱的书籍遭殃的情况，我既看不见，也听不到。然而此时我既得了天眼通，又得了天耳通。库里一切破坏情况，朗朗如在眼前。我的心在流血。

这一批小将，东方语文学得不一定怎样有成绩，对中国历史上那一套诬陷罗织却是了解的。古代有所谓"瓜蔓抄"的做法，就是顺藤摸瓜，把与被抄家者的三亲六友有关的线索都摸清楚，然后再夷九族。他们逼我交出记载着朋友们地址的小本本，以便进行"瓜蔓抄"。我此时又多了一层担心：我那些无辜的亲戚朋友不幸同我有了关系，把足迹留在我的小本本上。他们哪里知道，自己也都要跟着我倒霉了。我的心在流血。

我蜷曲在厨房里，心里面思潮翻滚，宛如大海波涛。我心里是什么滋味呢？"只是当时已惘然"，现在更说不清楚了，好像是打翻了酱缸，酸甜苦辣，一时俱陈。说我悲哀吗？是的，但不全是。说我愤怒吗？是的，但不全是。说我恐惧吗？是的，也不全是。说我坦然吗？是的，更不全是。总之，我是又清楚，又糊涂；又清醒，又迷离。此时我们全家三位老人的性命，掌握在别人手中。我们像是几只蚂蚁，别人手指一动，我们立即变为齑粉。我们呼天天不应，呼地地不答。我不知道，我们是置身于人的世界，还是鬼的世界，抑或是牲畜的世界。茫茫大地，竟无三个老人的容身之地了。"椎胸直欲依坤母"。我真想像印度古典名剧《沙恭达罗》中的沙恭达罗那样，在走投无路的情况下，生母天上仙女突然下凡，把女儿接回天宫去了。我知道，这只是神话中的故事，人世间是不会有的。那么，我的出路在什么地方呢？

暗夜在窗外流逝。大自然根本不管人间有喜剧，还是有悲剧，或是既喜且悲的剧。对于这些，它是无动于衷的，我行我素，照常运行。"英雄"们在革过命以后，"兴阑啼鸟尽"，他们的兴已经"阑"了。我听到门外忽然静了下来，两个手持大棒的彪形大汉，一转瞬间消逝不见。楼外响起了一阵汽车开动的声音：英雄们得胜回朝了。汽车声音刺破夜空，越响越远。此时正值朔日，天昏地暗。一片宁静弥漫天地之间，仿佛刚才什么事情也没有发生，只留下三个孤苦无告的老人，从棒影下解脱出来，呆对英雄们革过命的战场。

屋子里成了一堆垃圾。桌子、椅子，只要能打翻的东西，都打翻了。那一些小摆设、小古董，只要能打碎的，都打碎了。地面堆满了书架子上掉下来的书和从抽屉里丢出来的文件。我辛辛苦苦几十年积累起来的科研资料，一半被掳走，一半散落在地上。睡觉的床被彻底翻过，被子里非常结实的暖水袋，被什么人踏破，水流满了一床。看着这样被洗劫的情况，我们三个人谁都不说话——我们还有什么话可说呢？人生到此，天道宁论！我们哪里还能有一丝一毫的睡意呢？我们都变成了木雕泥塑，我们变成了失去语言，失去情感的人，我们都变成了植物人！

但是，我的潜意识还能活动，还在活动。我想到当时极为流行的一种说法：好人打好人是误会；坏人打好人是锻炼；好人打坏人是应该；坏人打坏人是内讧。如果把芸芸众生按照小孩子的逻辑分为好人与坏人两大类的话，我自己属于哪一类呢？不管我自己有多少缺点，也不管我干过多少错事，我坚决认为自己应该归入好人一类。我除了考虑自己以外，也还考虑别人；我不是"宁教我负天下人，不能教天下人负我"的曹孟德。这就是天公地道的好人的标准。来到我家抄家打砸抢的小将们是什么人呢？他们之中肯定有好人，一时受到蒙蔽干了坏事，这是可以原谅的。但是，大部分人恐怕都是乘人之危，借此发泄兽性的迫害狂，以达到不可告人的目的。如果说这样的人不是坏人，世界上还有坏人吗？他们在上面那种说法的掩护下，放心大胆地作起恶来。事情不是很明显吗？那几句话，我曾五体投地地崇拜过。及今视之，那不过是不讲是非，不分皂白，不讲原则，不讲正义的最低级的形而上学的诡辩。可惜受它毒害的年轻人上十万，上百万，到了后来，他们已经是四五十岁的成年人了。在他们中，有的飞黄腾达；有的找到一个阔丈人，成了东床快婿；有的发了大财，官居高品，他们中有的人对自己过去的所作所为没有感到一点悔恨，岂非咄咄怪事！难道这些人都那么健忘？难道这一些人连人类起码的良知都泯灭净尽了吗？

好不容易才熬到了天明。"长夜漫漫何时旦？"这一夜是我毕生最长的一夜，也是最难忘的一夜，用任何语言也无法形容的一夜。天一明，我就骑上了自行车到井冈山总部去。我痴心妄想，要从"自己的组织"这里来捞一根稻草。走在路上，北大所有的高音喇叭都放开了，一遍又一遍地高呼"打倒季羡林！"历数我的"罪行"。我这个人大概还有一点影响，所以新北大公社才这样兴师动众，大张旗鼓。一个渺小的季羡林骑在自行车上，天空弥漫着"打倒季羡林"的声音。我此时几疑置身于神话世界，妖魅之国。这种滋味连今天回忆起来，都觉得又是可笑，又是可怕。从今天起，我已经变成了一只飞鸟，人人可以得而诛之了。

到了井冈山总部，说明了情况。他们早已知道了。一方面派摄影师到我家进行现场拍摄；另一方面——多可怕呀！——他们已经决定调查我的历史，必要时把我抛出来，甩掉这个包袱，免得受到连累，不利于同新北大公社的斗争。这是后来才知道的，当时我还是一片痴心。走出大门，我那辆倚在树上的自行车已经被人——当然是新北大公社的——用锁锁死。没有别的办法，我只好步行回家。从此便同我那辆伴随我将近二十年的车永远"拜拜"了。

回到家中，那一位井冈山的摄影师，在一堆垃圾中左看右看，寻找什么。我知道，在这里有决定意义的不是美，而是政治。他主要寻找公社抄家时在对待伟大领袖方面有没有留下可抓的小辫子，比如说领袖像，他们撕了或者污染了没有？有领袖像的报纸，他们用脚踩了没有？如此等等。如果有一条被他抓住，拍摄下来，这就是对领袖的大不敬，可以上纲上到骇人的高度，是对敌斗争的一颗重型炮弹。但是，要知道新北大公社的抄家专家也是有水平的，是训练有素的，那样的"错误"或者"罪行"，他们是决不会犯的。摄影师找了半天，发现公社的抄家术真正是无懈可击，嗒然离去。

我的处境，井冈山领导表面上表示同情。我当时有一个后来想起来令我感到后怕的想法：我想留在井冈山总部里。我害怕，公社随时都可能派人来，把我抓走，关在什么秘密的地方。这是当时屡次出现过的事，并不新鲜。井冈山总部是比较安全的，那里几乎是一个武装堡垒。可是我有点迟疑。我虽然还不知道他们准备同公社一样派人到处去调查我的历史。但是，在几天前我在井冈山总部里听到派人调查我在上面提到的那一位身为井冈山总勤务员之一的老教授的历史。他们认为，老知识分子，特别是留过洋的老知识分子的历史复杂，不如自己先下手调查，然后采取措施，以免被动。既然他们能调查那位老教授的历史，为什么就不能调查我的历史呢？我当时确曾感到寒心。现在我已经被公社"打倒"了。为了摆脱我这个包袱，他们会采取什么措施呢？我的历史，我最清楚。但是，那种两派共有的可怕的形而上学和派性，确实是能杀人的。用那种形而上学的方式调查出来的东西能准确吗？能公正吗？与其将来陷人极端尴尬的境地，被"自己人"抛了出去，还不如索性横下一条心，任敌人宰割吧。我毅然离开那里，回到自己家中。现在的家就成了我的囚笼。我在上面谈到，那年夏秋两季我时时感到有风暴在我头上凝聚，随时可以劈了下来。现在我仿佛成了躺在砍头架下的死囚，时时刻刻等待利刃从架上砍向我的脖颈。原来我认为天地是又宽又大的。现在才觉得，天地是极小极小的，小得容不下我这一身单薄的躯体。从前读一篇笔记文章，记载金圣叹临刑时说的话："杀头，至痛也。我于无意得之，不亦快哉！"我这个"反革命"帽子，也是于无意中得之，我却无论如何也说不出："不亦快哉！"我只能说：奈何！奈何！

不管怎样，一夜之间，我身上发生了质变：由人民变成了"反革命分子"。没有任何手续，公社一声"打倒！"我就被打倒了。东语系的公社命令我：必须待在家里！只许规规矩矩，不许乱说乱动！要随时听候传讯！但是，在最初几天，我等呀，等呀；然而没有人来。原因何在呢？十年浩劫过了以后，有人告诉我：当时公社视我如眼中钉，必欲拔之而后快。但是，他们也感到，"罪证"尚嫌不足。于是便采用了先打倒，后取证的战略，希望从抄家抄出的材料中取得"可靠的"证据，证明打倒是正确的。结果他们"胜利"了。他们用诬陷罗织的手段，深文周纳，移花接木，加深了我的罪名。到了抄家后的第三天或第四天，来了，来了，两个臂缠红袖章的公社红卫兵，雄赳赳，气昂昂，闯进我家，把我押解到外文楼去受审。以前我走进外文楼是以主人的身份，今天则是阶下囚了。可怜我在外文楼当了二十多年的系主任，晨晨昏昏，风风雨雨，呕心沥血，努力工作，今天竟落到这般地步。世事真如白云苍狗了！

第一次审讯，还让我坐下。我有点不识抬举，态度非常"恶劣"。我憋了一肚子气，又自恃没有辫子和尾巴，同审讯者硬顶。我心里还在想：俗话说，捉虎容易放虎难，我看你们将来怎样放我？我说话有时候声音很大，极为激烈。结果审讯不出什么。如是一次，两次，三次。最初审讯我的人——其中有几个就是我的学生——有时候还微露窘相。可是他们的态度变得强硬了。可能是由于他们掌握的关于我的材料多起来了，他们心中有"底"了。——我禁不住要在这里提出一个问题：当年审讯我的朋友们！你们当时对这些"底"是怎样想的呀？你们是不是真相信，这一切全是真的呢？

这话扯远了，还是回来谈他们的"底"。第一个底是一只竹篮子，里面装着烧掉一半的一些信件。他们说这是我想焚信灭迹的铁证。说我烧的全是一些极端重要的、含有重大机密的信件。事实是，我原来住四间房子，"文化大革命"起来后，我看形势不对，赶忙退出两大间，让楼下住的我的一位老友上来住，楼下的房子被迫交给一个无巧不沾的自命"出身"很好的西语系公社的一位女职员。房子减了一多半，积存的信件太多，因此想烧掉一些，减轻空间的负担。我在光天化日之下公然焚烧，心中并没有鬼。然而被一个革命小将劝阻，把没有烧完的装在一只竹篮中。今天竟成了我的"罪证"。我对审讯我的人说明真相，结果对方说我态度极端恶劣。第二个"罪证"是一把菜刀，是抄家时从住在另一间小房间里我婶母枕头下搜出来的。原来在"文化大革命"兴起以后，社会治安极坏，传说坏人闯入人家抢劫，进门先奔厨房搜寻菜刀，威胁主人。我婶母年老胆小，每夜都把菜刀藏在自己枕下，以免被坏人搜到。现在审讯者却说是在我的房里我的枕头下搜出来的，是准备杀红卫兵的，我把真相说明，结果对方又说我态度更加极端恶劣。第三个"罪证"是一张石印的蒋介石和宋美龄的照片。这是我在德国哥廷根时一个可能是三青团员或蓝衣社分子的姓张的"留学生"送给我的。我对蒋介石的态度，除了一段时间不明真相以外，从1932年南京请愿一直到今天，从来没有好过。我认为他是一个流氓。我也从来没有幻想过他真会反攻大陆。历史的规律是，一个坏统治者，一旦被人民赶走，决不可能再复辟成功的。可是我有一个坏毛病，别人给我的信件，甚至片纸只字，我都保留起来，同我在上面提到的那一位公安总队的陈同志正相反，他是把所有的收到的信件都烧掉的。结果我果然由这一张照片而碰到点子上了。审讯者硬说，我保留这一张照片是想在国民党反攻大陆成功后邀功请赏的。他们还没有好意思给我戴上"国民党潜伏特务"的帽子，但已间不容发了。我向他们解释，结果是对方认为我的态度更加极端恶劣。

我百喙莫明，我还有什么办法呢？

劳改的初级阶段

跟着来的是一个批斗的高潮期。

从1967年冬天到1968年春天，隔上几天，总有一次批斗。对此我已经颇能习以为常，"曾经沧海难为水"，我是在批斗方面见过大世面的人，我又珍惜我这一条像骆驼钻针眼似的拣来的性命，我再不想到圆明园了。

这一个高潮期大体上可以分成两个阶段：从开始直到次年的春初为批斗和审讯阶段；从春初到1968年5月3日为批斗、审讯加劳动阶段。

在第一个阶段中，批斗的单位很多，批斗的借口也不少。我曾长期在北大工会工作。我生平获得的第一个"积极分子"称号，就是"工会积极分子"。北京刚一解放，我就参加了教授会的组织和领导工作。后来进一步发展，组成了教职员联合会，最后才组成了工会。风闻北大工人认为自己已是领导阶级，羞与知识分子为伍组成工会。后经不知什么人解释、疏通，才勉强答应。工会组成后，我先后担任了北大工会组织部长，沙滩分会主席。在沙滩时，曾经学习过美国竞选的办法，到工、农、医学院和国会街北大出版社各分会，去做竞选演说，精神极为振奋。当时初经解放，看一切东西都是玫瑰色的。为了开会布置会场，我曾彻夜不眠，同几个年轻人共同劳动，并且以此为乐。当时我有一个问题，怎么也弄不清楚：我们这些知识分子同中华人民共和国的领导阶级工人阶级是什么关系呢？这个问题常常萦绕在我脑海中。后来听说一个权威人士解释说：知识分子不是工人，而是工人阶级。我的政治理论水平非常低，我不明白：为什么不是工人而能属于工人阶级？为了调和教授与工人之间的矛盾，我接受了这个说法，但是心里始终是糊里糊涂的。不管怎样，我仍然兴高采烈地参加工会的工作。1952年，北大迁到城外以后，我仍然是工会积极分子。我被选为北京大学工会主席。北大教授中，只有三四人得到了这个殊荣。

然而到了"文化大革命"中，这却成了我的特殊罪状。北大"工人阶级"的逻辑大概是：一个从旧社会过来的臭知识分子，得以滥竽工人阶级，已经证明了工人阶级的宽洪大量，现在竟成了工人阶级组织的头儿，实在是大逆不道，罪在不赦矣。对北大"工人阶级"的这种逻辑，我是能够理解的，有时甚至是同意的。我在上面已经谈到，我心悦诚服地承认自己是资产阶级知识分子，因为我有个人考虑。至于北大"工人阶级"是否都是大公无私，毫不利己，专门利人，我当时还没有考虑。但是对当时一个流行的说法：资产阶级知识分子统治我们学校的现象，再也不能继续下去了，我却大惑不解。我们资产阶级知识分子，虽然当了教授，当了系主任，甚至当了副校长和工会主席，可并没有真正统治学校呀！真正统治学校的是上级派来的久经考验的老革命。据我个人的观察，这些老革命个个都兢兢业业地执行上级的方针政策，勤勤恳恳地工作。他们不愧是国家的好干部。"文化大革命"中，他们都成了"走资派"，我觉得很不公平。现在又把我们这些知识分子拉进了"统治"学校的圈子。这简直是"城门失火，殃及池鱼"。

这个问题现在暂且不谈，先谈我这个工会主席。我被"打倒"批斗以后，北大的工人不甘落后。在对我大批斗的高潮中，他们也挤了进来。他们是工人，想法和做法都同教员和学生有所不同。他们之间的区别是颇为明显的：工人比学生力气更大，行动更"革命"（野蛮）。他们平常多欣赏评剧，喜欢相声等等民间艺术。在"文化大革命"中，他们大概发现了大批斗比评剧和相声要好看、好听得多，批斗的积极性也就更高涨。批斗我的机会他们怎能放过呢？于是在一阵激烈的砸门声之后，闯进来了两个工人，要押解我到什么地方去批斗。他们是骑自行车来的，我早已无车可骑。这样我就走在中间，一边一个人推车"护驾"，大有国宾乘车左右有摩托车卫护之威风。可惜我此时心里正在打鼓，没有闲情逸致去装阿Q了。

听说，北大工人今天本来打算把当过北大工会主席的三位教授揪出来，一起批斗。如果真弄成的话，这是多么难得的一出戏呀！这要比杨小楼和梅兰芳合演什么戏还要好看得多。可惜三位中的一位已经调往中国社会科学院，另一位不知为什么也没有揪着，只剩下我孤身一人，实在是大煞风景。但是，"咱们工人有力量"，来一个就先斗一个吧。就这样，他们仍然一丝不苟，并没有因为只剩下一个人，就像平常劳动那样，偷工减料，敷衍了事。他们决不率由旧章，而是大大地发挥了创造性：把在室内斗争，改为"游斗"，也就是在室外大马路上，边游边斗。这样可以供更多的人观赏，满足自己的好奇心或者别的什么心。我糊里糊涂，不敢抬头，不敢说话，任人摆布，任人撮弄。我不知道沿途"观礼"者有多少人。从闹哄哄的声音来推测，大概人数不少。口号声响彻云霄，中间搀杂着哈哈大笑声。可见这一出戏是演得成功了。工人阶级有工人阶级的脾气：理论讲得少，拳头打得重，口号喊得响，石块投得多。耳光和脚踢，我已经习以为常，不以为忤。这一次不让我坐喷气式，这就是对我最大的安慰，我真是感恩戴德了。

工会的风暴还没有完全过去，北大亚非所的"革命群众"又来揪斗我了。人们干事总喜欢一窝蜂的方式，要么都不干，要么都抢着干。我现在又碰到了这一窝蜂。在"文化大革命"以前，北大根据教委（当时还叫教育部或者高教部）的意见，成立了亚非研究所。校长兼党委书记陆平亲自找我，要我担任所长。其实是挂名，我什么事情都不管。因此我同所里的工作人员没有任何利害冲突，我觉得关系还不错。可是一旦我被"打倒"，所里的人也要显示一下自己的"革命性"或者别的什么性，决不能放过批斗我的机会。这算不算"落井下石"呢？大家可以商量研究。总之我被揪到了燕南园的所里，进行批斗。批斗是在室内进行的，屋子不大，参加的人数也不多。我现在在被批斗方面好比在老君八卦炉中锻炼过的孙大圣，大世面见得多了，小小不然的我还真看不上眼。这次批斗就是如此。规模不大，口号声不够响，也没有拳打脚踢，只坐了半个喷气式。对我来说，这简直只能算是一个"小品"，很不过瘾，我颇有失望之感。至于批斗发言，则依然是百分之九十是胡说八道，百分之九是罗织诬陷，大约只有百分之一说到点子上。总起来看水平不高。批斗完了以后，我轻轻松松地走回家来。如果要我给这次批斗打一个分数的话，我只能给打二三十分，离及格还有一大截子。

在一次东语系的批斗会上——顺便说一句，这样的批斗会还是比较多的；但是，根据生理和心理的原则，事情太多了，印象就逐渐淡化，我不能都一一记住了——，我瞥见主斗的人物中，除了新北大公社的熟悉的面孔以外，又有了对立面井冈山的面孔。这两派虽然斗争极其激烈，甚至动用了长矛和其他自制的武器，大有你死我活不共戴天之势。然而，从本质上来看，二者并没有区别，都搞那一套极"左"的东西，都以形而上学为思想基础，都争着向那一位"红色女皇"表忠心。现在是对"敌"斗争了——这个"敌"就是我——，大家同仇敌忾，联合起来对我进行批斗，这是完全可以理解的。有一次斗争的主题是从我被抄走的日记上找出的一句话："江青给新北大公社扎了一针吗啡，他们的气焰又高涨起来了。"这就犯了大忌，简直是大不敬。批斗者的理论水平极低——他们从来也没有高过——，说话简直是语无伦次。我坐在喷气式上，心里无端产生出鄙夷之感。可见我被批斗的水平已经猛增，甚至能有闲情逸致来评断发言的水平了。从两派合流我想到了自己的派性。日记中关于江青的那一句话，证明我的派性有多么顽固。然而时过境迁，我认为对之忠贞不贰的那一派早已同对立面携起手来对付我了。我边坐喷气式，边有点忿忿不平了。

这样的批斗接二连三，我心中思潮起伏，片刻也不能平静。我想得很多，很多；很远，很远。我想到我的幼年。如果我留在乡下的话，我的文化水平至多也只是一个半文盲。我们家里大约只有一两亩地。我天天下地劳动。解放以后还能捞到一个贫农的地位，可以教育知识分子了。生活当然是清苦的，"人生识字忧患始"，我可以无忧无患，多么舒服惬意呀！如今自己成了大学教授，可谓风光已极。然而一旦转为"反动权威"，则天天挨批挨斗，胆战心惊，头顶上还不知道戴上了多少顶帽子，前途未卜。我真是多么后悔呀！造化小儿实在可恶之至！

这样的后悔药没有什么用处，这一点我自己知道。我下定决心，不再去想，还是专心致志地考虑眼前的处境为佳，这样可能有点实际的效益。我觉得，我在当时的首要任务是锻炼身体。这种锻炼不是一般的体育锻炼，而是特殊的锻炼。说明白一点就是专门锻炼双腿。我分析了当时的种种矛盾，认为最主要的矛盾是善于坐喷气式，能够坐上两三小时而仍然能坚持不倒。我在上面已经谈到过，倘若在批斗时坐喷气式受不住倒在地上，其后患简直是不堪设想。批斗者一定会认为我是故意捣乱，罪上加罪，拳打脚踢之外，还不知道用什么方法来惩罚我哩。我必须坚持下来，但是坚持下来又是万分不容易的。坐喷气式坐到半个小时以后，就感到腰酸腿痛，浑身出汗；到了后来，身子直晃悠，脑袋在发晕，眼前发黑，耳朵轰鸣。此时我只能咬紧牙关。我有时也背语录："下定决心，不怕牺牲，排除万难，去争取胜利！"我的潜台词是："下定决心，不怕苦痛，排除万难，去争取不要倒下！"你别说，有时还真有效。我坚持再坚持。到了此时，台上批斗者发言不管多么激昂慷慨，不管声音多么高，"打倒，打倒"的呼声不管多么惊天动地，在我听起来，只如隔山的轻雷，微弱悠远而已。

这样的经验，有过多次。自己觉得，并不保险。为了彻底解决，根本解决这个主要矛盾，我必须有点长久之计。我于是就想到锻炼双腿。我下定决心，每天站在阳台上进行锻炼。我低头弯腰，手不扶膝盖，完全是自觉自愿地坐喷气式。我心里数着数，来计算时间，必至眼花流汗而后止。这样的体育锻炼是古今中外所未有。如果我不讲出来，决不会有人相信，他们一定认为这是海外奇谈。今日回想起来，我真是欲哭无泪呀！

站在阳台上，还有另外一个作用。我能从远处看到来我家押解我去批斗或审讯的红卫兵。我脾气急，干什么事我都从来不晚到。对待批斗，我仍然如此。我希望批斗也能正点开始。至于何时结束，那就不是我的事了。

站在阳台上，还有意想不到的发现。有一天，我在"锻炼"之余，猛然抬头看到楼下小园内竹枝上坐着的麻雀。此时已是冬天，除了松柏翠竹外，万木枯黄，叶子掉得精光。几杆翠竹更显得苍翠欲滴。坐在竹杆上的几只小麻雀一动也不动。我的眼前一亮，立刻仿佛看到一幅宋画"寒雀图"之类。我大为吃惊，好像天老爷在显圣，送给我了一幅画，在苦难中得到点喜悦。但是，我稍一定神，顿时想到，这是什么时候我还有这样的闲情逸致。我的资产阶级修正主义思想真可谓顽固至极，说我"死不改悔"，我还有什么办法不承认呢？

类似这样的奇思怪想，我还有一些。每一次红卫兵押着我沿着湖边走向外文楼或其他批斗场所时，我一想到自己面临的局面，就不寒而栗。我是多么想逃避呀！但是茫茫天地，我可是往哪里逃呢？现在走在湖边上，想到过去自己常在这里看到湖中枯木上王八晒盖。一听到人声，通常是行动迟缓的王八，此时却异常麻利，身子一滚，坠入湖中，除了几圈水纹以外，什么痕迹都没有了。我自己为什么不能变成一只王八呢？我看到脚下乱爬的蚂蚁，自己又想到，我自己为什么不能变成一只蚂蚁呢？只要往草丛里一钻，任何人都找不到了。我看到天空中飞的小鸟，自己又想到，我自己为什么不能变成一只小鸟呢？天空任鸟飞，翅膀一展，立刻飞走，任何人都捉不到了。总之，是嫌自己身躯太大。堂堂五尺之躯，过去也曾骄傲过，到了现在，它却成了累赘，欲丢之而后快了。

这一些幻想毫无用处，自己知道。有用处的办法有没有呢？有的，那就是逃跑。我确实认真考虑过这一件事。关键是逃到什么地方去。逃到自己的家乡，这是最蠢的办法。听说有一些人这样做了。新北大公社认为这是犯了王法，大逆不道，派人到他的家乡，把他揪了回来，批斗得加倍地野蛮残酷。这一条路决不能走。那么逃到哪里去呢？我曾考虑过很多地方，别人也给我出过很多点子，或到朋友那里，或到亲戚那里。我确曾认真搜集过全国粮票，以免出门挨饿。最后，考虑来，考虑去，认为那些都只是幻想，有很大的危险，还是留在北大吧。这是一条最切实可走的路，然而也是最不舒服，最难忍受的路，天天时时提心吊胆，等候红卫兵来抓，押到什么地方去批斗。其中滋味，实不足为外人道也。

然而，忽然有一天，东语系公社的领导派人来下达命令：每天出去劳动。这才叫做"劳动改造"，简称"劳改"，没有劳动怎么能改造呢？这改变了我天天在家等的窘境，心中暂时略有喜意。

从今以后，我就同我在上面谈到的首先被批斗的老教授一起，天天出去劳动。仅在一年多以前十年浩劫初起时，在外文楼批斗这一位老教授，我当时还滥竽人民之内，曾几何时，我们竟成了"同志"。人世沧桑，风云变幻，往往有出人意料者，可不警惕哉！

我们这一对难兄难弟，东语系的创办人，今天同为阶下囚。每天八点到指定的地方去集合，在一个工人监督下去干杂活。十二点回家，下午两点再去，晚上六点回家。劳动的地方很多，工种也有变换，有时候一天换一个地方。我们二人就像是一对能思考会说话的牛马，在工人的鞭子下，让干什么干什么，半句话也不敢说，不敢问。据我从旁观察，从那时起，北大工人就变成了白领阶级，又好像是押解犯人的牢头禁子，自己什么活都不干，成了只动嘴不动手的"君子"。我颇有点腹诽之意。然而，工人是领导一切的阶级，我自己只不过一个阶下囚，我吃了老虎心豹子胆也不敢说三道四了。据我看，专就北京大学而论，这一场所谓"文化大革命"，实际上是工人整知识分子的运动。在旧社会，教授与工人地位悬殊，经济收入差距也极大。有一些教授自命不凡，颇有些"教授架子"，对工人不够尊重。工人心中难免蕴藏着那么一点怨气。在那时候他们也只能忍气吞声。解放以后，情况变了。到了十年浩劫，对某一些工人来说，机会终于来了。那一股潜伏的怨气，在某一些人鼓励煽动下，一古脑儿爆发出来了。在大饭厅批斗面壁而立时，许多响亮的耳光声，就来自某一些工人的巴掌与某一些教授的脸相接触中。我这些话，有一些工人师傅可能不肯接受。但我们是唯物主义者，要实事求是，事情是什么样子，就应该说它是什么样子。不接受也否认不了事实的存在。

我现在就是在一个工人监督下进行劳改。多脏多累的活，只要他的嘴一动，我就必须去干。这位工人站在旁边颐指气使，他横草不动，竖草不沾，就这样来"领导一切"。

这样劳动，我心里有安全感了没有？一点也没有。我并不怕劳动。但是这样的劳动，除了让我失掉锻炼双腿的机会而感到遗憾外，仍然要随时准备着，被揪去批斗。东语系或北大的某一个部门的头领们，一旦心血来潮，就会派人到我劳动的地方，不管这个地方多么远，多么偏僻，总能把我手到擒来。有时候，在批斗完了以后，仍然要回原地劳动。坐过一阵喷气式以后，劳动反而给我带来了乐趣，看来我真已成了不可雕的朽木了。

无论是走去劳动，还是劳动后回家，我决不敢，也不愿意走阳关大道。在大道上最不安全。戴红袖章手持长矛的红卫兵，三五成群，或者几十成群，雄赳赳气昂昂地走在路上，大有"天上天下，唯我独尊"之概。像我这样的人，一看打扮，一看面色，就知道是"黑帮"分子。我们满脸晦气，目光呆滞，身上鹑衣百结，满是尘土，同叫花子差不多。况且此时我们早已成了空中飞鸟，任何人皆可得而打之。打我们一拳或一个耳光，不但不犯法，而且是"革命行动"，这能表现"革命"的义愤，会受到尊敬。连十几岁的小孩都知道我们是"坏人"，是可以任意污辱的。丢一块石头，吐几口吐沫，可以列入"优胜纪略"中的。有的小孩甚至拿着石灰向我们眼里撒。如果任其撒人，眼睛是能够瞎的。在这样的情况下，我们也不敢还口，更不敢还手。只有"夹着尾巴逃跑"一途。有一次，一个七八岁的小男孩手里拿着一块砖头，命令我："过来！我拍拍你！"我也只能快走几步，逃跑。我还不敢跑得太快，否则吓坏了我们"祖国的花朵"，我们的罪孽就更大了。我有时候想，如果我真成了瞎子，身上再被"踏上一千只脚"，那可真是如堕入十九层地狱，"永世不得翻身"了。

不敢走阳关大道怎么办呢？那就专拣偏僻的小路走。在十年浩劫期间，北大这样的小路要比现在多得多。这样的小路大都在老旧房屋的背后，阴沟旁边。这里垃圾成堆，粪便遍地，杂草丛生，臭气熏天。平常是绝对没有人来的，现在却成了我的天堂。这里气味虽然有点难闻，但是非常安静。野猫野狗是经常能够碰到的。猫狗的"政治觉悟"很低，完全不懂"阶级斗争"，它们不知道我是"黑帮"，只知道我是人，对人它们还是怕的。到了这个环境里，平常不敢抬的头敢抬起来了，平常不敢出的气现在敢出了，也还敢抬头看蔚蓝色的天空，心中异常的快乐。对这里的臭气，我不但不想掩鼻而过，还想尽量多留一会儿。这里真是我这类人的天堂。

但是，人生总是祸不单行的，天堂也决非能久留之地。有一天，我被押解着去拆席棚，倒在地上的木板上还有残留的钉子。我一不小心，脚踏到上面，一寸长的钉子直刺脚心，鞋底太薄，阻挡不住钉子。我只觉脚底下一阵剧痛，一拔脚，立即血流如注。此时，我们那个牢头禁子，不但对此毫不关心，而且勃然大怒，说："你们这些人简直是无用的废物！"所谓"无用的废物"，指的就是教授。这我和他心里都是明白的。我正准备着挨上几个耳光，他却出我意料大发慈悲，说了声："滚蛋吧！"我就乘机滚了蛋。我脚痛得无法走路，但又不能不走。我只能用一只脚正式走路，另一只是被拖着走的。就这样一瘸一拐地走回家来。我不敢进校医院，那里管事的都是公社派，见了我都会怒目而视，我哪里还敢自投罗网呢？看到我这一副狼狈相，家里的两位老太太大吃一惊，也是一筹莫展，只能采用祖传的老办法，用开水把伤口烫上一烫，抹点红药水，用纱布包了起来。下午还要去劳动。否则上边怪罪下来，不但我吃不消，连那位工人也会受到牵连。我现在不期望有什么人对我讲革命的人道主义，对国民党俘虏是可以讲的，对我则不行，我已经被开除了"人籍"，人道主义与我无干了。

此时，北大的两派早已开始了武斗。两派都创建了自己的兵工厂，都有自己的武斗队。兵器我在上面已经提到一点。掌权的公社派当然会阔气非凡。他们把好好的价值昂贵的钢管锯断，磨尖，形成了长矛，拿在手里，威风凛凛。井冈山物质条件差一点，但也拼凑了一些武器。每一派各据几座楼，相互斗争。每一座楼都像一座堡垒，警卫森严。我没有资格亲眼看到两派的武斗场面。我想，武斗之事性命交关，似乎应该十分严肃。但是，我被监工头领到学生宿舍区去清理一场激烈的武斗留下的战场。附近楼上的玻璃全被打碎，地上堆满了砖头石块，是两派交战时所使用的武器。我们的任务就是来清除这些垃圾。但是，我猛一抬头，瞥见一座楼的窗子外面挂满了成串的破鞋。我大吃一惊，继而在心里莞尔一笑。老北大都知道破鞋象征着什么，它象征的就是那一位"老佛爷"。我真觉得这些年轻的大孩子顽皮到可爱的程度，把这兵戎大事变成一幕小小的喜剧。我脸上没有笑意已经很久很久，笑这个本能我好像已经忘掉了。不意今天竟有了想笑的意思。这在囚徒生活中是一个轻松的插曲。

但是，真正的武斗，只要有可能，我还是尽量躲开的。这种会心的微笑于无意中得之，不足为训。我现在是"猪八戒照镜子，里外不是人"。两派中哪一派都把我看作敌人。我若遇到武斗而躲不开的话，谁不想拿我来撒气呢？我既然凭空捡了一条命，我现在想尽力保护它。我虽然研究过比较自杀学，但是，我现在既不想自杀，也不想他杀。我还想活下去哩。

劳改初级阶段的情况，大体如此。

我
和
北
大

　　北大创建于1898年，到明年整整一百年了，称之为"与世纪同龄"，是当之无愧的。我生于1911年，小北大十三岁，到明年也达到八十七岁高龄，称我为"世纪老人"，虽不中亦不远矣。说到我和北大的关系，在我活在世界上的八十七年中，竟有五十一年是在北大度过的，称我为"老北大"是再恰当不过的。

　　在北大五十余年中，我走过的并不是一条阳关大道。有光风霁月，也有阴霾漫天；有"山重水复疑无路"，也有"柳暗花明又一村"，而后者远远超过前者。在这里，我同普天下的老百姓，特别是其中的知识分子，是同呼吸、共命运的，不管怎样，不知道有什么无形的力量，把我同北大紧紧缚在一起，不管我在北大经历过多少艰难困苦，甚至一度曾走到死亡的边缘上，我仍然认为我这一生是幸福的。一个人只有一次生命，我不相信什么轮回转生。在我这仅有的可贵的一生中，从"春风得意马蹄疾"的少不更事的青年，一直到"高堂明镜悲白发"的耄耋之年，我从未离开过北大。追忆我的一生，怡悦之感，油然而生，"虽九死其犹未悔"。

　　有人会问："你为什么会有这样的感觉呢？"这个问题是我必须答复的。

记得前几年，北大曾召开过几次座谈会，探讨的问题是：北大的传统究竟是什么？我个人始终认为，北大的优良传统是根深蒂固的爱国主义。有人主张，北大的优良传统是革命。其实真正的革命还不是为了爱国？不爱国，革命干吗呢？历史上那种"你方唱罢我登场"的"以暴易暴"的改朝换代，应该排除在"革命"之外。

在古代，几乎在所有的国家中，传承文化的责任都落在知识分子的肩上。不管工农的贡献多大，但是传承文化却不是他们所能为。如果不这样认为，那不是实事求是的态度。传承文化的人的身份和称呼，因国而异。在欧洲中世纪，传承者多半是身着黑色长袍的神父，传承的地方是在教堂中。后来大学兴起，才接过了一些传承的责任。在印度古代，文化传承者是婆罗门，他们高踞四姓之首。东方一些佛教国家，古代文化的传承者是穿披黄色袈裟的佛教僧侣，传承地点是在寺庙里。中国古代文化的传承者是"士"。士、农、工、商是社会上主要阶层，而士则同印度的婆罗门一样高踞首位。传承的地方是太学、国子监和官办以及私人创办的书院。婆罗门和士的地位，都是他们自定的，这是不是有点过于狂妄自大呢？可能有的；但是，我认为，并不全是这样，而是由客观形势所决定的，不这样也是不行的。

婆罗门、神父、士等等都是知识分子，他们的本钱就是知识，而文化与知识又是分不开的。在世界各国文化传承者中，中国的士有其鲜明的特点。早在先秦，《论语》中就说过："士不可以不弘毅，任重而道远。"士们俨然以天下为己任，天下安危系于一身。在几千年的历史上，中国知识分子的这个传统一直没变，后来发展成"天下兴亡，匹夫有责"。后来又继续发展，一直到了现代，始终未变。

不管历代注疏家怎样解释"弘毅"，怎样解释"任重道远"，我个人认为，中国知识分子所传承的文化中，其精髓有两个鲜明的特点，一个是我在上面详细论证的爱国主义；一个就是讲骨气，讲气节，换句话说也就是在帝王将相的非正义的行为面前不低头，另一方面，在外敌的斧钺前面不低头，"威武不能屈"。苏武和文天祥等等一大批优秀人物就是例证。这样一来，这两个特点实又有非常密切的联系了，其关键还是爱国主义。

如果我们改一个计算办法的话，那么，北大的历史就不是一百年，而是几千年。因为，北大最初的名称是京师大学堂，而京师大学堂的前身则是国子监。国子监是旧时代中国的最高学府，已有一千多年的历史，其前身又是太学，则历史更长了。从最古的太学起，中经国子监，一直到近代的大学，学生都有以天下为己任的抱负，这也是存在决定意识这个规律造成的，与其他国家的大学不太一样。在中国这样的大学中，首当其冲的是北京大学。在近代史上，历次反抗邪恶势力的运动，几乎都是从北大开始。这是历史事实，谁也否认不掉的。"五四"运动是其中最著名的一次。虽然名义上是提倡科学与民主，骨子里仍然是一场爱国运动。提倡科学与民主只能是手段，其目的仍然是振兴中华，这不是爱国运动又是什么呢？

　　我在北大这样一所肩负着传承中华民族的优秀文化的、背后有悠久的爱国主义传统的学府，真正是如鱼得水，认为这才真正是我安身立命之地。我曾在一篇文章中写过：我身上的优点不多，唯爱国不敢后人。即使我将来变成了灰，我的每一个灰粒也都会是爱国的。这是我的肺腑之言。以我这样一个怀有深沉的爱国思想的人，竟能在有悠久爱国主义传统的北大几乎度过了我的一生，我除了有幸福之感外，还有什么呢？还能何所求呢？

漫谈北大派和清华派

这里讲的"派"不是从政治上来讲的，而是从学术上，从学风上。

我是清华的毕业生，又在北大工作了半个多世纪，我自信对这两所最高学府是能够有所了解的。因此，让我来谈一谈两校学风的异同问题，我还是有点资本的。

我脑筋里从来就没有考虑过两校的学风问题。原因是自从1952年进行院系调整以来，清华已经成为一所工科大学，北大仍然保留综合大学的地位。以工科而谈学风，盖已难矣。可是，我前不久偶然在一个什么杂志或报纸上读到了一位学者的文章，他是最近几年来清华恢复文科院系以后到清华去任教的，他是人文社会科学专家，是有资格谈学风的。我因为病目，不良于视，只是大体上翻了翻这一篇文章，记得内容只是谈清华学派的，其中列举了一大串学者的名字，好像都是老清华的。作者的用意大概是，这些学者组成了"清华学派"。这些人名我基本上都是熟悉的。看了这一张人名榜，我第一个想法就是：作者对于这一些人似乎有点隔膜。其中有一些是六十多年前我在清华读书时的教授，我对他们是了解的。在当时学生心目中，他们不过是半教授半政客的"双栖学者"。我们根本不知道他们有什么有独到见解的为内行人所承认的学术著作。因此，我直觉地觉得，即使真有一个"清华学派"的话，里面也很难有他们的座位。

那一篇文章我并没有看完，便置诸脑后，以后也再没有想这个问题。

但是，后来听说，北大的一些年轻教员对于这个问题颇感兴趣。他们先准备召开一次座谈会，后来又改为用笔谈的形式来各抒己见。守常约我参加，我答应他也来凑个热闹。

北大和清华有没有差别呢？当然有的。据我个人的印象，在过去相当长的时间内，在国内和国际上的地位方面，在对中国教育、学术和文化的贡献方面，两校可以说是力量匹敌，无从轩轾。这是同一性。但是，在双方的风范——我一时想不出更确切的词儿，姑且用之——方面，却并不相同。如果允许我使用我在拙文《门外中外文论絮语》中提出来的文艺批评的话语的话，我想说，北大的风范可用人们对杜甫诗的评论"沉郁顿挫"来概括。而对清华则可用杜甫对李白诗的评价"清新俊逸"来概括。这是我个人的印象，但是我自认是准确的。至于为什么说是准确，则决非三言两语能够解释清楚的，这个问题就留给大家去揣摩吧。

这是就一般的风范来说的。至于学风，则愧我愚陋，我实在看不出有什么差别。首先一个问题我就解决不了，根据什么来划分北大学派和清华学派？根据人嘛，是从北大或清华毕业的人才算是北大学派或清华学派呢？抑或是在北大或清华任教的人才算是北大学派或清华学派呢？有的人是从北大毕业然而却在清华教书，或者适得其反，他算是什么学派呢？这样的人，我无法去统计，然而其数目却是相当大的。

根据学术著作的内容嘛，这也不行。著作内容，比如说中国哲学史，每一个学者，只要个人愿意，都能研究，决不会有什么北大学派或清华学派。根据学术风格嘛，几乎每一个学者都有自己的风格，不但北大、清华如此，南开、复旦等校又何独不然！

北大和清华，由于历史渊源关系，教授互相兼课的很多，两校教授成为朋友的更多，关系错综复杂，难以寻出一条线索把他们分为两派。只要是北大的教授，就属于北大学派。只要是清华的教授，就属于清华学派。这是一种过分简单化的做法，什么问题也不解决。

总之，我认为，从学术上来讲，根本没有什么北大学派和清华学派。

本章节选自：《我的学术回忆》（1997年）；《梦萦未名湖》（1988年1月3日，原文为《精神的魅力》代序）；《牛棚杂忆》（1988年3月4日～1989年4月5日初稿，1992年6月3日写完）；《我和北大》（1997年12月13日）；《漫谈北大派和清华派》（1998年11月12日）。

——编者注

第五章

我的这些年

我常幻想，造化小儿喜欢耍点"小"——也许是"大"——聪明，给人们开点小玩笑。他（？它？她？）给你以本能，让你舌头知味，鼻子知香。但是，又不让你长久地享受，只给你一瞬间，然后复归于平淡，甚至消逝。

重返哥廷根

我真是万万没有想到经过了三十五年的漫长岁月，我又回到这个离开祖国几万里的小城里来了。

我坐在从汉堡到哥廷根的火车上，我简直不敢相信这是事实。难道是一个梦吗？我频频问着自己。这当然是非常可笑的，这毕竟就是事实。我脑海里印象历乱，面影纷呈。过去三十多年来没有想到的人，想到了；过去三十多年来没有想到的事，想到了。我那一些尊敬的老师，他们的笑容又呈现在我眼前。我那像母亲一般的女房东，她那慈祥的面容也呈现在我眼前。那个宛宛婴婴的女孩子伊姆加德，也在我眼前活动起来。那窄窄的街道，街道两旁的铺子，城东小山的密林，密林深处的小咖啡馆，黄叶丛中的小鹿，甚至冬末春初时分从白雪中钻出来的白色小花雪钟，还有很多别的东西，都一齐争先恐后地呈现到我眼前来。一霎时，影像纷乱，我心里也像开了锅似的激烈地动荡起来了。

火车停，我飞也似的跳了下去，踏上了哥廷根的土地。忽然有一首诗涌现出来：

少小离家老大回，

乡音无改鬓毛衰。

儿童相见不相识，

笑问客从何处来。

　　怎么会涌现这样一首诗呢？我一时有点茫然、懵然。但又立刻意识到，这一座只有十来万人的异域小城，在我的心灵深处，早已成为我的第二故乡了。我曾在这里度过整整十年，是风华正茂的十年。我的足迹印遍了全城的每一寸土地。我曾在这里快乐过，苦恼过，追求过，幻灭过，动摇过，坚持过。这一座小城实际上决定了我一生要走的道路。这一切都不可避免地要在我的心灵上打上永不磨灭的烙印。我在下意识中把它看作第二故乡，不是非常自然的吗？

　　我今天重返第二故乡，心里面思绪万端，酸甜苦辣一齐涌上心头。感情上有一种莫名其妙的重压，压得我喘不过气来，似欣慰，似惆怅，似追悔，似向往。小城几乎没有变。市政厅前广场上矗立的有名的抱鹅女郎的铜像，同三十五年前一模一样。一群鸽子仍然像从前一样在铜像周围徘徊，悠然自得。说不定什么时候一声呼哨，飞上了后面大礼拜堂的尖顶。我仿佛昨天才离开这里，今天又回来了。我们走下地下室，到地下餐厅去吃饭。里面陈设如旧，座位如旧，灯光如旧，气氛如旧。连那年轻的服务员也仿佛是当年的那一位。我仿佛昨天晚上才在这里吃过饭。广场周围的大小铺子都没有变。那几家著名的餐馆，什么"黑熊"、"少爷餐厅"等等，都还在原地。那两家书店也都还在原地。总之，我看到的一切都同原来一模一样。我真的离开这座小城已经三十五年了吗？

　　但是，正如中国古人所说的，江山如旧，人物全非。环境没有改变，然而人物却已经大大地改变了。我在火车上回忆到的那一些人，有的如果还活着的话年龄已经过了一百岁。这些人的生死存亡就用不着去问了。那些计算起来还没有这样老的人，我也不敢贸然去问，怕从被问者的嘴里听到我不愿意听的消息。我只绕着弯子问上那么一两句，得到的回答往往不得要领，模糊得很。这不能怪别人，因为我的问题就模糊不清。我现在非常欣赏这种模糊，模糊中包含着希望。可惜就连这种模糊也不能完全遮盖住事实。结果是：访旧半为鬼，惊呼热中肠。我只能在内心里用无声的声音来惊呼了。

在惊呼之余，我仍然坚持怀着沉重的心情去访旧。首先我要去看一看我住过整整十年的房子。我知道，我那母亲般的女房东欧朴尔太太早已离开了人世。但是房子却还存在，那一条整洁的街道依旧整洁如新。从前我经常看到一些老太太用肥皂来洗刷人行道，现在这人行道仍然像是刚才洗刷过似的，躺下去打一个滚，决不会沾上一点尘土。街拐角处那一家食品商店仍然开着，明亮的大玻璃窗子里面陈列着五光十色的食品。主人却不知道已经换了第几代了。我走到我住过的房子外面，抬头向上看，看到三楼我那一间房子的窗户，仍然同以前一样摆满了红红绿绿的花草，当然不是出自欧朴尔太太之手。我蓦地一阵恍惚，仿佛我昨晚才离开，今天又回家了。我推开大门，大步流星地跑上三楼。我没有用钥匙去开门，因为我意识到，现在里面住的是另外一家人了。从前这座房子的女主人恐怕早已安息在什么墓地里了，墓上大概也栽满了玫瑰花吧。我经常梦见这所房子，梦见房子的女主人，如今却是人去楼空了。我在这里度过的十年中，有愉快，有痛苦，经历过轰炸，忍受过饥饿。男房东逝世后，我多次陪着女房东去扫墓。我这个异邦的青年成了她身边的唯一的亲人。无怪我离开时她嚎啕痛哭。我回国以后，最初若干年，还经常通信。后来时移事变，就断了联系。我曾痴心妄想，还想再见她一面。而今我确实又来到了哥廷根，然而她却再也见不到，永远永远地见不到了。

我徘徊在当年天天走过的街头，这里什么地方都有过我的足迹。家家门前的小草坪上依然绿草如茵。今年冬雪来得早了一点。十月中，就下了一场雪。白雪、碧草、红花，相映成趣。鲜艳的花朵赫然傲雪怒放，比春天和夏天似乎还要鲜艳。我在一篇短文《海棠花》里描绘的那海棠花，依然威严地站在那里。我忽然回忆起当年的冬天，日暮天阴，雪光照眼，我扶着我的吐火罗文和吠陀语老师西克教授，慢慢地走过十里行街。心里面感到凄清，但又感到温暖。回到祖国以后，每当下雪的时候，我便想到这一位像祖父一般的老人。回首前尘，已经有四十多年了。

我也没有忘记当年几乎每一个礼拜天都到的席勒草坪。它就在小山下面，是进山必由之路。当年我常同中国学生或者德国学生，在席勒草坪散步之后，就沿着弯曲的山径走上山去。曾登上俾斯麦塔，俯瞰哥廷根全城；曾在小咖啡馆里流连忘返；曾在大森林中茅亭下躲避暴雨；曾在深秋时分惊走觅食的小鹿，听它们脚踏落叶一路窸窸窣窣地逃走。甜蜜的回忆是写也写不完的，今天我又来到这里。碧草如旧，亭树犹新。但是当年年轻的我已颓然一翁，而旧日游侣早已荡若云烟，有的离开了这个世界，有的远走高飞，到地球的另一半去了。此情此景，人非木石，能不感慨万端吗？

我在上面讲到江山如旧，人物全非。幸而还没有真正地全非。几十年来我昼思梦想最希望还能见到的人，最希望他们还能活着的人，我的"博士父亲"，瓦尔德施米特教授和夫人居然还都健在。教授已经是八十三岁高龄，夫人比他寿更高，是八十六岁。一别三十五年，今天重又会面，真有相见疑梦之感。老教授夫妇显然非常激动，我心里也如波涛翻滚，一时说不出话来。我们围坐在不太亮的电灯光下，杜甫的名句一下子涌上我的心头：

> 人生不相见，
> 动如参与商。
> 今夕复何夕？
> 共此灯烛光。

四十五年前我初到哥廷根我们初次见面，以及以后长达十年相处的情景，历历展现在眼前。那十年是剧烈动荡的十年，中间插上了一个第二次世界大战，我们没有能过上几天好日子。最初几年，我每次到他们家去吃晚饭时，他那个十几岁的独生儿子都在座。有一次教授同儿子开玩笑："家里有一个中国客人，你明天到学校去又可以张扬吹嘘一番了。"哪里知道，大战一爆发，儿子就被征从军，一年冬天，战死在北欧战场上。这对他们夫妇俩的打击，是无法形容的。不久教授也被征从军。他心里怎样想，我不好问，他也不好说。看来是默默地忍受痛苦。他预定了剧院的票，到了冬天，剧院开演，他不在家，每周一次陪他夫人看戏的任务，就落到我肩上。深夜，演出结束后，我要走很长的道路，把师母送到他们山下林边的家中，然后再摸黑走回自己的住处。在很长的时间内，他们那一座漂亮的三层楼房里，只住着师母一个人。

他们的处境如此，我的处境更要糟糕。烽火连年，家书亿金。我的祖国在受难，我的全家老老小小在受难，我自己也在受难。中夜枕上，思绪翻腾，往往彻夜不眠。而且头上有飞机轰炸，肚子里没有食品充饥。做梦就梦到祖国的花生米。有一次我下乡去帮助农民摘苹果，报酬是几个苹果和五斤土豆。回家后一顿就把五斤土豆吃了个精光，还并无饱意。

大概有六七年的时间，情况就是这个样子。我的学习、写论文、参加口试、获得学位，就是在这种情况下进行的。教授每次回家度假，都听我的汇报，看我的论文，提出他的意见。今天我会的这一点点东西，哪一点不包含着教授的心血呢？不管我今天的成就还是多么微小，如果不是他怀着毫不利己的心情对我这一个素昧平生的异邦的青年加以诱掖教导的话，我能够有什么成就呢？所有这一切能够忘记得了吗？

现在我们又会面了。会面的地方不是在我所熟悉的那一所房子里，而是在一所豪华的养老院里。别人告诉我，他已经把房子赠给哥廷根大学印度学和佛教研究所，把汽车卖掉，搬到这一所养老院里来了。院里富丽堂皇，应有尽有，健身房、游泳池，无不齐备。据说，饭食也很好。但是，说句不好听的话，到这里来的人都是七老八十的人，多半行动不便。对他们来说，健身房和游泳池实际上等于聋子的耳朵。他们不是来健身，而是来等死的。头一天晚上还在一起吃饭、聊天，第二天早晨说不定就有人见了上帝。一个人生活在这样的环境中，心情如何，概可想见。话又说了回来，教授夫妇孤苦伶仃，不到这里来，又到哪里去呢？

就是在这样一个地方，教授又见到了自己几十年没有见面的弟子。他的心情是多么激动，又是多么高兴，我无法加以描绘。我一下汽车就看到在高大明亮的玻璃门里面，教授端端正正地坐在圈椅上。他可能已经等了很久，正望眼欲穿哩。他瞪着慈祥昏花的双目瞧着我，仿佛想用目光把我吞了下去。握手时，他的手有点颤抖。他的夫人更是老态龙钟，耳朵聋，头摇摆不停，同三十多年前完全判若两人了。师母还专为我烹制了当年我在她家常吃的食品。两位老人齐声说：

"让我们好好地聊一聊老哥廷根的老生活吧！"他们现在大概只能用回忆来填充日常生活了。我问老教授还要不要中国关于佛教的书，他反问我："那些东西对我还有什么用呢？"我又问他正在写什么东西。他说："我想整理一下以前的旧稿；我想，不久就要打住了！"从一些细小的事情上来看，老两口的意见还是有一些矛盾的。看来这相依为命的一双老人的生活是阴沉的、郁闷的。在他们前面，正如鲁迅在《过客》中所写的那样："前面？前面，是坟。"

我心里陡然凄凉起来，老教授毕生勤奋，著作等身，名扬四海，受人尊敬，老年就这样度过吗？我今天来到这里，显然给他们带来了极大的快乐。一旦我离开这里，他们又将怎样呢？可是，我能永远在这里待下去吗？我真有点依依难舍，尽量想多待些时候。但是，千里凉棚，没有不散的筵席。我站起来，想告辞离开。老教授带着乞求的目光说："才十点多钟，时间还早嘛！"我只好重又坐下。最后到了深夜，我狠了狠心，向他们说了声："夜安！"站起来，告辞出门。老教授一直把我送下楼，送到汽车旁边，样子是难舍难分。此时我心潮翻滚，我明确地意识到，这是我们最后一面了。但是，为了安慰他，或者欺骗他，也为了安慰我自己，或者欺骗我自己，我脱口说了一句话："过一两年，我再回来看你！"声音从自己嘴里传到自己耳朵，显得空荡、虚伪，然而却又真诚。这真诚感动了老教授，他脸上现出了笑容："你可是答应了我了，过一两年再回来！"我还有什么话好说呢？我噙着眼泪，钻进了汽车。汽车开走时，回头看到老教授还站在那里，一动也不动，活像是一座塑像。

过了两天，我就离开了哥廷根。我乘上了一辆开到另一个城市去的火车。坐在车上，同来时一样，我眼前又是面影迷离，错综纷杂。我这两天见到的一切人和物，一一奔凑到我的眼前来；只是比来时在火车上看到的影子清晰多了，具体多了。在这些迷离错乱的面影中，有一个特别清晰、特别具体、特别突出，它就是我在前天夜里看到的那一座塑像。愿这一座塑像永远停留在我的眼前，永远停留在我的心中。

我爱北京的小胡同

我爱北京的小胡同，北京的小胡同也爱我，我们已经结下了永恒的缘分。

六十多年前，我到北京来考大学，就下榻于西单大木仓里面的一条小胡同中的一个小公寓里。白天忙于到沙滩北大三院去应试。北大与清华各考三天，考得我焦头烂额，筋疲力尽；夜里回到公寓小屋里，还要忍受臭虫的围攻，特别可怕的是那些臭虫的空降部队，防不胜防。

但是，我们这一帮山东来的学生仍然能够苦中作乐。在黄昏时分，总要到西单一带去逛街。街灯并不辉煌，"无风三尺土，有雨一街泥"，也会令人不快。我们却甘之若饴。耳听铿锵清脆、悠扬有致的京腔，如闻仙乐。此时鼻官里会蓦然涌入一股幽香，是从路旁小花摊上的栀子花和茉莉花那里散发出来的。回到公寓，又能听到小胡同中的叫卖声："驴肉！驴肉！""王致和的臭豆腐！"其声悠扬、深邃，还含有一点凄清之意。这声音把我送入梦中，送到与臭虫搏斗的战场上。

将近五十年前，我在欧洲待了十多年以后，又回到了故都。这次是住在东城的一条小胡同里：翠花胡同，与南面的东厂胡同为邻。我住的地方后门在翠花胡同，前门则在东厂胡同，据说是明朝的特务机关东厂所在地，是折磨、囚禁、拷打、杀害所谓"犯人"的地方。冤死之人极多，他们的鬼魂常常出来显灵。我是不相信什么鬼怪的。我感兴趣的不是什么鬼怪显灵，而是这一所大房子本身。它地跨两个胡同，其大可知。里面重楼复阁，四廊盘曲，院落错落，花园重叠，一个陌生人走进去，必然是如入迷宫，不辨东西。

然而，这样复杂的内容，无论是从前面的东厂胡同，还是从后面的翠花胡同，都是看不出来的。外面十分简单，里面十分复杂；外面十分平凡，里面十分神奇。这是北京城里许多小胡同共有的特点。

据说当年黎元洪大总统在这里住过。我住在这里的时候，北大校长胡适住在黎住过的房子中。我住的这个地方仅仅是这个院子的一个旮旯儿，在西北角上。但是这个旮旯儿并不小，是一个三进的院子，我第一次体会到"庭院深深深几许"的意境。我住在最深一层院子的东房中，院子里摆满了汉代的砖棺。这里本来就是北京的一所"凶宅"，再加上这些棺材，黄昏时分，总会让人感觉到鬼影幢幢，毛骨悚然。所以很少有人敢在晚上来拜访我。我每日"与鬼为邻"，倒也过得很安静。

第二进院子里有很多树木，我最初没有注意是什么树。有一个夏日的夜晚，刚下过一阵雨，我走在树下，忽然闻到一股幽香。原来这些是马樱花树，树上正开着繁花，幽香就是从这里散发出来的。这一下子让我回忆起十几年前西单的栀子花和茉莉花的香气。当时我是一个十九岁的大孩子，现在成了中年人。相距近二十年的两个我，忽然融合到一起来了。

不管是六十多年，还是五十年，都成为过去了。现在北京的面貌天天在改变，层楼摩天，国道宽敞。然而那些可爱的小胡同，却日渐消逝，被摩天大楼吞噬掉了。看来在现实中小胡同的命运和地位都要日趋消沉，这是不可抵御的，也不一定就算是坏事。可是我仍然执著地关心我的小胡同。就让他们在我的心中占一个地位吧，永远，永远。

我爱北京的小胡同，北京的小胡同也爱我。

芝兰之室

　　我喜欢绿色的东西，我觉得，绿色是生命的颜色，即使是在冬天，我在屋里总要摆上几盆花草，如君子兰之类。旧历元旦前后，我一定要设法弄到几盆水仙，眼睛里看到的是翠绿的叶子，鼻子里闻到的是氤氲的幽香，我顾而乐之，心旷神怡。

　　今年当然不会是例外。友人送给我几盆水仙，摆在窗台上。下面是一张极大的书桌，把我同窗台隔开。大概是由于距离远了一点，我只见绿叶，不闻花香，颇以为憾。

　　今天早晨，我一走进书房，蓦地一阵浓烈的香气直透鼻官。我愕然一愣，一刹那间，我意识到，这是从水仙花那里流过来的。我坐下，照例爬我的格子。我在潜意识里感到，既然刚才能闻到花香，这就证明，花香是客观存在着的，而且还不会是瞬间的而是长时间的存在。可是，事实上，在那愕然一愣之后，水仙花香神秘地消逝了，我鼻子再也闻不到什么了。

　　这是什么原因呢？

　　我又陷入了想入非非中。

　　中国古代《孔子家语》中就有几句话："与善人居，如入芝兰之室，久而不闻其香，即与之化矣。"我在这里关心的不是"化"与"不化"的问题，而是"久而不闻其香"。刚才水仙花给我的感受，就正是"久而不闻其香"。可见这样的感受，古人早已经有了。

我常幻想，造化小儿喜欢耍点"小"——也许是"大"——聪明，给人们开点小玩笑。他（？它？她？）给你以本能，让你舌头知味，鼻子知香。但是，又不让你长久地享受，只给你一瞬间，然后复归于平淡，甚至消逝。比如那一位"老佛爷"慈禧，在宫中时，瞅见燕窝、鱼翅、猴头、熊掌，一定是大皱其眉头。然而，八国的"老外"来到北京，她仓皇西逃，路上吃到棒子面的窝头，味道简直赛过龙肝凤髓，认为是从未尝过的美味。她回到北京宫中以后，想再吃这样的窝头，可普天之下再也找不到了。

造化小儿就是使用这样的手法，来实施一种平衡的策略，使美味佳肴与粗茶淡饭，使帝后显宦与平头老百姓，等等，都成为相对的东西，都受时间与地点的约束。否则，如果美味对一个人来说永远美，那么帝后显宦们的美食享受不是太长了吗？在芸芸众生中间不是太不平衡了吗？

对鼻官来说，水仙花还有芝兰的香气也只能作如是观，一瞬间，你获得了令人吃惊的美感享受；又一瞬间，香气虽然仍是客观存在，你的鼻子却再也闻不到了。

造化小儿玩的就是这一套把戏。

我和外国文学

要想谈我和外国文学，简直像"一部十七史，不知从何处谈起"。

我从小学时期起开始学习英文，年龄大概只有十岁吧。当时我还不大懂什么是文学，只朦朦胧胧地觉得外国文学很好玩而已。记得当时学英文是课余的，时间是在晚上。现在留在我的记忆里的只是在夜课后，在黑暗中，走过一片种满了芍药花的花畦，紫色的芍药花同绿色的叶子化成了一个颜色，清香似乎扑入鼻官。从那以后，在几十年的漫长的岁月中，学习英文总同美丽的芍药花联在一起，成为美丽的回忆。

到了初中，英文继续学习。学校环境异常优美，紧靠大明湖，一条清溪流经校舍。到了夏天，杨柳参天，蝉声满园。后面又是百亩苇绿，十里荷香，简直是人间仙境。我们的英文教员水平很高，我们写的作文，他很少改动，而是一笔勾销，自己重写一遍。用力之勤，可以想见。从那以后，我学习英文又同美丽的校园和一位古怪的老师联在一起，也算是美丽的回忆吧。

到了高中，自己已经十五六岁了，仍然继续学英文，又开始学了点德文。到了此时，才开始对外国文学发生兴趣。但是这个启发不是来自英文教员，而是来自国文教员。高中前两年，我上的是山东大学附设高中。国文教员王崑玉先生是桐城派古文作家，自己有文集。后来到山东大学做了讲师。我们学生写作文，当然都用文言文，而且尽量模仿桐城派的调子。不知怎么一来，我的作文竟受到他的垂青。什么"亦简练，亦畅达"之类的评语常常见到，这对于我是极大的鼓励。高中最后一年，我上的是山东济南省立高中。经过了"五卅"惨案，学校地址变了，空气也变了，国文老师换成了董秋芳（冬芬）、夏莱蒂、胡也频等等，都是有名的作家。胡也频先生只教了几个月，就被国民党通缉，逃到上海，不久就壮烈牺牲。以后是董秋芳先生教我们。他是北大英文系毕业，曾翻译过一本短篇小说集《争自由的波浪》，鲁迅写了序言。他同鲁迅通过信，通信全文都收在《鲁迅全集》中。他虽然教国文，却是外国文学出身，在教学中自然会讲到外国文学的。我此时写作文都改用白话，不知怎么一来，我的作文又受到董老师的垂青。他对我大加赞誉，在一次作文的评语中，他写道，我同另一个同级王峻岭（后来入北大数学系）是全班、全校之冠。这对一个十七八岁的青年来说，更是极大的鼓励。从那以后，虽然我思想还有过波动，也只能算是小插曲。我学习文学，其中当然也有外国文学的决心，就算是确定下来了。

在这时期，我曾从日本东京丸善书店订购过几本外国文学的书。其中一本是英国作者吉卜林的短篇小说。我曾着手翻译过其中的一篇，似乎没有译完。当时一本洋书值几块大洋，够我一个月的饭钱。我节衣缩食，存下几块钱，写信到日本去订书，书到了，又要跋涉十几里路到商埠去"代金引换"。看到新书，有如贾宝玉得到通灵宝玉，心中的愉快，无法形容。总之，我的兴趣已经确定，这也就确定了我以后学习和研究的方向。

考上清华以后，在选择系科的时候，不知是由于什么原因，我曾经一阵心血来潮，想改学数学或者经济。要知道我高中读的是文科，几乎没有学过数学。入学考试数学分数不到十分，这样的成绩想学数学岂非滑天下之大稽！愿望当然落空。一度冲动之后，我的心情立即平静下来：还是老老实实，安分守己，学外国文学吧。

清华大学西洋文学系，实际上是以英国文学为主，教授，不管是哪一国人，都用英语讲授。但是又有一个古怪的规定：学习英、德、法三种语言中任何一种，从一年级学到四年级，就叫什么语的专门化。德文和法文从字母学起，而大一的英文一上来就念 J.奥斯丁的《傲慢与偏见》，可见英文的专门化同法文和德文的专门化，完全是不可同日而语的。四年的课程有文艺复兴文学、中世纪文学、现代长篇小说、莎士比亚、欧洲文学史、中西诗之比较、英国浪漫诗人、中古英文、文学批评等等。教大一英文的是叶公超，后来当了国民党的外交部长。教大二的是毕莲（Miss Bille），教现代长篇小说的是吴可读（英国人），教东西诗之比较的是吴宓，教中世纪文学的是吴可读，教文艺复兴文学的是温特（Winter），教欧洲文学史的是翟孟生（Jameson），教法文的是 Holland 小姐，教德文的是杨丙辰、艾克（Ecke）、石坦安（von den Steinen）。这些外国教授的水平都不怎么样，看来都不是正途出身，有点野狐谈禅的味道。费了四年的时间，收获甚微。我还选了一些其他的课，像朱光潜的文艺心理学，陈寅恪的佛经翻译文学，朱自清的陶渊明诗等等，也曾旁听过郑振铎和谢冰心的课。这些课程水平都高，至今让我忆念难忘的还是这一些课程，而不是上面提到的那一些"正课"。

从上面的选课中可以看出，我在清华大学四年，兴趣是相当广的，语言、文学、历史、宗教几乎都涉及到了。我是德文专门化的学生，从大一德文，一直念到大四德文，最后写论文还是用英文，题目是 *The Early Poems of Hölderlin*，指导教师是艾克。内容已经记不清楚，大概水平是不高的。在这期间，除了写作散文以外，我还翻译了德莱塞的《旧世纪还在新的时候》，屠格涅夫的《玫瑰是多么美丽，多么新鲜呵……》，史密斯（Smith）的《蔷薇》，杰克逊（H.Jackson）的《代替一篇春歌》，马奎斯（D.Marquis）的《守财奴自传序》，索洛古勃（Sologub）的一些作品，荷尔德林的一些诗，其中《玫瑰是多么美丽，多么新鲜呵……》、《代替一篇春歌》、《蔷薇》等几篇发表了，其余的大概都没有刊出，连稿子现在都没有了。

此时我的兴趣集中在西方的所谓"纯诗"上，但是也有分歧。纯诗主张废弃韵律，我则主张诗歌必须有韵律，否则叫任何什么名称都行，只是不必叫诗。泰戈尔是主张废除韵律的，他的道理并没有能说服我。我最喜欢的诗人是法国的魏尔兰、马拉梅和比利时的维尔哈伦等。魏尔兰主张：首先是音乐，其次是明朗与朦胧相结合。这符合我的口味。但是我反对现在的所谓"朦胧诗"，我总怀疑这是"英雄欺人"，以艰深文浅陋。文学艺术都必须要人了解，如果只有作者一个人了解（其实他自己也不见得就了解），那何必要文学艺术呢？此外，我还喜欢英国的所谓"形而上学诗"。在中国，我喜欢的是六朝骈文，唐代的李义山、李贺，宋代的姜白石、吴文英，都是唯美的，讲求词藻华丽的。这个嗜好至今仍在。

在这四年期间，我同吴雨僧（宓）先生接触比较多。他主编天津《大公报》的一个副刊，我有时候写点书评之类的文章给他发表。我曾到燕京大学夜访郑振铎先生，同叶公超先生也有接触，他教我们英文，喜欢英国散文，正投我所好。我写散文，也翻译散文。曾有一篇《年》发表在与叶有关的《学文》上，受到他的鼓励，也碰过他的钉子。我常常同几个同班访问雨僧先生的藤影荷声之馆。有名的水木清华之匾就挂在工字厅后面。我也曾在月夜绕过工字厅走到学校西部的荷塘小径上散步，亲自领略朱自清先生《荷塘月色》描绘的那种如梦如幻的仙境。我在清华时就已开始对梵文发生兴趣。旁听陈寅恪先生的佛经翻译文学更加深了我的兴趣。但由于当时没有人教梵文，所以空有这个愿望而不能实现。1935年深秋，我到了德国哥廷根，才开始从瓦尔德施米特（Waldschmidt）教授学习梵文和巴利文。后又从西克（E. Sieg）教授学习吠陀和吐火罗文。梵文文学作品只在授课时作为语言教材来学习。二次世界大战爆发，瓦尔德施米特被征从军，西克以耄耋之年出来代他授课。这位年老的老师亲切和蔼，恨不能把自己的一切学问和盘托出来，交给我这个异域的青年。他先后教了我吠陀、《大疏》、吐火罗语。在文学方面，他教了我比较困难的檀丁的《十王子传》。这一部用艺术诗写成的小说实在非常古怪。开头一个复合词长达三行，把一个需要一章来描写的场面细致地描绘出来了。我回国以后之所以翻译《十王子传》，基因就是这样形成的。当时我主要是研究混合梵文，没有余暇来搞梵文文学，好像是也没有兴趣。在德国十年，没有翻译过一篇梵文文学著作，也没有写过一篇论梵文文学的文章。现在回想起来，也似乎从来没有想到要研究梵文文学。我的兴趣完完全全转移到语言方面，转移到吐火罗文方面去了。

1946年回国，我到北大来工作。我兴趣最大、用力最勤的佛教梵文和吐火罗文的研究，由于缺少起码的资料，已无法进行。我当时有一句口号，叫做："有多大碗，吃多少饭。"意思是说，国内有什么资料，我就做什么研究工作。巧妇难为无米之炊。不管我多么不甘心，也只能这样了。我就是在这种情况下来翻译文学作品的。解放初期，我翻译了德国女小说家安娜·西格斯的短篇小说。西格斯的小说，我非常喜欢。她以女性特有的异常细致的笔触，描绘反法西斯的斗争，实在是优秀的短篇小说家。以后我又翻译了迦梨陀娑的《沙恭达罗》和《优哩婆湿》，翻译了《五卷书》和一些零零碎碎的《佛本生故事》等。直至此时，我还并没有立志专门研究外国文学。我用力最勤的还是中印文化关系史和印度佛教史。我努力看书，积累资料。五十年代，我曾想写一部《唐代中印关系史》，提纲都已写成，可惜因循未果。"十年浩劫"中，资料被抄，丢了一些，还留下了一些，我已兴趣索然了。在浩劫之后，我自忖已被打倒在地，命运是永世不得翻身。但我又不甘心无所事事，白白浪费人民的小米，想找一件能占住自己的身心而又能旷日持久的翻译工作，从来也没想到出版问题。我选择的结果就是印度大史诗《罗摩衍那》。大概从1973年开始，在看门房、守电话之余，着手翻译。我一定要译文押韵。但有时候找一个适当的韵脚又异常困难，我就坐在门房里，看着外面来来往往的人，大半都不认识，只见眼前人影历乱，我脑筋里却想的是韵脚。下班时要走四十分钟才能到家，路上我仍搜索枯肠，寻求韵脚，以此自乐，实不足为外人道也。

　　上面我谈了六十年来我和外国文学打交道的经过。原来不知从何处谈起，可是一谈，竟然也谈出了不少的东西。记得什么人说过，只要塞给你一支笔，几张纸，出上一个题目，你必然能写出东西来。我现在竟成了佐证。可是要说写得好，那可就不见得了。

　　究竟怎样评价我这六十年中对外国文学的兴趣和所表现出来的成绩呢？我现在谈一谈别人的评价。1980年，我访问联邦德国，同分别了将近四十年的老师瓦尔德施米特教授会面，心中的喜悦之情可以想见。那时期，我翻译的《罗摩衍那》才出了一本，我就带了去送给老师。我万没有想到，他板起脸来，很严肃地说："我们是搞佛教研究的，你怎么弄起这个来了！"我了解老师的心情，他是希望我在佛教研究方面能多做出些成绩。但是他哪里能了解我的处境呢？我一无情报，二无资料，我是不得已而为之的。只是到了最近五六年，我两次访问联邦德国，两次访问日本，同外国的渠道逐渐打通，同外国同行通信、互赠著作，才有了一些条件，从事我那有关原始佛教语言的研究，然而人已垂垂老矣。

前几天，我刚从日本回来。在东京时，以东京大学名誉教授中村元博士为首的一些日本学者为我布置了一次演讲会。我讲的题目是《和平和文化》。在致开幕词时，中村元把我送给他的八大本汉译《罗摩衍那》提到会上，向大家展示。他大肆吹嘘了一通，说什么世界名著《罗摩衍那》外文译本完整的，在过去一百多年内只有英文，汉文译本是第二个全译本，有重要意义。日本、美国、苏联等国都有人在翻译，汉译本对日文译本会有极大的鼓励作用和参考作用。

中村元教授同瓦尔德施米特教授的评价完全相反。但是我决不由于瓦尔德施米特的评价而沮丧，也决不由于中村元的评价而发昏。我认识到翻译这本书的价值，也认识到自己工作的不足。由于别的研究工作过多，今后这样大规模的翻译工作大概不会再干了。难道我和外国文学的缘分就从此终结了吗？决不是的。我目前考虑的有两件工作：一是翻译一点《梨俱吠陀》的抒情诗，这方面的介绍还很不够。二是读一点古代印度文艺理论的书。我深知外国文学在我们国家精神文明建设中的重要性，也深知我们研究的深度和广度都有待于大大地提高。不管我其他工作多么多，我的兴趣多么杂，我决不会离开外国文学这一块阵地的，永远也不会离开。

论博士

中国的博士和西方的博士不一样。

在一些中国人心目中，博士是学术生活的终结，而在西方国家，博士则只是学术研究的开端。

博士这个词儿，中国古代就有。唐代的韩愈就曾当过"国子博士"。这同今天的博士显然是不同的。今天的博士制度是继学士、硕士之后而建立起来的，是地地道道的舶来品。在这里，有人会提意见了：既然源于西方，为什么又同西方不一样呢？

这意见提得有理。但是，中国古代晏子说："橘生淮南，则为橘；生于淮北，则为枳。"土壤和气候条件一变，则其种亦必随之而变。在中国，除了土壤和气候条件以外，还有思想条件。西洋的博士到了中国，就是由于这个思想条件而变了味的。

在世界各国的历史中，中国封建阶段的历史最长。在长达两千多年的封建社会中，中国的知识分子上进之途只有一条，就是科举制度。这真是千军万马，独木小桥。从考秀才起，有的人历尽八十一难，还未必能从秀才而举人，从举人而进士，从进士而殿试点状元等等。最有幸运的人才能进入翰林院，往往已达垂暮之年，老夫耄矣。一生志愿满足矣，一个士子的一生可以画句号矣。

自从清末废科举以后，秀才、举人、进士之名已佚，而思想中的形象犹在。一推行西洋的教育制度，出现了小学、中学、大学、研究院等等级别。于是就有人来作新旧对比：中学毕业等于秀才，大学毕业等于举人，研究生毕业等于进士，点了翰林等于院士。这两项都隐含着"博士"这一顶桂冠的影子。顺理成章，天衣无缝，新旧相当，如影随形。于是对比者心安理得，胸无疑滞了。如果让我打一个比方的话，我只能拿今天的素斋一定要烹调成鸡鱼鸭肉的形状来相比。隐含在背后的心理状态，实在是耐人寻味的。

君不见在今天的大学中，博士热已经颇为普遍，有的副教授，甚至有的教授，都急起直追，申报在职博士生。是否有向原来是自己的学生而今顿成博导的教授名下申请做博士生的例子，我不敢乱说。反正向比自己晚一辈的顿成博导的教授申请的则是有的，甚至还听说有的教授申请做博士生后自己却被批准为博导。万没有自己做自己的博士生的道理，不知这位教授如何处理这个问题。从前读前代笔记，说清代有一个人，自己的儿子已经成为大学士，当上了会试主考官。他因此不能再参加进士会试，大骂自己的儿子："这畜生让我戴假乌纱帽！"难道这位教授也会大发牢骚："批准我为博导让我戴假乌纱帽吗？"

中国眼前这种情况实为老外所难解。即便"老内"如不佞者，最初也迷惑不解。现在，我一旦顿悟：在中国当前社会中，封建思想意识仍极浓厚。在许多人的下意识里，西方传进来的博士的背后隐约闪动着进士和翰林的影子。

论教授

论了博士论教授。

教授，同博士一样，在中国是"古已有之"的，而今天大学里的教授，都是地地道道的舶来品，恐怕还是从日本转口输入的。

在中国古代，教授似乎只不过是一个芝麻绿豆大的小官。然而，成了舶来品以后，至少是在抗日战争之前，教授都是一个显赫的头衔。虽然没有法子让他定个几品官，然而一些教授却成了大丈夫，能屈能伸。进可以攻，退可以守，身子在北京，眼里看的、心里想的却在南京。有朝一日风雷动，南京一招手，便骑鹤下金陵，当个什么行政院新闻局长，或是什么部的司长之类的官，在清代恐怕抵得上一个三四品官，是"高干"了。一旦失意，仍然回到北京某个大学，教授的宝座还在等他哩。连那些没有这样神通的教授，工资待遇优厚，社会地位清高。存在决定意识，于是教授就有了架子，产生了一个专门名词："教授架子"。

日军侵华，衣冠南渡。大批的教授会集在昆明、重庆。此时，神州板荡，生活维艰，教授们连自己的肚子都填不饱，想尽种种办法，为稻粱粮谋。社会上没有人瞧得起。连抬滑竿的苦力都敢向教授怒吼："愿你下一辈子仍当教授！"斯文扫地，至此已极。原来的"架子"现在已经没有地方去"摆"了。

建国以后，五十年代，工资相对优厚，似乎又有了点摆架子的基础。但是又有人说："知识分子翘尾巴，给他泼一盆凉水！"教授们从此一蹶不振，每况愈下。到了"十年浩劫"中，变成了"资产阶级反动学术权威"，不齿于士林。最后沦为"老九"，地位在"引车卖浆者流"之下了。

二十年前，十一届三中全会之后，拨乱反正，天日重明，教授们的工资待遇没有提高，而社会地位则有了改善，教授这一个行当又有点香了起来。从世界的教授制度来看，中国接近美国，数目没有严格限制，非若西欧国家，每个系基本上只有一两个教授。这两个制度孰优孰劣，暂且不谈。在中国，数目一不限制，便逐渐泛滥起来，逐渐膨胀起来。有如通货膨胀，教授膨胀导致贬值。前几年，某一省人民群众在街头巷尾说着一句顺口溜："教授满街走，××多如狗。"教授贬值的情况可见一斑。

现在，在大学中，一登"学途"，则有"不到教授非好汉"之概，于是一马当先，所向无前，目标就是教授。但是，从表面上看上去，达到目标就要过五关，其困难难于上青天。可是事实上却正相反，一转瞬间，教授可坐一礼堂矣。其中奥妙，我至今未能参悟。然而，跟着来的当然是教授贬值。这是事物的规律，是无法抗御的。

于是为了提高积极性，有关方面又提出了博士生导师（简称博导）的办法。无奈转瞬之间，博导又盈室盈堂，走上了贬值的道路。令人更担忧的是，连最高学术称号院士这个合唱队里也出现了不协调的音符。如果连院士都贬了值，我们将何去何从？

我的学术研究的特点

特点只有一个字，这就是：杂。我认为，对"杂"或者"杂家"应该有一个细致的分析，不能笼统一概而论。从宏观上来看，有两种"杂"：一种是杂中有重点，一种是没有重点，一路杂下去，最终杂不出任何成果来。

先谈第一种。纵观中外几千年的学术史，在学问家中，真正杂而精的人极少。这种人往往出在学艺昌明繁荣的时期，比如古希腊的亚里士多德、文艺复兴时期的达·芬奇，以及后来德国古典哲学家中几个大哲学家。他们是门门通，门门精。藐予小子，焉敢同这些巨人相比，除非是我发了疯，神经不正常。我自己是杂而不精，门门通，门门松。所可以聊以自慰者只是，我在杂中还有几点重点。所谓重点，就是我毕生倾全力以赴、锲而不舍地研究的课题。我在研究这些课题之余，为了换一换脑筋，涉猎一些重点课题以外的领域。间有所获，也写成了文章。

中国学术传统有所谓"由博返约"的说法。我觉得，这一个"博"与"约"是只限制在同一研究范围以内的。"博"指的是在同一研究领域内把基础打得宽广一点，而且是越宽广越好。然后再在这个宽广的基础上集中精力，专门研究一个或几个课题。由于眼界开阔，研究的深度就能随之而来。我个人的研究同这个有点类似之处，但是我并不限制在同一领域内。所以我不能属于由博返约派。有人用金字塔来表示博与约的关系。笼统地说，我没有这样的金字塔，只在我研究的重点领域中略有相似之处而已。

我的研究范围

既然讲到杂，就必须指出究竟杂到什么程度，否则头绪纷繁，怎一个"杂"了得！

根据我自己还有一些朋友的归纳统计，我的学术研究涉及的范围约有以下几项：

1.印度古代语言，特别是佛教梵文；

2.吐火罗文；

3.印度古代文学；

4.印度佛教史；

5.中国佛教史；

6.中亚佛教史；

7.糖史；

8.中印文化交流史；

9.中外文化交流史；

10.中西文化之差异和共性；

11.美学和中国古代文艺理论；

12.德国及西方文学；

13.比较文学及民间文学；

14.散文及杂文创作。

这个分类只是一个大概的情况。

学术研究发展的轨迹——由考证到兼顾义理

清儒分学问为三门：义理、辞章、考据。最理想的是三者集于一人之身，但这很难。桐城派虽然如此主张，但是，他们真正的成就多半在辞章一门，其他两门是谈不上的。就我个人而言，也许是由于天性的缘故，我最不喜欢义理，用现在的说法或者可以称为哲学。哲学家讲的道理恍兮惚兮，以我愚钝，看不出其中有什么象。哲学家公说公有理，婆说婆有理，天底下没有哪两个哲学家的学说是完全一样的。我喜欢实打实、摸得着、看得见的东西。这是我的禀赋所决定的，难以改变。所以，我在三门学问中最喜爱考证，亦称考据。考据，严格说来，只能算是一个研究方法，其精髓就是：无证不信，"拿证据来"，不容你胡思乱想，毫无根据。在中国学术史上，考据大盛于清朝乾嘉时代，当时大师辈出，使我们读懂了以前无法读的古书，这是它最大的贡献。

在德国，实证主义的研究方法，其精神与中国考据并无二致，其目的在拿出证据，追求真实——我故意不用"真理"二字，然后在确凿可靠的证据的基础上，抽绎出实事求是的结论。德国学术以其"彻底性"(Gründlichkeit)蜚声世界，这与他们的民族性不无联系。

至于我自己，由于我所走过的学术道路和师承关系，又由于我在上面讲到的个人禀性的缘故，我在学术探讨中在潜移默化中受到了中德两方面的影响。在中国，我的老师陈寅恪先生和汤用彤先生都是考据名手。在德国，我的老师 Prof. Sieg 和 Prof. Waldschmidt 和后者的老师 Prof. H. Lüders，也都是考证巨匠。因此，如果把话说得夸大一点的话，我承受了中德两方面的衣钵。即使我再狂妄，我也不敢说，这衣钵我承受得很好。在我眼中，以上这几位大师依然是高山仰止，景行行止。我一生小心翼翼地跟在他们后面行走。

可是，也真出乎我自己的意料，到了晚年，"老年忽发少年狂"，我竟对义理产生了兴趣，发表了许多有关义理的怪论。个中因由，我自己也尚不能解释清楚。

我的义理

我在我一生所写的许多文章中都讲到我不喜欢义理，不擅长义理。但是，我喜欢胡思乱想，而且我还有一些怪想法。我觉得，一个真正的某一门学问的专家，对他这一门学问钻得太深，钻得太透，或者也可以说，钻得过深，钻得过透，想问题反而缩手缩脚，临深履薄，战战兢兢，有如一个细菌学家，在他眼中，到处是细菌，反而这也不敢吃，那也不敢喝，窘态可掬。一个外行人，或者半外行人，宛如初生的犊子不怕虎，他往往能看到真正专家、真正内行所看不到或者说不敢看到的东西。我对于义理之学就是一个初生的犊子。我决不敢说，我看到的想到的东西都是正确的，但是，我却相信，我的意思是一些专家绝对不敢想更不敢说的。从人类文化发展史来看，如果没有绝少数不肯受钳制、不肯走老路、不肯固步自封的初生犊子敢于发石破天惊的议论的话，则人类进步必将缓慢得多。当然，我们也必须注意常人所说的"真理与谬误之间只差毫厘"、"真理过一分就是谬误"。一个敢思考敢说话的人，说对了了不得，说错了不得了。因此，我们决不能任意胡说八道。如果心怀哗众取宠之意故作新奇可怪之论，连自己都不信，怎么能让别人相信呢？我幸而还没有染上这种恶习。

总之，我近几年来发了不少"怪论"，我自己是深信不疑的，别人信不信由他，我不企图强加于人。我的怪论中最重要的是谈中西文化同异问题的。经过多年的观察与思考，我处处发现中西文化是不同的。我的基本论点是东西方思维模式不同：东综合而西分析。这种不同的思维模式表现在许多方面。举其荦荦大者，比如在处理人与大自然的关系问题上，西方对自然分析再分析，征服再征服。东方则主张"天人合一"，用张载的话来说就是："民，吾同胞；物，吾与也。"结果是由西方文化产生出来科学技术，在辉煌了二三百年，主宰了世界，为人类谋了很大的福利之后，到了今天，其弊端日益暴露，比如大气污染、臭氧层出洞、环境污染、淡水资源匮乏、生态平衡破坏、新疾病层出不穷，如此等等，哪一个问题不解决都能影响人类生存的前途。这些弊端将近二百年前英国浪漫诗人雪莱就曾预言过，如今不幸而言中。这些东西难道能同西方科技的发展分得开吗？

令人吃惊的是，到了今天，竟还有少数学者，怀抱"科学"的上方宝剑，时不时祭起了"科学"的法宝，说我的说法不"科学"，没有经过"科学"的分析。另外还有个别学者，张口"这是科学"，闭口"这是科学"，来反对中国的气功，甚至中国的医学、针灸、拔罐子等等传统医疗方法。把气功说得太神，我也无法接受。但是实践是检验真理的唯一标准。经过国内外多年的临床应用，证明这些方法确实有效，竟还有人视而不见，听而不闻，死抱住"科学"不放，岂不令人骇异吗？

其实，这些人的"科学"，不过是西方的主要在近代发展起来的科学。"五四"运动时，中国所要求的"赛先生"者就是。现在事实已经证明了，这位"赛先生"确实获得了一部分成功，获得了一些真理，这是不能否认的。但是，通向真理的道路，并不限于这一条。东方的道路也同样能通向真理。这一个事实，刚才露出了端倪，还没有被广大群众所接受，至于后事如何，二十一世纪可见分晓。

我的考证

考证并不是什么神秘的东西，把它捧到天上去，无此必要；把它贬得一文不值，也并非实事求是的态度。清代的那一些考据大师，穷毕生之力，从事考据，给我们带来了极大的好处。好多古书，原来我们读不懂，或者自认为读懂而实未懂，通过他们对音训词句的考据，我们能读懂了。这难道说不是极大的贡献吗？即使不是考据专家，凡是从事人文社会科学研究工作的学者，有时候会引证一些资料，对这些资料的真伪迟早都要进行一些必要的考证工作。这些几乎近于常识的事情，不言而喻。因此，我才说，考证不是什么神秘的东西，而且考证之学不但中国有，外国也是有的。科学研究工作贵在求真，而考据正是达到这个目的的手段，焉能分什么国内国外？

至于考证的工拙精粗，完全决定于你的学术修养和思想方法。少学欠术的人，属于马大哈一类的人，是搞不好考证工作的。死板僵硬，墨守成规，不敢越前人雷池一步的人，也是搞不好考证的。在这里，我又要引用胡适先生的两句话："大胆的假设，小心的求证。"假设，胆越大越好。哥白尼敢于假设地球能转动，胆可谓大矣。然而只凭大胆是不行的，必须还有小心的求证。求证，越小心越好。这里需要的是极广泛搜集资料的能力，穷极毫末分析资料的能力，坚韧不拔、锲而不舍的精神，然后得出的结论才能比较可靠。这里面还有一个学术道德或学术良心的问题。

在考证方面，在现代中外学人中，我最佩服的有两位：一位是我在德国的太老师 Heinrich Lüders，一位是我在中国的老师陈寅恪先生。他们两位确有共同的特点。他们能在一般人都能读到的普通的书中，发现别人看不到的问题，从极平常的一点切入，逐步深入，分析细致入微，如剥春笋，层层剥落，越剥越接近问题的核心，最后画龙点睛，一笔点出关键，也就是结论，简直如"石破天惊逗秋雨"，匪夷所思，然而又铁证如山。此时我简直如沙漠得水，酷暑饮冰，凉沁心肺，毛发直竖，不由得你不五体投地。

上述两位先生都不是为考证而考证，他们的考证中都含有"义理"。我在这里使用"义理"二字，不是清人的所谓"义理"，而是通过考证得出规律性的东西，得出在考证之外的某一种结论。比如 Heinrich Lüders 通过考证得出了，古代印度佛教初起时，印度方言林立，其中东部有一种古代半摩揭陀语，有一部用这种方言纂成的所谓"原始佛典"（Urkanon），当然不可能是一部完整的大藏经，颇有点类似中国的《论语》。这本来是常识一类的事实。然而当今反对这个假说的人，一定把 Urkanon 理解为"完整的大藏经"，真正是不可思议。陈寅恪先生的考证文章，除了准确地考证史实之外，都有近似"义理"的内涵。他特别重视民族与文化的问题，这也是大家所熟悉的。我要郑重声明，我决不是抹煞为考证而考证的功绩。钱大昕考出中国古无轻唇音，并没有什么"义理"在内；但却是不刊之论，这是没有人不承认的。类似的例子还可以举出不少来，足证为考证而考证也是有其用处的、不可轻视的。

但是，就我个人而言，我的许多考证的文章，却只是手段，而不是目的。比如，我考证出汉文的"佛"字是 put，but 的音译，根据这一个貌似微末的事实，我就提出了佛教如何传入中国的问题。我自认是平生得意之作。

研究、创作与翻译并举

这完全是对我自己的总结，因为这样干的人极少。

我这样做，完全是环境造成的。研究学问是我产生兴趣之所在，我的几乎全部精力也都用在了这上面。但是，在济南高中读书时期，我受到了胡也频先生和董秋芳(冬芬)先生的影响和鼓励；到了清华大学以后，又受到了叶公超先生、沈从文先生和郑振铎先生的奖励，就写起文章来。我写过一两首诗，现在全已佚失。我不愿意写小说，因为我厌恶虚构的东西。因此，我只写散文，六十多年来没有断过。人都是爱虚荣的，我更不能例外。我写的散文从一开始就受到了上述诸先生的垂青，后来又逐渐得到了广大读者的鼓励。我写散文不间断的原因，说穿了，就在这里。有时候，搞那些枯燥死板的学术研究疲倦了，换一张桌子，写点散文，换一换脑筋。就像磨刀一样，刀磨过之后，重又锋利起来，回头再搞学术研究，重新抖擞，如虎添翼，奇思妙想，纷至沓来，亦人生一乐也。我自知欠一把火，虽然先后成为中国作家协会的会员、理事、顾问，却从来不敢以作家自居。在我眼中，作家是"神圣"的名称，是我崇拜的对象，我哪里敢鱼目混珠呢？

至于搞翻译工作，那完全是出于无奈。我于1946年从德国回国以后，我在德国已经开了一个好头的研究工作，由于国内资料完全缺乏，被迫改弦更张。当时内心极度痛苦。除了搞行政工作外，我是一个闲不住的人，我必须找点工作干，我指的是写作工作。写散文，我没有那么多真情实感要抒发。我主张散文是不能虚构的，不能讲假话的；硬往外挤，卖弄一些花里胡哨的辞藻，我自谓不是办不到，而是耻于那样做。想来想去，眼前只有一条出路，就是搞翻译。我从德国的安娜·西格斯的短篇小说译起，一直扩大到梵文和巴利文文学作品。最长最重要的一部翻译是印度两大史诗之一的《罗摩衍那》。这一部翻译的产生是在我一生最倒霉、精神最痛苦的时候。当时"文化大革命"还没有结束，我虽然已经被放回家中；北大的"黑帮大院"已经解散，每一个"罪犯"都回到自己的单位，群众专政，监督劳改；但是我头上那一摞莫须有的帽子，似有似无，似真似假，还沉甸甸地压在那里。我被命令掏大粪，浇菜园，看楼门，守电话，过着一个"不可接触者"的日子。我枯坐门房中，除了传电话，分发报纸信件以外，实在闲得无聊。心里琢磨着找一件会拖得很长，但又绝对没有什么结果的工作，以消磨时光，于是就想到了长达两万颂的《罗摩衍那》。从文体上来看，这部大史诗不算太难，但是个别地方还是有问题有困难的。在当时，这部书在印度有不同语言的译本，印度以外还没有听到有全译本，连英文也只有一个编译本。我碰到困难，无法解决，只有参考也并不太认真的印地文译本。当时极"左"之风尚未全息，读书重视业务，被认为是"修正主义"。何况我这样一个半犯人的人，焉敢公然在门房中摊开梵文原本翻译起来，旁若无人，这简直是在太岁头上动土，至少也得挨批斗五次。我哪里有这个勇气！于是我晚上回家，把梵文译为汉文散文，写成小纸条，装在口袋里。白天枯坐门房中，脑袋里不停地思考，把散文改为有韵的诗。我被进一步解放后，又费了一两年的时间，终于把全书的译文整理完。后来时来运转，受到了改革开放之惠，人民文学出版社全文出版，这是我事前绝对没有妄想过的。

我们面对的现实

我们面对的现实，多种多样，很难一一列举。现在我只谈两个：第一，生活的现实；第二，学术研究的现实。

一　生活的现实

生活，人人都有生活，它几乎是一个广阔无垠的概念。在家中，天天开门七件事：柴、米、油、盐、酱、醋、茶，人人都必须有的。这且不表。要处理好家庭成员的关系，不在话下。在社会上，就有了很大的区别。当官的，要为人民服务，当然也盼指日高升。大款们另有一番风光，炒股票、玩期货，一夜之间成了暴发户，腰缠十万贯，"春风得意马蹄疾，一日看遍长安花"。当然，一旦破了产，跳楼自杀，有时也在所难免。我辈书生，青灯黄卷，兀兀穷年，有时还得爬点格子，以济工资之穷。至于引车卖浆者流，只有拼命干活，才得糊口。

这都是我们必须面对的生活。我们必须黾勉从事，过好这个日子（生活），自不待言。

但是，如果我们把眼光放远一点，把思虑再深化一点，想一想全人类的生活，你感觉到危险性了没有？也许有人感到，我们这个小小寰球并不安全。有时会有地震，有时会有天灾，刀兵水火，疾病灾殃，说不定什么时候就会驾临你的头上，躲不胜躲，防不胜防。对策只有一个：顺其自然，尽上人事。

如果再把眼光放得更远，让思虑钻得更深，则眼前到处是看不见的陷阱。我自己也曾幼稚过一阵。我读东坡《（前）赤壁赋》："唯江上之清风，与山间之明月，耳得之而为声，目遇之而成色。取之不尽，用之不竭。是造物者之无尽藏也，而我与子之所共适。"我深信苏子讲的句句是真理。然而，到了今天，江上之风还清吗？山间之月还明吗？谁都知道，由于大气的污染，风早已不清，月早已不明了。与此有联系的还有生态平衡的破坏，动植物品种的灭绝，新疾病的不断出现，人口的爆炸，臭氧层出了洞，自然资源——其中包括水——的枯竭，如此等等，不一而足。我们人类实际上已经到了"盲人骑瞎马，夜半临深池"的地步。令人吃惊的是，虽然有人已经注意到了这个现象；但并没有提高到与人类生存前途挂钩的水平，仍然只是头痛治头，脚痛治脚。还有人幻想用西方的"科学"来解救这一场危机。我认为，这是不太可能的，这一场灾难主要就是西方"征服自然"的"科学"造成的。西方科学优秀之处，必须继承；但是必须从根本上，从思想上，解决问题，以东方的"民胞物与"的"天人合一"的思想济西方"科学"之穷。人类前途，庶几有望。

二　学术研究的现实

对我辈知识分子来说，除了生活的现实之外，还有一个学术研究的现实。我在这里重点讲人文社会科学，因为我自己是搞这一行的。

文史之学，中国和欧洲都已有很长的历史。因两处具体历史情况不同，所以发展过程不尽相同。但是总的研究对象和研究方法多有相通之处，对象大都是古典文献。就中国而论，由于字体屡变，先秦典籍的传抄工作不能不受到影响。但是，读书必先识字，此《说文解字》之所以必做也。新材料的出现，多属偶然。地下材料，最初是"地不爱宝"，它自己把材料贡献出来的，有目的有意识的发掘工作是后来兴起的。盗墓者当然是例外。至于社会调查，古代不能说没有，采风就是调查形式之一。有计划有组织有目的的社会调查工作，也是晚起的，恐怕还是多少受了点西方的影响。

古代文史工作者用力最勤的是记诵之学。在科举时代，一个举子必须能背四书、五经，这是起码的条件。否则连秀才也当不上，遑论进士！扩而大之，要背诵十三经，有时还要连上注疏。至于传说有人能倒背十三经，对于我至今还是个谜，一本书能倒背吗？背了有什么用处呢？

社会不断前进，先出了一些类似后来索引的东西，系统的科学的索引，出现最晚，恐怕也是受西方的影响，有人称之为"引得"（index），显然是舶来品。

但是，不管有没有索引，索引详细不详细，我们研究一个题目，总要先积累资料，而积累资料，靠记诵也好，靠索引也好，都是十分麻烦、十分困难的。有时候穷年累月，滴水穿石，才能勉强凑足够写一篇论文的资料，有一些资料可能还是可遇而不可求的。写文章之难真是难于上青天。

然而，石破天惊，电脑出现了，许多古代典籍逐渐输入电脑了，不用一举手一投足之劳，只需发一命令，则所需的资料立即呈现在你的眼前，一无遗漏。岂不痛快也哉！

这就是眼前我们面对的学术现实。最重要最困难的搜集资料工作解决了，岂不是人人皆可以为大学者了吗？难道我们还不能把枕头垫得高高地"高枕无忧"了吗？

我说："且慢！且慢！我们的任务还并不轻松！"我们面临这一场大的转折，先要调整心态。对电脑赐给我们的资料，要加倍细致地予以分析使用。还有没有输入电脑的书，仍然需要我们去翻检。

谈老年

一

我已经到了望九之年，无论怎样说都只能说是老了。但是，除了眼有点不明，耳有点不聪，走路有点晃悠之外，没有什么老相，每天至少还能工作七八个小时。我没有什么老的感觉，有时候还会有点沾沾自喜。

可是我原来并不是这个样子的。

我生来就是一个性格内向、胆小怕事的人。我之所以成为现在这样一个人，完全是环境逼迫出来的。我向无大志。小学毕业后，我连报考赫赫有名的济南省立第一中学的勇气都没有，只报了一个"破正谊"。那种"大丈夫当如是也"的豪言壮语，我认为，只有英雄才能有，与我是不沾边的。

在寿命上，我也是如此。我的第一本账是最多能活到五十岁，因为我的父母都只活到四十几岁，我绝不会超过父母的。然而，不知道怎么一来，五十之年在我身边倏然而过，没有留下任何痕迹，我也根本没有想到过。接着是中国老百姓最忌讳的两个年龄：七十三岁，孔子之寿；八十四岁，孟子之寿。这两个年龄也像白驹过隙一般在我身旁飞过，也没有留下任何痕迹，我也根本没有想到过，到了现在，我就要庆祝米寿了。

早在五十年代，我才四十多岁，不知为什么突发奇想，想到自己是否能活到二十一世纪。我生于1911年，必须能活到八十九岁才能见到二十一世纪，而八十九这个数字对于我这个素无大志的人来说，简直就是个天文数字。我阅读中外学术史和文学史，有一个别人未必有的习惯，就是注意传主的生年卒月，我吃惊地发现，古今中外的大学者和大文学家活到九十岁的简直如凤毛麟角。中国宋代的陆游活到八十五岁，可能就是中国诗人之冠。胆怯如我者，遥望二十一世纪，遥望八十九这个数字，有如遥望海上三山，山在虚无缥缈间，可望而不可即了。

陈岱孙先生长我十一岁，是世纪的同龄人。当年在清华时，我是外语系的学生，他是经济系主任兼法学院院长，我们可以说是有师生关系。新中国成立后，很长一段时间，我们俩同在全国政协，而且同在社会科学组，我们可以说又成了朋友，成了忘年交。陈先生待人和蔼，处世谨慎，从不说过分过激的话；但是，对我说话，却是相当随便的。他九十岁的那一年，我还不到八十岁。有一天，他对我说：“我并没有感到自己老了。”我当时颇有点吃惊，难道九十岁还不能算是老吗？可是，人生真如电光石火，时间真是转瞬即逝，曾几何时，我自己也快到九十岁了。不可能的事情成为可能了，不可信的事情成为可信了。“此中有真意，欲辩已忘言。”奈之何哉！

二

即使自己没有老的感觉，但是老毕竟是一个事实。于是，我也就常常考虑老的问题，注意古今中外诗人、学者涉及老的篇章。在这方面，篇章异常多，内容异常复杂。约略言之，可能有以下几种情况，最普遍最常见的是叹老嗟贫，这种态度充斥于文人的文章中和老百姓的俗话中。老与贫皆非人之所愿，然而谁也无力回天，在万般无奈的情况下，只能叹而且嗟，聊以抒发郁闷而已，其次是故作豪言壮语，表面强硬，内实虚弱。最有名的最为人所称誉的曹操的名作：

> 老骥伏枥，志在千里。
>
> 烈士暮年，壮心不已。

初看起来气粗如牛，仔细品味，实极空洞。这有点像在深夜里一个人独行深山野林中故意高声唱歌那样，流露出来的正是内心的胆怯。

对老年这种现象进行平心静气的擘肌分理的文章，在中国好像并不多。最近偶尔翻看杂书，读到了两本书，其中有两篇关于老年的文章，合乎我提到的这个标准，不妨介绍一下。

先介绍古罗马西塞罗（公元前106年－前43年）的《论老年》。他是有名的政治家、演说家和散文家，《论老年》是他的"三论"之一。西塞罗先介绍了一位活到一百〇七岁的老人的话："我并没有觉得老年有什么不好。"这就为本文定了调子。接着他说："老年之所以被认为不幸福有四个理由：第一，它使我们不能从事积极的工作；第二，它使身体衰弱；第三，它几乎剥夺了我们所有感官上的快乐；第四，它的下一步就是死。"

他接着分析了这些说法有无道理。他逐项进行了细致的分析，并得出了积极意义的答复。我在这里只想对第四项作一点补充。老年的下一步就是死，这毫无问题。然而，中国俗话说："黄泉路上无老少。"任何年龄的人都可能死，也可以说，任何人的下一步都是死。

最后，西塞罗讲到他自己老年的情况。他编纂《史源》第七卷，搜集资料，撰写论文。他接着说："此外，我还在努力学习希腊文；并且，为了不让自己的记忆力衰退，我仿效毕达哥拉斯派学者的方法，每天晚上把我一天所说的话、所听到或所做的事情再复述一遍……我很少感到自己丧失体力。我做这些事情靠的是脑力，而不是体力。即使我身体很弱，不能做这些事情，我也能坐在沙发上享受想象之乐……因为一个总是在这些学习和工作中讨生活的人，是不会察觉自己老之将至的。"

这些话说得多么具体而真实呀。我自己的做法同西塞罗差不多。我总不让自己的脑筋闲着，我总在思考着什么，上至宇宙，下至苍蝇，我无所不想。思考锻炼看似是精神的，其实也是物质的。我之所以不感到老之已至，与此有紧密关联。

三

我现在介绍一下法国散文大家蒙田关于老年的看法，蒙田大名鼎鼎，昭如日月。但是，我对他的散文随笔却有与众不同的看法。他的随笔极多，他愿意怎样写，就怎样写；愿停就停，愿起就起，颇符合中国一些评论家的意见。我则认为，文章必须惨淡经营，这样松松散散，是没有艺术性的表现。尽管蒙田的思想十分深刻，入木三分，但是，这是哲学家的事。文学家可以有这种本领，但文学家最关键的本领是艺术性。

在《蒙田随笔》中有一篇论西塞罗的文章，意思好像是只说他爱好虚荣，对他的文章则只字未提。《蒙田随笔》三卷集最后一篇随笔是《论年龄》，其中涉及老年。在这篇随笔中，同其他随笔一样，文笔转弯抹角，并不豁亮，有古典，也有"今典"，颇难搞清他的思路。蒙田先讲，人类受大自然的摆布，常遭不测，不容易活到预期的寿命。他说："老死是罕见的、特殊的、非一般的。"这话不易理解。下面他又说道："人的活力二十岁时已经充分显露出来。"他还说，"人的全部丰功伟业，不管何种何类，不管古今，都是三十岁以前而非以后创立的。"这意见，我认为也值得商榷。最后，蒙田谈到老年："有时是身躯首先衰老，有时也会是心灵。"这是符合实际情况的。

蒙田就介绍到这里。

我在上面说到，古今中外谈老年的诗文极多，不可能，也不必一一介绍。在这里，我想，有的读者可能要问："你虽然不感老之已至，但是你对老年的态度怎样呢？"

这问题问得好，是地方，也是时候，我不妨回答一下。我是曾经死过一次的人。读者诸君，千万不要害怕，我不是死鬼显灵，而是活生生的人。所谓

"死过一次"，只要读过我的《牛棚杂忆》就能明白，不必再细说。总之，从1967年12月以后，我多活一天，就等于多赚了一天，算到现在，我已经多活了，也就是多赚了三十多年了，已经超过了我满意的程度。死亡什么时候来临，对我来说都是无所谓的，我随时准备着开路，而且无悔无恨。我并不像一些魏晋名士那样，表面上放浪形骸，不怕死亡，其实他们的狂诞正是怕死的表现。如果真正认为死亡是微不足道的事，何必费那么大劲装疯卖傻呢？

根据我上面说的那个理由，我自己的确认为死亡是微不足道，极其自然的事。连地球，甚至宇宙有朝一日也会灭亡，戋戋者人类何足挂齿！我是陶渊明的信徒，是听其自然的，"应尽便须尽，何必独多虑！"但是，我还想说明，活下去，我是高兴的。不过，有一个条件，我并不是为活着而活着。我常说，吃饭为了活着，但活着并不是为了吃饭。我对老年的态度约略如此，我并不希望每个人都跟我抱同样的态度。

当时只道是寻常

这是一句非常明白易懂的话，却道出了几乎人人都有的感觉。所谓"当时"者，指人生过去的某一个阶段。处在这个阶段中时，觉得过日子也不过如此，是很寻常的。过了十几二十年或者更长的时间，回头一看，当时实在有不寻常者在。因此有人，特别是老年人，喜欢在回忆中生活。

在中国，这种情况更比较突出，魏晋时代的人喜欢做羲皇上人。这是一种什么心理呢？"鸡犬之声相闻，而老死不相往来"，真就那么好吗？人类最初不会种地，只是采集植物，猎获动物，以此为生。生活是十分艰苦的。这样的生活有什么可向往的呢！

然而，根据我个人的经验，发思古之幽情，几乎是每个人都有的。到了今天，沧海桑田，世界有多少次巨大的变化。人们思古的情绪却依然没变。我举一个具体的例子。十几年前，我重访了我曾待过十年的德国哥廷根。我的老师瓦尔德施米特教授夫妇都还健在。但已今非昔比，房子捐给梵学研究所，汽车也已卖掉。他们只有一个独生子，二战中阵亡。此时老夫妇二人孤零零地住在一座十分豪华的养老院里。院里设备十分齐全，游泳池、网球场等等一应俱全。但是，这些设备对七八十岁八九十岁的老人有什么用处呢？让老人们触目惊心的是，每隔一段时间就有某一个房号空了出来，主人见上帝去了。这对老人们的刺激之大是不言而喻的。我的来临大出教授的意料，他简直有点喜不自胜的意味。夫人摆出了当年我在哥廷根时常吃的点心。教授仿佛返老还童，回到了当年去了。他笑着说："让我们好好地过一过当年过的日子，说一说当年常说的话！"我含着眼泪离开了教授夫妇，嘴里说着连自己都不相信的话："过几年，我还会来看你们的。"

我的德国老师不会懂"当时只道是寻常"的隐含的意蕴，但是古今中外人士所共有的这种怀旧追忆的情绪却是有的。这种情绪通过我上面描述的情况完全流露出来了。

仔细分析起来，"当时"是很不相同的。国王有国王的"当时"，有钱人有有钱人的"当时"，平头老百姓有平头老百姓的"当时"。在李煜眼中，"当时"是"车如流水马如龙，花月正春风"游上林苑的"当时"。对此，他没有别的办法，只有哀叹"天上人间"了。

我不想对这个概念再进行过多的分析。本来是明明白白的一点真理，过多的分析反而会使它迷离模糊起来。我现在想对自己提出一个怪问题：你对我们的现在，也就是眼前这个现在，感觉到是寻常呢还是不寻常？这个"现在"，若干年后也会成为"当时"的。到了那时候，我们会不会说"当时只道是寻常"呢？现在无法预言。现在我住在医院中，享受极高的待遇。应该说，没有什么不满足的地方。但是，倘若扪心自问："你认为是寻常呢，还是不寻常？"我真有点说不出，也许只有到了若干年后，我才能说："当时只道是寻常。"

九三述怀

前几天，在医院里过了一个生日，心里颇为高兴；但猛然一惊：自己已经又增加了一岁，现在是九十三岁了。

在五十多年前，当我处在四十岁阶段的时候，九十三这个数字好像是一个天文数字，可望而不可即。我当时的想法是：我大概只能活到四五十岁。因为我的父母都没有超过这个年龄，由于 X 基因或 Y 基因的缘故，我决不能超过这个界限的。

然而人生真如电光石火，一转瞬间已经到了九十三岁。只有在医院里输液的时候感到时间过得特别慢以外，其余的时间则让我感到快得无法追踪。

近两年来，运交华盖，疾病缠身，多半是住在医院中。医院里的生活，简单而又烦琐。我是因一种病到医院里来的。入院以后，又患上了其他的病。在我入院前后所患的几种病中最让人讨厌的是天疱疮。手上起泡出水，连指甲盖下面都充满了水，是一种颇为危险的病。从手上向臂上发展，发展到一定的程度，就有性命危险。来到301医院，经李恒进大夫诊治，药到病除，真正是妙手回春。后来又患上了几种别的病。有一种是前者的发展，改变了地方，改变了形式，长在了右脚上，黑黢黢脏兮兮的一团，大概有一斤多重。我自己看了都恶心。有时候简直想把右脚砍掉，看你这些丑类到何处去藏身！幸亏老院长牟善初的秘书周大夫不知从哪里弄到了一种平常的药膏，抹上，立竿见影，脏东西除掉了。为了对付这一堆脏东西，301医院曾组织过三次专家会诊，可见院领导对此事之重视。

你想到了死没有？想到过的，而且不止一次。不这样也是不可能的。人类是生物的一种。凡是生物，莫不好生而恶死，包括植物在内，一概如此。人们常说：好死不如赖活着。江淹《恨赋》中说："自古皆有死，莫不饮恨而吞声。"我基本上也不能脱这个俗。但是，我有我的特殊经历，因此，我有我的生死观。我在十年浩劫中，实际上已经死过一次。在《牛棚杂忆》中对此事有详细的叙述。我在这里不再重复。现在回忆起来，让我吃惊的是，临死前心情竟是那样平静，那样和谐。什么"饮恨"，什么"吞声"，根本不沾边儿。有了这样的独特的经历，即使再想到死，一点恐惧之感也没有了。

总起来说，我的人生观是顺其自然，有点接近道家。我生平信奉陶渊明的四句诗："纵浪大化中，不喜亦不惧。应尽便须尽，无复独多虑。"在这里一个关键的字是"应"。谁来决定"应""不应"呢？一个人自己，除了自杀以外，是无权决定的。因此，我觉得，对个人的生死大事不必过分考虑。

我最近又发明了一个公式：无论什么人，不管是男是女，不管是外国人还是中国人，也不管是处在什么年龄阶段，同阎王爷都是等距离的。中国有两句俗话："阎王叫你三更死，不能留人到五更。"这都说明，人们对自己的生死大事是没有多少主动权的。但是，只要活着，就要活得像个人样子。尽量多干一些好事，千万不要去干坏事。

人们对自己的生命也并不是一点主观能动性都没有的。人们不都在争取长寿吗？在林林总总的民族之林中，中国人是最注重长寿，甚至长生的。在过去几千年的历史上，我们创造了很多长寿甚至长生的故事。什么"王子去求仙，丹成入九天。山中方七日，世上几千年。"这实在没有什么意义。一些历史上的皇帝，甚至英明之主，为了争取长生，"为药所误"。唐太宗就是一个好例子。

中国古代文人对追求长生有自己的表达方式。苏东坡词："谁道人生无再少？门前流水尚能西。休将白发唱黄鸡。"在这里出现"再少"这个词儿。

肉体上的再少，是不可能的。时间不能倒转的。我的理解是，如果老年人能做出像少年的工作，这就算是"再少"了。

我现在算不算是"再少"，我自己不敢说。反正我从来不敢懈怠，从来不倚老卖老。我现在既向后看，回忆过去的九十年；也向前看，看到的不是八宝山，而是活过一百岁。眼前就有我的好榜样。上海的巴金，长我七岁；北京的臧克家，长我六岁，都仍然健在。他们的健在给了我信心，给了我勇气，也给了我灵感。我想同他们竞赛，我们都会活到一百多岁的。

但是，我并不是为活着而活着。活着不是我的目的，而是我的手段。前辈学人陈翰笙先生，当他一百岁时人们为他在人民大会堂祝寿的时候，他眼睛已经失明多年，身体也不见得怎么好。可是，请他讲话的时候，他第一句话就是："我要工作。"全堂为之振奋不已。

我觉得，中国人民在过去几千年的历史上成就了许多美德，其中一条是"鞠躬尽瘁，死而后已。"（出自《三国志·蜀志·诸葛亮传》）这能代表我们中华民族伟大的一个方面。在几千年的历史上起着作用，至今不衰。

在历史上，我们的先人对人生还有一些细致入微而又切中要害的感悟。我举一个例子。多少年来，社会上流传着两句话：不如意事常八九，能与人言无二三。根据我们每一个人的亲身体会，这两句话是完全没有错的。在我们的生活中，在我们的社会交往中，尽管有不少令人愉快的如意的事情，但也不乏不愉快不如意的事情。年年如此，月月如此，天天如此。这个平凡的真理也不是最近才发现的。宋代的伟大词人辛稼轩就曾写道："肘后俄生柳，叹人生，不如意事，十常八九。"这颇能道出古今人人心中都会有的想法。我们老年人对此更应该加强警惕。因为不如意事有的是人招惹出来的。老年人，由于生理的制约，手和脑都会不太灵光，招惹不如意事的机会会更多一些。我原来的原则是随遇而安，近来我又提高了一步：知足常乐，能忍自安。境界显然提高了一步。

写到这里，我想写一个看来与我的主题无关而实极有关的问题：中西高级知识分子比较研究。所谓高级知识分子，无非是教授、研究员、著名的艺术家——画家、音乐家、歌唱家、演员等等。这个题目，在过去似乎还没有人研究过。我个人经过比较长期的思考，觉得其间当然有共性，都是知识分子嘛；

但是区别也极大。简短截说，西方高级知识分子大多数是自了汉，就是只管自己那一亩三分地里的事情，有点像过去中国老农那一种"老婆、孩子、热炕头，外加二亩地、一头牛"的样子。只要不发生战争，他们的工资没有问题，可以安心治学，因此成果显著地比我们多。他们也不像我们几乎天天开会，天天在运动中。我们的高知继承了中国自古以来知识分子（士）的传统，家事、国事、天下事，事事关心。中国古代的皇帝们最恨知识分子这种毛病。他们希望士们都能夹起尾巴做人。知识分子偏不听话，于是在中国历史上，所谓"文字狱"这种玩意儿就特别多。很多皇帝都搞文字狱。到了清朝，又加上了个民族问题。于是文字狱更特别多。

最后，我还必须谈一谈服老与不服老的辩证关系。所谓服老，就是，一个老人必须承认客观现实。自己老了，就要老实承认。过去能做到的事情，现在做不到了，就不要勉强去做。但是，如果完完全全让老给吓住，什么事情都不做，这无异于坐而待毙，是极不可取的行为。人们的主观能动性的能量是颇为可观的。真正把主观能动性发挥出来，就能产生一种不服老的力量。正确处理服老与不服老的关系并不容易。二者之间的关系有点恍兮惚兮，其中有物。但是，这个物是什么，我却说不清楚。领悟之妙，在于一心。普天下善男信女们会想出办法的。

我已经写了不少。为什么写这样多呢？因为我感觉到，我们的生活环境和生活条件，日益改善，将来老年人会越来越多。我现在把自己的一点经历写了出来，供老人们参考。

千言万语，不过是一句话：我们老年人不要一下子躺在"老"字上，无所事事，我们的活动天地还是够大的。有道是：

走过独木桥，
跳过火焰山。
豪情依然在，
含笑颂九三！

本章节选自：《重返哥廷根》（1980年11月在西德开始，1987年10月在北京写完；《我爱北京的小胡同》（1993年10月25日）；《芝兰之室》（1998年2月1日）；《我和外国文学》（1991年11月6日）；《论博士》（1998年9月19日）；《论教授》（1998年10月2日）；《我的学术总结》（1997年12月）；《我们面对的现实》（1997年4月13日）《三思而行》（1997年5月11日）；《谈老年》（1999年7月）；《当时只道是寻常》（2003年6月20日）；《九三述怀》（2003年8月18日于301医院）。

——编者注

后记 ——— 一个老留学生的话[①]/季羡林

　　我是一个老留学生，在国外学习和工作了十年有余，后来我又到过全世界许多国家，对于留学生的情况，我应该说是了解的。但是，俗话说："老年的皇历看不得了。"我回国至今已有半个世纪，可谓"老矣"，我这一本皇历早已经看不得了。可为什么我现在竟斗胆来写这样一篇序呢？

　　原因当然是有的。虽然相距半个世纪，在这期间，沧海桑田，世界发生了天翻地覆的变化，留学生自不能例外。但是，既同称留学生，必然仍有其共同之处。我的一些看来似已过时的看法和经验，未必对今天的留学生没有用处。这有点像翻看旧书，偶尔会发现不知多少年前压在书中的一片红叶，岁月虽已流逝，叶片却仍红艳如新，它会勾引起我和别人一些对往事栩栩如在目前的回忆。

　　我现在就把这些回忆从心中移到纸上来。

　　中国之有"留学热"，不自今日始。三十年代初起一直到后来很长的时间内，此"热"未消，而且逐年增温。当年的大学生，一谈到留学，喜者有之，悲者亦有之。虽同样炽热，而心态却又天地悬殊。父母有权、有势、有钱，出国门易如反掌，自然是心旷神怡，睥睨一切。无此条件者，唯有考取官费一途，而官费则名额只有几名，僧多粥少，向隅而叹者，比比皆是，他们哪能不悲呢？我曾亲眼看到，有的人望"洋"兴叹，羡慕得浑身发抖，遍体生热。

　　留学的动机何在呢？高者胸怀"科学救国"的大志，当时"科学"只能到外国去学。低者则一心只想"镀金"。在当时大学毕业生找"饭碗"十分困难的情况下，想出国镀一下金，用现在的话说，就是"包装"。以便回国后在抢饭碗的搏斗中靠自己身上的金色来震撼有权势、有用人权者

_____
①本文原为《神州学人丛书》序，写于1995年。

的心，其用心良苦，实亦未可厚非，我们大可以不必察察为明，细细地去追究别人心中的"活思想"和"一闪念"，像"四人帮"那样，这一帮人是彻头彻尾的伪君子。

尽管在当时留学生出国的目的各不相同，但是也有共同的地方。据我的观察，这个共同性是普遍的，几乎没有任何例外的。这就是：出国是为了回国，想待在或者赖在外国不回来的想法，我们连影儿都没有，甚至连"一闪念"中也没有闪过。

写到这里，我再也无法抑制住同今天的留学生比一比的念头。根据我所看到的或者听到的情况来看，今天的留学生，其数目大大地超过了五十年前。其中决不缺少有"出国是为了回国"的仁人志士。但是大部分——大到什么程度，我没有做过统计，不敢乱说——却是"出国为了不回来"的。这种现象，自然会有其根源，而且根源还是明摆着的。无论什么根源也决不能为这个现象辩解。我虽年迈，但尚未昏聩。对于这个现象我真是大为吃惊，大为浩叹，不经意中竟成了九斤老太的信徒。

根据我多年的观察与思考，我觉得，世界上各国都有自己的知识分子。既然同为知识分子，必然有其共同点。这个共同点并不神秘，不用说人们也明白，这就是：他们都有知识，否则，没有知识，就不能成其为"知识分子"。但是，最重要的，还是他们都有不同之处。别的国家，我先不谈，只谈中国。同别的国家的知识分子比较起来，中国知识分子的特点是异常鲜明，异常突出的。也许有人会问：你不是正讲留学生吗？怎么忽然讲开了知识分子？原因十分清楚，因为留学生都是知识分子，是知识分子中一个独特的部分。所以讲留学生必须讲知识分子。

那么，中国知识分子的异常鲜明、异常突出之处究竟何在呢？归纳起来，我认为有两点：一是讲骨气，二是讲爱国。所谓"骨气"，就是我们常说的"有骨头"、"有硬骨头"等等。还有"不吃嗟来之食"也属于这一类。至于"宁死不屈"、"宁为玉碎，不为瓦全"等等一类的话，更是俯拾即是。《孟子·滕文公下》说："富贵不能淫，贫贱不能移，威武不能屈，此之谓大丈夫。"这说得多么具体，多么生动，掷地可作金石声。

我们不但这样说，而且这样做。三国时祢衡击鼓骂曹，被曹操假黄祖之手砍掉了脑袋。近代章太炎胸佩大勋章，赤足站在新华门前，大骂住在里面的袁世凯，更是传为佳话，引起普遍的尊重。这种例子，中国历史上还多得很。其他国家，不能说一点也不提倡骨气；但决没有中国这样普遍，这样源远流长。

我觉得，我们中国人民，我们中国知识分子，我们中国留学生都必须有这样的骨气。

说到爱国，中国更为突出。在世界上众国之林中，没有哪一个国家宣传不爱国的。任何国家的人民都有权利和义务爱自己的国家。但是，我们必须对爱国主义加以分析。不能一见爱国主义，就认为是好东西。我个人认为，世界上有两种爱国主义，一真一假；一善一恶。被压迫、被侵略、被剥削国家和人民的爱国主义，是真爱国主义，是善的正义的爱国主义。而压迫人、侵略人、剥削人的国家和人民的爱国主义，是邪恶的，非正义的，假爱国主义，实际上应该称之为"害国主义"。这情况一想就能明白。德国法西斯和日本军国主义者狂喊"爱国主义"，喊得震天价响。这样的国能爱吗？值得爱吗？谁爱这样的国，谁就沦为帮凶。而我们中国，以汉族为基础的中国，虽号称天朝大国，实则每一个朝代都有"边患"，我们反而是被侵略、被屠杀者。这些少数民族，现在已融入中华民族这个大家庭中；但在历史上却确是敌人。我们不能把古代史现代化。因为中国人民始终处在被侵略、被屠杀的环境中，存在决定意识，我们就形成了连绵数千年根深蒂固的爱国主义。中国历史上有名的爱国者灿如列星，光被四表。汉朝的苏武，宋朝的岳飞、文天祥、辛弃疾、陆游等等，至今都是家喻户晓的人物，为中华民族增添了正气，为我们后代作出了榜样，永远照亮我们前进的道路。

我觉得，我们中国人民，我们中国知识分子，我们中国留学生都必须爱国。

说到这里，我不妨讲几个我们五六十年前老留学生的故事。在二战期间，我正在德国留学和工作。我们住在小城哥廷根的几个留学生，其中有原清华大学副校长、中国科学院院士张维教授等。我们常想，一个人在国内要讲人格。在国外，除了人格，还要讲国格。因为你在国外，在外国人眼中，你就是中国的代表。他们没有到过中国，你是什么样子，他们就认为中国是什么样子。你的一举一动，都不能掉以轻心。我们常讲，如果同德国学生有了冲突，他出言不逊，侮辱了我们自身，这样的情况还可以酌情原谅。如果他侮辱我们国家，我们必须跟他玩儿命。幸而，我们从来没有碰到这样的情况。我们十分感谢诚实可靠待人以礼的伟大的德国人民。

1942年，国民党政府的使馆从柏林撤走，取而代之的是日军走狗汉奸汪精卫的使馆。这对我们来说是一个十分关键、意义异常重大的事情。我同张维等商议，决不能同汉奸使馆发生任何关系。我们毅然走到德国警察局，宣布我们无国籍。要知道，宣布无国籍是有极大的危险性的。一个无国籍的人，就等于天空中的一只飞鸟，任何人都可以捕杀它，受不到任何方面的保护。我们冒着风险这样做了。一个有良心的中国人也只能这样去做。然而我们内心中却是十分欣慰的，认为自己还不是孬种，还够算得上一个堂堂正正的中国人。我们没有失掉人格，也没有失掉国格。

我说这一番话，好像是"老王卖瓜，自卖自夸"，意在吹擂自己。我全没有这样的想法。我比今天的留学生年龄要大上五六十岁。我不愿意专门说些好听的话，取悦于你们。如果我还有什么优点的话，那就是：我敢于讲点真话，肯讲点真话。我上面讲到的今天留学生的情况，也全是真话，没有半句谎言。

如果真是这样的话，我岂不是认为"今不如昔"了吗？岂不是认为"黄鼠狼老鼠，一窝不如一窝"了吗？我决不这样相信。我上面虽然说到：我成了九斤老太的信徒。其实并没有。我的信条一向是"长江后浪推前浪，世上新人换旧人"。我始终相信"雏凤清于老凤声"。我总认为人类总会越来越好的，而决不是相反。今天留学生的情况只能是暂时的现象。目前我们国家在生活福利方面还赶不上发达的国家，还有一些不尽如人意的地方。但这也只能是暂时的现象。我们有朝一日总会好起来的。今天有些留学生不想回国，我不谴责他们，我相信他们仍然是爱国的。即使已经"归化"了其他国家的人，他们的腔子里仍然会有一颗中国的心。那种手执刀叉，口咽大菜，怀里揣满了美元而认为心满意足，认为是实现了人生的意义与价值的人，毕竟只能是极少数。

我倚老卖老，刺刺不休，在上面讲了这一些并不是每一个人都爱听的语。俗话说："良药苦口利于病，忠言逆耳利于行。"我相信，我的话不会没有用处的。话中如果有可取之处，则请大家取之。如果认为根本没有用，则请大家弃之如敝屣，我决不会有任何怨言。

1995年11月5日

图书在版编目（CIP）数据

我的路/季羡林著. —北京：国际文化出版公司，2013.8

ISBN 978-7-5125-0564-3

Ⅰ.①我… Ⅱ.①季… Ⅲ.①季羡林（1911～2009）-回忆录　Ⅳ.①K825.4

中国版本图书馆CIP数据核字（2013）第206578号

我的路

———

作　　者	季羡林
责任编辑	戴　婕
统筹监制	葛宏峰　王文侠
策划编辑	福茂茂
美术编辑	李丹丹
市场推广	胡红叶
出版发行	国际文化出版公司
经　　销	国文润华文化传媒（北京）有限责任公司
印　　刷	阳谷毕升印务有限公司
开　　本	710毫米×1000毫米　16开
	18.5印张　　271千字
版　　次	2013年9月第1版
	2020年1月第3次印刷
书　　号	ISBN 978-7-5125-0564-3
定　　价	48.00元

国际文化出版公司

北京朝阳区东土城路乙9号　　邮编：100013

总编室：（010）64271551　传真：（010）64271578

销售热线：（010）64271187

传真：（010）64271187-800

E-mail：icpc@95777.sina.net

http://www.sinoread.com